상호주관적 자기심리학

George Hagman · Harry Paul · Peter B. Zimmermann 편저 | 조난숙 · 이세형 공역

Intersubjective Self Psychology: A Primer

학지사

Intersubjective Self Psychology: A Primer
by George Hagman, Harry Paul and Peter B. Zimmermann

역자 서문

역자는 상담과 정신분석을 공부하기 전에 수학 교수를 지낸 이력이 있다. 실제, 아직도 대학에서 수학을 강의하는 중이다. 수학의 여러 분야 중 나의 분야는 해석학, 영어로는 analysis이다. 나의 두 전공인 해석학과 정신분석(psychoanalysis)이 겹치는 것은 영어 철자뿐만은 아닐 것이다. 무엇보다 직면하는 문제에 대한 치밀한 해석과 분석 정신을 양쪽 모두에서 똑같이 요구한다.

수학 교수로서 10년을 살다가 다시 상담학을 공부하기 위해 석사 과정에 들어가서 대상관계 이론을 처음 배웠을 때의 감동이 지금도 생생하다. 특히 내가 발표를 맡았던 Kohut의 자기심리학을 공부하면서 깊은 위로와 이해를 받았었다. 내가 왜 수학을 전공하게 되었고, 다시 상담을 공부하는지에 대한 답을 주는 것 같았다. 내 안에 있던 과대 자기, 자기애적 욕구, 수치심, 그리고 너무나 절실했던 자기대상 욕구들을 이해하고, 만나기 시작했다. 이후로 다시 학위 과정과 여러 수련 과정을 거치면서, 상담사와 슈퍼바이저, 교수로 사는 데 자기심리학은 나의 중요한 기반이 되어 왔다.

또한 길지 않은 상담 여정 중에, 상호주관주의와 자기심리학의 통합이라고 볼 수 있는 상호주관적 자기심리학(ISP)을 접하게 된 것은 또 하나의 축복이다. 무엇보다 상담사로서 갖고 있는 취약함과 두려움(트레일링 엣지)을 직면할 때, 나도 다시 상담이나 분석을 받고 싶다는 절실한 욕구가 올라왔을 때, 이 책의 내용은 나를 거울 반영해 주었고, 책의 저자들을 이상화하며 그들과 동일시하는 쌍둥이 관계 속에서 힘과 용기를 얻으며 나일 리딩 엣지를 구축할 수 있었다.

이 책은 다른 정신분석 관련 책들과는 상당한 차이점이 있으며 ISP의 입문서로서 뛰어난 책이라고 자신한다. 무엇보다 난해한 이론 중심의 책이라기보다, 상호주관적 자기심리학의 입문자들을 위한 자세한 설명과 더불어 흥미로운 정신분석적 상담 사례들을 싣고 있기 때문이다. 자기심리학의 기본 개념인 자기와 자기대상의 의미 및 상호주관성이 실제 상담에서 어떻게 풀어지는지 보여 줄 뿐만 아니라, 전이, 역전이 활용이 리딩 엣지와 트레일링 엣지라는 개념으로 적용되는 상담 과정을 생생하게 보여 준다. 여러 사례를 읽으며 머리가 쭈뼛 서는 감동을 받곤 하였다. 내담자들의 이야기도 흥미로웠지만, 동질감이 느껴지는 상담사들의 진솔한 고백과 상담 과정 중의 생생한 어려움 가운데 쌍둥이 관계 경험을 할 수 있었기 때문이다.

이 책은 13장으로 이루어졌고, 각 장의 저자들은 다르다. 각 저자는 ISP의 전문가로서 각 장의 주제와 관련된 이론과 흥미로운 사례들을 진솔하게 제시하고 있다. 번역 과정을 통해서 각 내담자를 대할 때 상담자의 주관성이 내담자들의 주관성과 어떻게 상호작용하는지, 상담자의 자기대상의 역할이 어떠해야 하는지를 많이 배울 수 있어서 감사했다. 이 책의 출판을 허락해 주신 학지사 김진환 사장님께, 번역할 수 있는 모든 은혜를 주신 하나님께 감사드린다.

방배동에서

조난숙

『상호주관적 자기심리학』은 뉴욕시에 소재한 Training and Research in Intersubjective Self Psychology Foundation에 소속된 아홉 명의 정신분석가들이 상호주관적 자기심리학의 이론과 사례를 묶은 임상 안내서이다. 상호주관적 자기심리학은 Kohut의 자기심리학과 Robert Stolorow 및 George Atwood 등의 상호주관성 이론이 결합하여 탄생된 정신분석적 치료이론이다.

이 책은 1부와 2부로 구성되어 있다. 1부에서는 공감, 전이, 치료 작용을 상호주관적 자기심리학의 시각으로, 상호주관적 장인 분석 환경에서 전개되는 분석과정을 트레일링 엣지와 리딩 엣지로 소개하고 있다. 이어서 2부에서는 상호주관적 자기심리학을 멜랑콜리아, 중독, 아동 치료, 커플 치료, 동성애, 자살환자 등의 임상 사례에 적용하여 임상의 치료적 과정이 어떻게 전개되었는지를 보여 준다. 다시 말해, 1부가 이론을 소개하고 그에 맞는 임상적 실제를 첨부하여 상호주관적 자기심리학의 이론을 이해하도록 했다면, 2부는 구체적 임상 사례에 상호주관적 자기심리학의 이론이 어떻게 드러나는지를 예시함으로써 임상을 통해 이론을 이해하게 하는 방식을 택하였다. 상호주관주의가 제3의 장을 통해 분석가와 내담자의 변증법적 만남을 제시하듯이 이 책의 구성도 이론과 임상이 변증법적인 상호 보충을 통해 그 이해가 확장되고 보충되는 방식을 택하고 있다.

상호주관주의에서 자기 발달은 상호주관적 관계의 모체에서 발생하고 결정된다. 따라서 분석 상황은 분석가와 환자가 정서적으로 만나는 상호주관적 장이 되고, 환자와 분석가의 주관적 경험은 쌍방향적으로 공동 결정된다. 분석가와 환자의 상호주관적 만남은 서로에 대한 자기대상 욕구의 출현과 표현을 포함하며 '트레일링 엣지'와 '리딩 엣지'라는 치료의 두 과정으로 설명된다.

트레일링 엣지와 리딩 엣지는 Kohut이 Jules Miller를 교육분석 하면서 사용한 용어들이다. 이후 Kohut의 동료였던 Marion Tolpin이 자신의 논문에 최초로 사용하면서 정신분석학계에 통용되었다. 상호주관적 장에서 트레일링 엣지란 환자가 과거 외상 경험의 반복을 예상하거나 반복하게 될 때 작동하는 관계 양식이고, 리딩 엣지란 발달을 촉진하는 모든 관계 양식이다. 그러니까 이 둘은 분석 환경에서 두려움과 희망, 자기대상 유대의 붕괴와 자기대상 유대의 재정립 혹은 회복이라는 변증법적 관계를 갖는다.

상호주관적 자기심리학의 치료 작용은 구조적 변형과 구조적 구축이라는 2단계를 거친다. 전자는 치료적 관계가 파열되었을 때 일어나는 트레일링 엣지 혹은 반복적 전이를 해석함으로써 얻는 결과이고, 후자는 치료적 관계가 온전할 때 리딩 엣지 혹은 생성된 전이에 대한 분석가의 조율된 참여를 통해서 얻는 결과다. 전통적 정신분석이나 자기심리학은 리딩 엣지를 포함하지만 트레일링 엣지의 해석에 주목한 반면, 상호주관적 자기심리학은 분석 환경이라는 상호주관적 장에서 리딩 엣지를 펼치는 것을 최우선 목표로 삼는다.

상호주관적 자기심리학이 리딩 엣지에 주목한 것은 분석가에 대한 이해가 달라졌기 때문이다. Kohut에게 분석가의 과제는 외상적이지 않은 최적의 좌절을 주는 것이었다. 그래야 환자는 변형적 내재화를 통해 자기-자기대상 구조의 변형을 가져올 수 있다. 그런데 '충분히 좋은 엄마'를 말한 Winnicott이나 '최적의 반응'을 말하는 Bacal은 분석가와의 온전한 자기대상 동맹 상황에서 이루어진 공감과 전이 해석이 심리치료에 필요조건을 넘어 충분조건이 된다고 보았다. 상호주관적 자기심리학은 이러한 분석가와의 최적으로 조율된 치료 관계를 리딩 엣지라 보며 이것이 환자에게 자기-자기대상의 구축을 가져온다고 보고 이를 치료의 우선적 목표라고 제시한다.

이 책을 통해 독자들은 상호주관적 자기심리학이 주목한 성장과 치유를 촉진하는 치료적 관계를 만난다. 그렇기에 공감과 전이 해석의 초점은 분석가와 환자의 주관성과 더불어 둘이 어떻게 상호 영향을 미치는가에도 주목한다. 이 점에서 상호주관적 자기심리학은 분석 환경을 새로운 관계가 상호 구축되는 생성적인 상호주관적 장으로 파악한다. 상호주관적 자기심리학은 상호주관성을 말하지만 주관성에만 머무르지 않는다. 주관성은 변증법적 작용에 의해 분석가와 환자의 탈주관성을 내포하고 있다는 점에서 객관성으로 나아가게 한다.

요약하면, 상호주관적 자기심리학은 분석 환경에서 일어나고 있는 과정을 트레일링 엣지와 리딩 엣지를 통해 반복적 전이와 생성적 전이의 상호 관계를 역동적으로 살펴보게 하고, 아울러 방어적인 반복적 전이를 해석함으로써 치유적인 생성적 전이로 나아가게 하는 발전적 과정을 설명하고 있다. 방어 해석(트레일링 엣지)에 그치는 것이 아니라 분석가-환자의 온전한 자기대상 동맹의 관계(리딩 엣지)에서 지속적인 정신적 산소를 제공하는 것을 치료의 충분조건으로 제시한다. 또한 분석가-환자의 상호주관적 내적 삶의 변화는 객관적 현실에서 정서적 성장, 심리적 발달, 자기 강화로 이어진다는 점에서 정신분석적 해석의 지평을 확장시킨다.

독자들은 상호주관적 자기심리학의 임상 안내서인『상호주관적 자기심리학』을 통해 자신의 분석 환경이 확장되는 감동을 경험하게 될 것이다. 역자도 번역하는 과정에서 임상 현장이 더욱 풍요로워지고 통전적인 역동성을 경험하였다. 마지막으로 이처럼 감동적인『상호주관적 자기심리학』을 먼저 읽고, 그 깊은 감동을 함께 나눌 수 있도록 번역에 초대해 준 조난숙 교수님께, 흔쾌히 이 책의 출판을 허락해 주신 학지사 김진환 사장님께 감사드린다.

봉담골에서

이세형

일러두기

'트레일링 엣지(trailing edge)'와 '리딩 엣지(leading edge)'는 Kohut이 분석하면서 사용한 개인의 발달에 대한 개념이다. 이 개념은 상호주관적 장에서 개인이 발달 과정에서의 위치와 역할을 나타낸다. '트레일링 엣지'란 환자가 과거 외상 경험의 반복을 예상하거나 반복하게 될 때 작동하는 관계 양식이고, '리딩 엣지'란 발달을 촉진하는 모든 관계 양식이다. 리딩 엣지와 트레일링 엣지의 개념은 희망과 두려움이 전이의 반대 측면을 조직하고 동기를 부여하는 방식을 포착한다. 아직 국내에서 통용되는 번역어는 없으며, 외래어 표기법에 따르면 '에지'이나 이 책에서는 edge의 고유한 의미를 살리기 위해 '엣지'로 옮기고자 한다.

저자 서문

*Intersubjective Self Psychology: A Primer*는 현대 정신분석의 가장 다양하고 유용한 모델들 중 하나인 이론과 임상 실습을 소개한다. 상호주관적 자기심리학(Intersubjective Self Psychology) 또는 ISP는 상호주관적 이론(Intersubjectivity Theory)과 자기심리학(Self Psychology)의 핵심 개념을 원활하고 포괄적인 틀 안에 충분히 통합하여 치료사에게 환자를 이해 및 치료하고 사회적 환경과의 역동적이고 창의적인 상호작용에 참여할 수 있는 도구를 제공한다. 가장 중요한 것은 ISP의 관점이 정신분석적 관계의 근본적인 역동을 설명한다는 것이다.

모두가 분석적 치료사인 이 책의 저자들은 ISP 모델을 공동으로 개발했으며 지난 30년 동안 임상 실습의 시행착오와 서로 간의 확장된 대화를 통해 많은 핵심 개념을 개선하면서 임상 실습에서 큰 치료적 이점을 누리며 이를 사용해 왔다. 우리는 TRISP 교수 및 기타 여러 정신분석 교육 기관의 구성원으로서 이 모델을 가르쳤고, 매우 효과적인 치료사가 되려는 여러 정신 역동 치료사들과 정신분석 후보자들을 교육했다. 우리가 이 입문서를 쓴 것은 우리의 지식과 임상 경험을 공유하려는 의도에서다.

1970년대와 1980년대에 Heinz Kohut은 정신분석학을 대대적으로 개정(revision)했다. 여기에는 그가 자기심리학(Self Psychology)이라고 부르는 것의 기본 교리를 제시한 여러 출판물이 포함되었지만, 그는 또한 정신분석에 대한 그의 새로운 생각을 개선, 적용 및 홍보하는 데 전념하는 운동, 곧 새로운 공동체의 시작을 촉발했다. 자기심리학의 핵심 개념은 자기 개념과 자기대상 전이다. Kohut은 사람들이 그들의 자기나 자기 경험을 발달시키기 위해 특정 경험을 제공하는 양육 환경이 필요하다는 것을 발견했다. 그 결과, Kohut은 환자들이 분석가를 자신의 내적 갈등을 투사하는 인물로 바라볼 뿐 아니라, 프로이트와 그의 여파로 전통적인 정신분석이 주장한 것처럼, 탈선했던 자기 발달을 회복하기 위하여, 이전에 충족되지 않은 발달적 기능들, 자기대상 기능들을 수행해야 하는 인물로 본다는 것을 인식하게 되었다. 정서 발달에 대한 이러한 이해는 정신분석 치료가 실행되는 방식에 근본적인 변화를 가져왔다.

이후 1990년대에 이르러서, Robert Stolorow와 George Atwood는 고립되고 사적인 마음에 대한 전통적인 정신분석 모델이 부정확하고 오해의 소지가 있다고 주장했다. 그들은 상호주관성 이론(Intersubjectivity Theory)이라는 대안을 제안했다. 이 이론은 인간의 심리적 삶이 사람들 사이에 느껴지는 상호작용에 불가분의 관계로 엮여 있다고 이해했다. 따라서 정서적 건강에서 가장 심각한 형태의 정서 장애에 이르기까지, 모든 심리적 현상은 그것들이 발생하는 상호주관적 맥락 내에서만 이해될 수 있다. Stolorow와 Atwood는 정신분석적 상황을 환자와 분석가의 다르게 조직된 경험적 세계로 구성된 '상호주관적 장'으로 개념화했다(Stolorow, Atwood, & Brandchaft, 1987). 상호주관적 장은 인간 상호작용의 가장 깊은 수준에 관여하여 성장과 변화의 기회를 제공한다.

Stolorow와 Atwood는 자기심리학 운동에 합류하면서 상호주관적 이론과 자기심리학의 원칙에 기초한 모델인 통일된 모델을 개발하려고 하였다. 그러나 시간이 지남에 따라 상호주관성 이론은 자기심리학의 핵심 임상 개념, 특히 자기대상 전이를 버리는 대신 상호주관적 체계 이론으로 진화하였다. 반면에 자기심리학은 계속해서 관계 정신분석의 새로운 관점에 Kohut의 여러 개념을 점차적으로 적용하면서, 자기 경험의 변천에 초점을 맞추었다.

그럼에도 이 책의 저자들은 자기심리학의 주요 임상 개념들을 상호주관성 이론의 근본적인 이론적 통찰과 통합하는 중요한 노력을 계속해 왔으며 ISP의 틀(framework)을 개발해 왔다. 우리는 두 모델의 흠 없는 호환성이 각각의 이해와 임상적 유용성을 어떻게 향상시키는지 입증했으며 매우 효과적인 임상 실습을 위한 새로운 플랫폼을 제공하기 위한 개념을 더욱 발전시켰다. 그리고 ISP는 심리적 성장과 발달이 Kohut이 원래 개념화한 것처럼 자기대상 동맹의 파열을 분석할 때 발생할 뿐만 아니라 생성적 심리적 건강이 진행되고 지속적인 자기대상 관계 자체와 리딩 엣지에 대한 해석과 이해에서 발생한다고 제안함으로써, 두 이론 모두에 의미 있는 임상적 영향을 더하였다. 즉, 진행 중인 자기대상 동맹 자체가 치유적이며, ISP 모델을 활용하는 치료사의 조율된 참여, 환자와 함께 생성적 리딩 엣지에 대해 논의하고 탐색하는 것 또한 성장을 촉진하고 정신 구조를 강화한다. 리딩 엣지와 그 기능에 대해 환자와 이야기하면서, 치료 시 환자가 관계에 대한 논의로 수치를 느끼지 않거나, 환자 자신의 진전을 자신의 공으로 돌리는 치료사를 경험하지 않게 될 때, 치료는 참여자들 간의 과정과 그들 간의 건강한 연결의 중요성에 집중된다.

ISP 입문서인 이 책은 정교하고 실제적이며 상대적으로 이해하기 쉬운 접근법에 관심이 있는 새로운 치료사들에게 매우 유용할 것이다. 주요 개념은 다음과 같다. 상호주관적 장, 자기대상 및 반복적 전이, 그리고 트레일링 엣지와 리딩 엣지 등이다. 그러나 ISP 모델의 우아함은 사실상 무한히 다양한 임상 상황을 이해하고 치료하는 유연성에 있다. 보다 경험이 많은 치료사들은 이 책에서 중요한 분석 모델에 대한 명료한 소개와 정신분석 실제를 더욱 향상시키고 강화할 수 있는 관점을 만날 것이다.

다시 말해, ISP는 인간관계뿐만 아니라 심리치료 실제의 세련된 모델이지만, 동시에 임상적이고 유용하며 독자가 자신의 치료 실습에 쉽게 적용할 수 있는 임상 개념과 아이디어로 가득 차 있다.

다음은 *Intersubjective Self Psychology: A Primer*를 어떻게 구성하고 계획했는지에 대한 간략한 개요다. 전반적으로 우리는 독자에게 ISP의 이론과 실제에 대한 기본적인 이해를 제공하기 위한 입문서로 이 책을 설계했다. 이 책은 학술적인 연구서가 아니라 임상 지침서다. 독자가 ISP의 이론적 토대에 대해 보다 광범위하고 심도 있는 논의를 원할 경우 참고문헌에 소개한 책들을 참조하길 바란다. 이 책에서 우리는 우리의 아이디어를 맥락에 두고 우리보다 앞선 주요 연구자들과 그 출처를 인정하기 위해 충분히 검토된 문헌을 제공한다. 각 장은 ISP 이론의 관련 영역을 검토하고 심도 있는 임상 사례를 검토하도록 구성되어 있다. 서문을 제외하고는 책 전체에서 이 방법을 따른다. 우리는 이 책이 독자가 일상적인 심리치료 실제에서 쉽게 적용할 수 있는 유용한 도구가 되기를 바란다. 이 책은 기고자들이 공동으로 작성한 ISP 이론에 대한 소개(상호주관적 자기심리학 서론)로 시작된다. 이론에 대한 간략한 역사를 살펴본 후에는 ISP를 구성하는 자기심리학 및 상호주관성의 통합적 이론에 대한 논의가 이어진다. 제2장(Karen Roser와 Aviva Rohde가 작성)은 ISP에서 공감의 역할, 이해의 한 방식, 성장과 치유의 원천으로서 공감의 사용을 탐구한다. 제3장(또한 Karen과 Aviva가 작성)에서는 ISP가 다양한 차원과 기능을 가진 것으로 가정하는 전이의 복잡한 특성에 대해 논의한다. 제4장(Peter B. Zimmermann 작성)은 ISP의 치료 작용 이론에 대한 확장된 논의이며 제5장(Aviva Rohde 작성)은 제4장의 아이디어가 임상 실제에 어떻게 적용되는지 보여 주는 광범위한 사례다. 제6장(George Hagman과 Susanne Weil 작성)은 ISP가 '트레일링 엣지'라고 부르는 것에 관한 임상 작업을 다룬다. 트레일링 엣지는 반복적인 두려움과 치료 과정을 방해하는 방어를 의미한다. 그다음에는 제7장(Harry Paul, Peter B. Zimmermann 및 George Hagman 작성)이 이어지며, 성장을 촉진하고 치료적 변화의 동인을 구성하는 전이의 측면인 '리딩 엣지' 작업에 대해 논의한다. 제7장까지의 개요 다음에는 ISP를 다양한 임상적 문제에 적용하는 장들이 이어진다. 멜랑콜리아와 우울증(Peter B. Zimmermann), 중독(Harry Paul), 아동과의 작업(Karen Roser), 커플(Nancy Hicks 및 Louisa Livingston), 인간의 섹슈얼리티(Gordon Powell), 자살 환자의 치료(Laura D'Angelo) 등이다.

이러한 다양한 장을 작성하는 과정에서 우리는 ISP의 일부 필수적이고 임상적으로 유용한 아이디어를 연마하기로 했다. 이는 이 책 디자인의 중요한 부분이다. 독자에게 ISP의 몇 가지 핵심 개념을 소개하고 공감, 자기대상 전이, 치료 작용, 우울증, 중독 등과 같은 특정 주제와 관련된 이러한 개념에 대해 자세히 설명한다. 앞으로 보게 되듯이, 우리는 저자들의 관점에서 이러한 개념들을 살펴볼 때마다 상호주관적 장, 생성 및 반복적 전이, 리딩 및 트레일링 엣지와 같은 필수 개념들에게로 몇 번이고 돌아가서 살펴볼 것이다. 다시 중요한 개념들을 설명하고 이들이 다양한 임상 실제 영역에 어떻게 적용되는지 보여줄 것이다. 사실 우리는 이 책의 진정한 가치는 ISP의 핵심 아이디어를 조명하는 여러 상세한 임상 사례들에 있다고 생각한다. 우리는 이 접근 방식을 취함으로써 독자가 ISP 개념을 익히고, ISP를 심리치료 작업에 어떻게 유용하게 적용할 수 있는지, ISP가 어떻게 임상 효능을 높일 수 있는지에 대해 점점 더 잘 알게 되기를 바란다. 마지막으로, 우리는 이 책이 독자들이 임상 과정에서 자신의 역할에 대해 새로운 방식으로 생각하고 상호주관적 분야의 풍부한 복잡성과 기회를 이해하기 위하여 ISP 관점을 사용할 수 있도록 격려하기를 희망한다.

마지막으로, 편집자와 저자는 이 책의 모든 사례 보고서에서 환자와 다른 모든 사람의 신원이 밝혀지지 않도록 각색되었음을 확인했다. 몇몇은 다른 사람들과 작업의 세부 사항을 결합한 복합 보고서이지만 이것들도 각색되어 있다. 그리고 여러 경우에 환자는 사례 보고서를 검토하고 승인했지만 이러한 경우에도 보고서는 익명성을 유지하는 방식으로 작성되었다.

이 책의 저자들은 New York Metropolitan 지역의 임상 현장에 종사하는 선임 정신분석가 그룹으로, 모두 졸업생 또는 교사로서 TRISP(Training and Research in Intersubjective Self Psychology Foundation)에 소속되어 있다. 지난 30년 동안 그들은 ISP의 핵심 개념과 모델의 임상 적용에 대해 협력하고 토론하고 감독하고 컨설팅했다. TRISP에서 진행 중인 워크숍 시리즈의 강사로서 그들은 모두 ISP 모델의 정교화, 개선 및 홍보에 적극적이었다. 이 책은 이 분석가들이 ISP의 기본 개념들을 한 권에 모아 간결하고 명료하며 실제적인 입문서가 되도록 시도한 첫 번째 책이다.

George Hagman, Harry Paul, and Peter B. Zimmermann

차례

제1부

상호주관적 자기심리학의 이론과 실제

제**1**장

상호주관적 자기심리학 서론

이 장에서는 Heinz Kohut의 자기심리학(Kohut, 1971, 1977, 1984) 핵심 개념과 Robert Stolorow 및 George Atwood의 상호주관성 이론(Stolorow & Atwood) 핵심 개념을 결합한 **상호주관적 자기심리학**(Intersubjective Self Psychology: ISP)의 기본 개념을 제시한다(Stolorow & Atwood, 1992; Stolorow, 1997). 이러한 확립된 이론에서 우리는 두 이론을 넘어서는 Intersubjective Self Psychology 또는 ISP라고 하는 새롭고 응집력 있는 심리학 및 치료 모델을 만들었다. 우리는 ISP가 인간이 경험하는 상호의존적(interdependent) 본성에 대한 깊은 이해와 함께, 치료의 리딩 엣지(the leading edge)를 인식하고 촉진하는 심리치료 실시에 대한 방향성을 제공할 뿐만 아니라 반복 패턴[트레일링 엣지(trailing edge)]을 다루고 훈습할 것이라고 믿는다.

* Peter B. Zimmermann, Harry Paul, Aviva Rohde, Karen Roser, Gordon Powell, Louisa Livingston, and George Hagman

자기심리학

상호주관적 자기심리학을 뒷받침하는 자기심리학의 핵심 개념은 무엇인가

자기심리학의 핵심은 자기본성(selfhood)이다. 'The Self'는 우리 각자가 자신에 대해 가지고 있는 경험과 환상의 복합체, 그리고 자신이 누구인지 알고 느끼는 사람을 나타내는 이론적 추상화다. 이러한 경험과 환상은 신념, 감정, 기억 및 가치의 중요한 패턴에 따라 조직화된다. 자신에 대한 인지적이고 정서적인 개념은 우리의 존재감 및 타인과의 존재감의 경험적이고 동기 부여적인 중심을 구성한다. 이상적으로, 자기를 구성하는 이러한 다양한 경험은 응집력 있는 전체로 조직되지만 고정되거나 경직되지 않는다. 오히려 그들은 창발적이고 유동적이다. 활력, 일관성, 연속성 및 개인 주도권의 경험은 우리의 경험 중심인 자기감의 본질적인 특성을 특징짓는다. 자기감(sense of self)은 관계의 모체 안에 매우 수반적으로 내재되어 있다.

자기심리학 분석가의 기본 경청 및 탐색 자세는 환자의 경험에 공감하는 몰입(empathic immersion)이다. 잘 알듯이 공감은 Heinz Kohut에 의해 '대리적 성찰(vicarious introspection)'로 정의되었다(Kohut, 2010). 다시 말해, 공감은 다른 사람의 주관적인 경험에 들어가서 가능한 한 온전히 자신을 느끼고 생각하는 어렵고 느린 과정이다. 따라서 그 사람의 참조 틀(frame of reference) 내에서 그 사람을 이해하는 것이다.

Kohut은 나중에 그 개념을 확장했고 공감을 다른 인간의 경험을 탐구하는 방식이자 다른 인간과 관계를 맺는 방식으로 보게 되었다. 탐색 수단으로서, 분석가는 분석 관계의 공유된 심리적 장에서 펼쳐지는 환자의 경험 세계 내에서 환자의 경험을 이해하려고 한다. 관계 형성의 한 형태로서 분석가의 공감은 환자의 생생한 경험에 부여된 가치뿐만 아니라 항상 용납되지는 않더라도, 이해할 수 있다는 근본적인 수용을 전달한다. 분석가가 탐구 방식으로서 그리고 환자와 관계를 맺는 수단으로서 공감에 헌신하는 것은 전체 분석의 토대가 된다.

Kohut은 자기의 발달과 건강한 자기본성의 지속적인 경험이 어린 시절의 양육자와 평생 중요한 타자로부터 느껴지는 반응(felt responsiveness)에 달려 있을 뿐만 아니라, 자기 발달은 타자(the other)를 자기의 일부로 경험하는 것에 의존한다는 사실을 발견했다. 자기는 또한 필요한 발달 기능과 작업을 수행하기 위해서 타인을 정서적으로 사용할 수 있는 능력에 의존한다. Kohut은 자기 발달이 성공적으로 전개될 수 있는 세 가지 특정 발달 라인을 식별했다. 그는 그것들을 거울 반영(mirroring), 이상화(idealizing), 쌍둥이 경험(twinship experience)이라고 명명했다(Kohut, 1971, 1977, 1984).

발달의 거울 반영 라인에서 우리는 다른 사람들에게 진정으로 알려지고 정확하게 보이기를 기대한다. 원초적인 거울 반영 경험에서, 우리는 타자의 흠모하는 시선의 대상으로서 총애받는 것을 느낀다. 보다 성숙한 거울 반영 경험에서 우리는 자신이 누구인지 알고 있는 사람으로부터 인정받고 가치 있게 여겨진다고 느낀다. 성공적인 거울 반영 경험은 응집력 있고 신뢰할 수 있으며 현실적인 자존감(self-esteem)과 확고한 자기 가치감(self-worth)에 기여한다.

이상화 발달 라인에서 우리는 침착하고 강하며 현명하다고 경험하는 사람, 곧 우리를 보호하고 인도하기 위하여 자기 자신을 제공하는 사람과의 융합을 추구한다. 이상화된 타인과의 성공적인 융합은 진정시켜 주는 기회를 제공하며, 그 결과 정서 조절을 위해 의지할 수 있는 능력을 기르게 된다.

마지막으로 쌍둥이 경험 발달 라인에서 우리는 유사성의 경험, 공유되는 동일성의 느낌을 다른 사람에게서 찾고자 하며, 이는 자기 경험의 강화를 가져온다. 우리는 다른 사람에게서 우리 자신을 인식하려고 노력하고 다른 사람이 우리 안에서 자신을 인식하기를 동경한다. 쌍둥이 경험은 공유된 인류애, 인간 사이에서 인간이 되는 느낌의 토대를 마련한다.

응집력 있는 자기감의 발달을 촉진하는 관계 경험에 해당하는 세 가지 발달 라인 모두에서 타자는 자기의 일부로 그리고 자기를 유지하는 데 필수적인 기능을 제공하는 것으로 경험된다. 이러한 이유에서 Kohut은 이러한 관계를 자기대상 관계라고 불렀다(Kohut, 1971, 1977, 1984). 자기대상 경험은 공기와 물에 대한 욕구처럼 기본적인 인간의 욕구다. 식물이 햇빛을 향해 방향을 바꾸듯이 인간은 자기 발달을 생성하고 유지하며 이전에 중단된 발달을 재개할 수 있는 자기대상 경험을 제공하는 관계를 찾으려고 노력한다. 따라서 자기대상 경험은 어디에나 존재하며, 반응하는 타자가 있다면 자발적으로 나타날 것이다.

Kohut은 정서적으로 반응하는 타자(평생 동안 자기대상 경험의 기회를 제공하는 타자)를 사용할 수 있는 능력이 인간의 기본적 욕구라고 믿었기 때문에, 대부분의 인간적 고통의 원인은 신뢰할 수 있고 정서적으로 조율된 타자의 부재 및/또는 정서적으로 맞지 않는 사람들의 존재로 인하여 지속적이고 조화된 자기대상 경험을 찾지 못하는 실패 때문에 발생한다고 생각하였다. 공감적으로 조율된 타자의 부재는 적절하게 활력 있고 일관성 있고 지속적인 자기감 발달의 실패로 이어진다. 당연히 있어야 할 이 반응의 결여는 아동의 타고난 취약성과 결합하여 심리적, 정서적 및/또는 행동적 장애를 낳는다. 오래 지속되었거나 외상적인 형성기(the formative years)의 자기대상 실패는 자기 및 타자의 경직된 구조, 특정 성격 형성 및 성격장애로 나타나는 정서적 상처 조직을 초래한다. 반대로, 정서적인 반응이 있고 공감적인 타자와 신뢰할 수 있는 자기대상 경험의 기회가 회복될 때 심리 및 정서적 치유가 가능하다. 이 심리발달 개념은 모든 자기심리학적 치료의 기초이다(Kohut, 1984).

Kohut은 분석가와의 자기대상 유대의 전개를 인식하고 이를 자기대상 전이라고 불렀다. 자기대상 전이는 자기 발달을 위해 분석에서 설정되고 촉진되는 관계 경로다. Kohut이 자기 발달을 위한 경로로 식별한 세 가지 발달 라인은 분석 환경에서 특정 전이의 형태를 취한다. 거울 반영 전이에서 환자는 긍정적인 자존감과 주체감(sense of agency)을 생성하는 타당화 및 인정(affirmation)의 지속적인 경험을 추구한다. 이상화 전이에서 환자는 달래지고 진정되기를 바라면서 분석가의 강인함과 정서적 신뢰감과의 융합 경험을 추구한다. 쌍둥이 전이에서 환자는 분석가와 본질적으로 유사한 경험을 추구하고 분석가는 환자와 느끼는 유사성에 감사한다. 이것은 공유된 인류애의 느낌과 환자가 자신이 누구인지 알고 있다는 확신으로 이어진다. 환자의 자기대상 욕구가 나타나고 분석가가 적절하게 대응함에 따라 자기 경험의 회복, 강화, 구조화가 일어나고 자기감이 펼쳐지며 강화된다.

Kohut은 자기 자신과 타자에 대해 느껴진 경험—또는 자기대상 환상[1]—이 심리적 삶의 기반을 구성한다고 이해했다. 이러한 자기대상 환상은 삶의 초기에 확립되며 모든 관계뿐만 아니라 자기감의 형판을 구성한다. 시간이 지남에 따라 양육자 및 타자와의 상호작용을 통해 이러한 환상은 수정되고 점점 더 성숙하고 적응적이며 자존감을 향상시키는 자기 및 타자의 개념으로 점차 변형된다. 앞에서 설명한 자기대상 주제와 일관되게 Kohut은 자기 발달에 대한 이러한 환상 중 가장 중요한 것은 과대 자기, 이상화 부모 이마고 및 쌍둥이 전이에서 제2의 나에 대한 환상이라고 믿었다.

가장 원초적 형태의 과대 자기는 완벽함을 자신에게 귀속시키고 모든 불완전성을 타자에게 귀속시키는 자기 경험을 설명한다. 마찬가지로, 이상화된 부모 이마고의 가장 원초적 형태는 타자가 완전하며 자신이 그 타자와 합쳐질 때만 완벽하다는 이미지다. 쌍둥이 경험의 가장 원초적 형태는 완벽하게 동일한 타자에 대한 환상이다.

이 세 가지 자기대상 환상은 모두 유사한 발달 과정을 거친다. 공감적이고

1 여기에서 환상이라는 용어는 정신분석적 이론화에 따라 사용된다. 자기대상 유대는 환자의 주관적인 준거 틀을 의미하기 때문에 환상이라는 용어는 분석가와의 관계에 대한 환자의 경험을 나타내는 데 사용된다. 환상이라는 용어의 사용은 결코 현실성의 부족함을 의미하지 않는다. 현실이 환자의 주관적 경험에 의해 결정된다는 것을 의미할 뿐이다.

조율된 양육자와의 상호작용에서 이러한 자기대상 환상은 점점 더 복잡해지는 당면한 현실에 적응하기 위해 연령에 적합한 단계에서 진화하고 변형된다. 이렇게 변형된 환상은 성숙한 자존감(거울 반영), 안정적으로 확립된 자기 진정 능력(이상화), 다른 인간들 사이에서 견고한 인간적인 느낌(쌍둥이)의 기초가 된다. 그런데 조율된 양육자가 없거나 양육자와의 유대 관계가 외상으로 파열되는 상황에서 아동은 이러한 원초적 환상을 유지한다. 그러한 경우 환상은 건강하고 견고한 자기의 발달을 방해할 것이다. 자신과 타인에 대한 원초적 환상을 중심으로 조직된 상태를 유지하는 한, 그 사람은 허약함 및 취약성과 씨름할 것이며 분열 또는 고갈되는 느낌을 받기 쉽다. 방어적 행동은 불완전하게 발달된 자기감을 유지하고 예상되는 조율 실패 또는 타자의 욕구에 의한 외상적 실망으로 인한 파편화를 피하기 위해 사용될 것이다.

Kohut은 또한 환자들이 종종 치료에서 자기대상 욕구의 출현에 수반될 수 있는 취약성과 잠재적 재외상화를 두려워한다는 것을 발견했다. 환자는 감정적 친밀감과 분석가에 대한 자기대상 욕구의 재활성화가 고통과 어린 시절 경험의 반복으로 이어질 것을 두려워할 수 있다. 양육자에 의해 심각한 자기대상 실패 또는 해로운 부조화(misattunement)를 경험한 환자는 분석가와의 정서적 연결을 거부, 평가절하, 편향 또는 중립화하는 심리적 및 행동 전략을 통해 재외상화로부터 자신을 보호할 수 있다. 환자는 분석가와의 상처가 될 수 있는 관계로부터 취약한 자기를 보호하기 위해 이러한 방어 전략을 사용한다.

분석가가 환자에게 지속적이고 지지적이며 공감적인 관계 내에서 자신의 두려움과 관련된 자기보호 노력에 대한 경험에 가깝고 유용한 해석을 제공한다면, 환자는 분석가와 함께 자기대상 열망과 욕구의 재활성화에 대한 위험을 감수할 만큼 충분히 안전하다고 느낄 수 있다. 이런 식으로 방어에 대한 해석은 자기대상 전이를 회복하고 발달시키는 데 기여한다.

상호주관성

상호주관성의 본질적인 개념은 무엇인가

상호주관성 이론의 핵심은 모든 심리적 삶의 근본적인 맥락 의존성에 대한 개념이다(Stolorow et al., 1987; Stolorow & Atwood, 1992). Stolorow와 그의 동료들은 일반적으로 심리적 현상은 한 사람의 심리적 세계와 다른 사람의 심리적 세계 및 전반적인 세계와의 교차에 의해 생성되는 **심리적 장**을 의미하는 **상호주관적 맥락**을 제외하고는 이해할 수 없다고 주장한다. 상호주관성 이론의 임상적 함의는 심리적 건강과 심리적 장애가 발생하는 상호주관적 맥락에서 기인하고 지속된다는 것이다.

다시 말해, 개인의 자기 경험은 그것이 형성되고 유지되는(또는 그렇지 않은) 특정 상호주관적 맥락에 의해 항상 결정되고 그에 의존한다. 정동 상태와 자기 상태 및 자기대상 욕구와의 연결, 조율, 반응의 경험은 자기 경험의 발달 및 강화에 기본적이다. 이러한 경험들은 정의상 상호주관적이다.[2]

한 개인의 자기감은 그가 중요한 타자(자기대상)로부터 조율되거나 조율되지 않은 반응을 경험하는 맥락에서 구성되거나 붕괴된다. 예를 들어, 한 환자에게는 치료사의 침묵이 하늘이 준 선물로 경험되며, 자유 연상할 수 있는 공간과 자유를 제공하여 그의 세계를 펼침으로써 자기 경험을 강화하는 반면에,

2 현재의 정신분석 용어에서 '상호주관적'과 '관계적'이라는 용어는 중첩되지만 동일한 의미는 아니다. '관계적'은 사람들 사이의 상호작용을 강조하는 반면, '상호주관적'은 상호작용이 발생하는지 여부에 관계없이 관계의 주관적인 경험을 나타낸다. 이 주관적 차원은 '관계적'이라는 용어에 포함되지 않는다. 예를 들어, 긴장 상태에 있는 환자와 함께 앉아 있는 것은 특정한 상호주관적 장을 구성할 것이지만 관계 경험은 아닐 것이다. 이런 식으로 관계 경험은 항상 상호주관적이지만 모든 상호주관적 경험이 관계적이지는 않다. 상호주관적이란 용어가 더 포괄적인 용어다.

다른 환자에게는 동일한 침묵이 화를 내는 아버지를 견디어 내는 외상적 반복을 겪게 하여 그로 하여금 자기 경험을 와해하는 것으로 경험될 수 있다.

이 맥락을 **상호주관적 장**(Atwood & Stolorow, 1984)이라고 하며 아동의 취약하고 진화하는 주관성과 (바라건대) 더 성숙하고 발전된 양육자의 주관성이 교차하여 어린 시절에 구성된다. 서로 관련된 두 명 이상의 사람들은 각 개인의 자기 경험이 형성되는 특정한 상호주관적 장을 구성한다. 이 안에서 각 사람의 자기 경험은 이 경험이 조직되는 개인적인 세계, 곧 주관적 준거 틀에 수반하여 형태를 이룬다.

주관성의 개념은 자신과 타자에 대한 감정, 신념, 환상, 기억, 생각의 총체를 포함한다. 여기에는 의식적 인식을 전혀 필요로 하지 않을 수도 있는 무의식적 차원을 포함한다(Stolorow & Atwood, 1992). 그러나 이러한 차원은 Atwood와 Stolorow(1984)가 '중추적 조직 원리(central organizing principles)'라고 부르는 기본 반영적 형판(basic reflective templates)을 구성할 수 있으며, 이는 개인의 가장 근본적인 신념이다. 다른 한편으로, 일부 무의식적인 주관성의 측면은 안전을 위해 의식에서 추방되고 격리되었을 수 있다. 그 이유는 관련된 감정과 자기 상태가 심리적 건강, 자기 경험의 응집력 및/또는 필요한 타자와의 연결에 대한 위협으로 인식되기 때문이다. 이러한 주관성의 차원은 전통적으로 **역동적인 무의식**(dynamic unconscious)이라고 불린다. 상호주관성 이론(Intersubjectivity Theory)은 역동적인 무의식이 자기에게 위험을 초래하는 모든 감정이나 환상을 방어적으로 격리하는 것으로 구성된다고 주장한다. 이는 단순히 감정이나 환상 자체의 내용 때문이 아니라 그로 인해 느끼는 위협 때문이다.

이 책 전체에서 설명하겠지만, 상호작용하는 사람들의 주관적 세계에서 발견되는 상호주관적 장과 의식적 및 무의식적 결정요인의 개념은 심리치료 상황을 이해하는 데 기본이 된다. 심리치료는 환자와 치료자의 심리적 삶이 만나 서로 영향을 주는 상호주관적 장에서 이루어진다. 그리고 그 과정의 중심에서 펼쳐지는 치료적 상호작용 과정 중에, 환자의 주관성의 무의식적 차원이 표현되고 변형되는 방식이 있다. 이를 고려하면서 우리는 이제 자기심리학으로 돌아간다. 왜냐하면 자기-경험과 자기대상 욕구의 변천이 상호주관적 심리치료 장에서 나타나고 환자의 두려움과 공포뿐만 아니라 그의 동경과 희망의 표현으로 나타나며, 이는 치료적 변화를 위한 기회를 창출하기 때문이다.

상호주관적 자기심리학

상호주관적 자기심리학이란 무엇인가

Kohut의 자기 이론과 Stolorow의 상호주관성 이론의 통합은 상호 영향을 미치고 지속적으로 상호작용하면서 구성되는 주관적 세계의 풍부한 복잡성을 선호하며, 고립된 주관적 경험의 개념을 피해 가게 한다. 함께할 때, 두 이론은 모든 심리적 삶의 관계적 맥락에 대한 우리의 지식을 향상시킬 뿐만 아니라 강력한 치료 도구를 제공한다. 자기 발달이 상호주관적 관계 모체에서 발생하고 결정된다는 개념은 분석적 상황이 환자와 분석가의 경험적 세계의 교차점으로 구성된 상호주관적 장이라는 개념화에 의해 완벽하게 충족된다. 그 결과 분석 상황에서 우리는 고립된 환자의 경험을 다루지 않는다. 오히려 우리는 특정 분석가와의 감정적 상호작용에 의해 공동 결정되고 그에 대한 응답으로 진화하는 환자의 경험을 다루고 있다. 마찬가지로 우리는 항상 분석가의 경험을 다루고 있는데, 이는 특정 환자와의 감정적 상호작용에 의해 공동 결정되기 때문이다. 따라서 분석 상황은 환자와 분석가 모두의 경험 세계의 교차점으로 구성되어 서로 영향을 끼치는 상호주관적 장으로 개념화된다.

상호주관성 이론과 자기심리학을 통합함으로써, 우리는 Kohut이 자기 발달에 대해 참이라고 인식한 모든 것, 특히 자기대상 전이를 Stolorow가 치료 상황에 대해 참이라고 인정한 것과 함께 상호주관적 장의 상호적 특성이 환자에게뿐 아니라 분석가에게도 적용된다는 것을 주장하고자 한다. 다시 말해, 분석적 상황은 환자와 분석가의 감정 세계 총합의 감정적 상호작용(felt interaction)으로 구성된다. 상호주관적 장은 양방향이며 환자와 분석가 각각의 감정 세계의 특정 교차점에 의해 공동 결정된다. 여기에는 환자뿐 아니라 분석가에 대한 자기대상 욕구의 출현과 표현이 포함된다.

두 이론 모두 분석가의 관찰 방법으로서 공감에 대한 믿음을 공유하기 때문에 환자의 경험 세계 내에서 환자의 관점으로부터 상호주관적 장에서 환자의 경험을 탐구하는 데 전념한다. 그러나 상호주관성 이론에 근거하여 공감이 공정(disinterested)하거나 객관적인 것으로 볼 수 없다고 이해한다. 환자의 경험은 환자의 주관성과 분석가 사이의 감정적 상호작용에 의해 지속적으로 공동 결정되며, 그 반대의 경우도 마찬가지다. 분석가의 경험은 환자의 주관성과 감정적 상호작용에 의해 공동 결정된다. 따라서 상호주관적 자기심리학 관점에서 분석가의 공감은 환자의 경험으로 자신을 느끼는 것 이상이다. 오히려 그것은 분석가와 환자의 뒤얽힌 주관적 경험에 대한 복잡하고 풍부한 몰입이며, 각 당사자에게 이러한 경험이 갖는 의미에 따라 상호 반응하는 방식을 형성한다. 상호주관적 모체를 구성하고 분석적 탐색의 대상이 되는 것은 상호 영향을 미치는 복잡한 장이다.

자기대상 전이에 대한 Kohut의 발견은 모든 인간관계에서 지속적이고 인식할 수 있는 주제이므로 우리는 모든 치료에서 상호주관적 장이 근본적으로 환자와 분석가의 자기대상 전이의 교차점에 의해 구성된다고 주장한다. 발달을 촉진하는 모든 관계 양식의 총합—자기대상 전이를 포함하여—은 리딩 엣지라는 주제 아래에 모인다(Tolpin, 2002).

반면, 자기 장애는 자기대상 전이의 잠재적 출현과 관련된 불안과, 외상 및 기타 자기대상 실패의 반복에 대한 두려움과 관련된 취약성이 그 특징이다. 이러한 두려움, 불안, 공포는 환자와 분석가의 반복적인 전이 패턴을 야기하며, 그 교차점은 상호주관적 장을 동일하게 형성할 것이다. 관계의 모든 반복적 방식의 총합은 반복적 전이를 구성하고 트라우마 경험에서 파생되며 자기대상 파열은 **트레일링 엣지**라는 주제 아래에 모인다(Tolpin, 2002).

리딩 엣지와 트레일링 엣지의 개념은 상호주관적 장의 중심인 희망 대 두려움이라는 중요한 이중성을 설명한다. 리딩 엣지는 희망과 기타 진보적 요소를 표현한다. 트레일링 엣지에는 두려움과 현상 유지에 머무르려는 공포가 있다. 종합하면, 리딩 엣지와 트레일링 엣지의 개념은 희망과 두려움이 전이의 반대 측면을 조직하고 동기를 부여하는 방식을 포착한다. ISP는 이러한 이중성을 표현하기 위한 완벽한 매체다. 한편으로는 자기대상 전이, 곧 환자의 감정 세계의 리딩 엣지가 펼쳐지고 번성하도록 허용되는 심리적 장의 발달에, 다른 한편으로는 반복 전이 또는 트레일링 엣지가 정교하게 다루어지고 훈습되는 심리적 장의 발달에 초점을 맞춘다. 리딩 엣지나 트레일링 엣지 중 어느 쪽이 작업의 초점이 되는지에 대한 질문은 특정 시점에서 어떤 주제가 중요한지에 따라 달라진다.

환자와 분석가 모두 희망과 두려움의 이중성을 경험한다(Mitchell, 1993; Bacal & Thomson, 1996). 따라서 각각은 분석 상황에 리딩 및 트레일링 엣지를 가져온다. 예를 들면 다음과 같다. 분석가의 공감과 조율은 그의 리딩 엣지를 반영하는 동시에 초기 리딩 엣지인 환자의 동경과 욕구를 불러일으킬 수 있다. 이것은 역설적으로 거부와 유기에 대한 환자의 트레일링 엣지를 강화하여 회피와 '저항'을 초래할 수 있다. 이후 환자의 전이 징후는 분석가의 거절과 실패에 대한 두려움을 활성화하여 분석가의 트레일링 엣지인 감정적 철수 또는 해리로 이어진다. 환자는 이것을 감지하고 버림받을 것이라는 자신의 예상을 확신한다. 이로 인해 방어와 자기보호 조치를 더욱 강화하는 것이 정당화된다. 분석가는 환자의 태도가 어떻게 그녀의 우울한 어머니로부터 거절당한 오래된 경험을 불러일으키는지 인식한다. 그는 또한 환자가 학대하는 부모로부터 자신을 보호해야 할 필요성을 감지한다. 이런 식으로 트레일링 엣지가 일치하는 것이다. 분석가의 이해는 그가 자기방어에 대한 환자의 욕구를 더 공감하도록 돕고 분석가의 리딩 엣지가 전경으로 이동했다는 신호를 보낸다. 분석가는 환자가 느끼고 있다고 생각하는 것과 자신을 보호하려는 그의 노력의 합리성을 말로 표현한다. 환자는 이해받고 안전하다고 느끼기 시작하며, 그의 리딩 엣지가 활성화된다. 그는 더 연결된 느낌을 갖게 되고, 그의 두려움이 인정받았음을 느끼며 부끄러워하지 않게 된다. 조심스럽게, 분석가와 환자 모두의 리딩 엣지가 일치하고 희망의 덩굴손(tendrils of hope)이 확장되어 조율 감각을 강화시킨다.

ISP의 목적은 분석 상황의 상호주관적 장에서 환자의 리딩 엣지를 전개하고 발달시키는 것이다. 왜냐하면 자기대상 경험에 대한 환자의 희망은 전이의 리딩 엣지에서 가장 강하며, 재발달에 대한 동기가 가장 빨리 나타나기 때문이다. 환자의 리딩 엣지 기술의 창의적 능력은 분석가의 리딩 엣지와의 관계를 통해 더욱 촉진된다. 예를 들어, 만약 환자가 반영을 통해 비추어진 확장성(expansiveness)의 자기대상 전이 경험을 찾고 발견할 때, 동시에 분석가는 환자의 안녕을 경험하고 자신이 거울에 비춰졌다고 느낀다. 상호주관적 장 내에서 공동으로 결정된 자기대상 전이는 환자의 건강한 자기 감각을 촉진시킨다. 이는 이상화 전이와 쌍둥이 전이 경험에도 동일하게 적용된다. 각각은 환자와 분석가 모두를 위한 중심이 되는 리딩 엣지 주제가 될 수 있다. 환자의 리딩 엣지와 분석가의 리딩 엣지의 동시성(synchronicity)은 성장과 창조적 변화를 위한 역동적인 기반을 구성한다.

그럼에도 ISP는 희망과 두려움이 변증법적 관계로 연결되어 있다고 인식한다. 희망은 이미 두려움 안에 포함되어 있으며 두려움은 희망 안에 포함되어 있다. 리딩 및 트레일링 엣지의 언어에서 리딩 엣지는 항상 트레일링 엣지 주제를 되살린다. 마찬가지로, 트레일링 엣지에는 리딩 엣지의 씨앗(kernel)이 내재되어 있다. 다시 말해, 많은 환자의 경험에서 희망은 너무 자주 실패와 상처로 이어졌다고 할 수 있다. 분석가가 그토록 바라던 자기대상 유대를 위한 기회를 제공하면 과거의 공포가 활성화될 것이다. 동시에 트레일링 엣지의 활성화는 자기대상 욕구 충족과 관련된 회복 및 복원에 대한 욕구를 강화한다. 분석가에게도 유효한 이 변증법은 분석 관계에서 나타날 수 있는 무한한 구성요소를 열어 준다. 분석가는 이 복잡하고 끊임없이 변화하며 변덕스러운 심리적, 정서적 변증법을 통해 자신의 방식을 찾으려고 한다. 괴로움을 일으켜서, 결국 환자에게 주된 동기를 부여하는 것은 리딩 엣지와 트레일링 엣지(우리를 안전하게 지켜 주는 두려움에 묶여 있고 제한된 희망) 사이의 변증법에 내재된 긴장이다. 그러나 이러한 긴장은 분석가에게 변화를 위한 리딩 엣지 희망을 지지할 수 있는 기회를 제공하며, 그로 인해 전이의 균형을 변화의 방향으로 기울일 수 있다.

환자의 공포는 핵심 구성 환상이 발달되지 않은 상태로 유지되어 부적응적일 때 특히 강하고 완고하다. 변형되지 않은 과대성은 위협적인 기억과 정서적 트라우마를 동반할 수 있는 의존성 욕구를 동원한다. 결과적으로, 자기보호적 방어 전략의 동원은 반복에 대한 두려움을 동반한다. 트레일링 엣지는 이러한 징후적(symtomatic)이고 저항적인 역동에서 나타나기 때문에 분석가는 자신의 트레일링 엣지 때문에 필연적 · 개인적으로 휘말리게 된다. 분석 관계의 고유한 특성 때문에 복잡한 트레일링 엣지를 통한 치료적 변화 작업이 가능해진다. 공감이라는 도구를 통해 환자의 주관적 세계로 기울어지는 분석적 대화는 분석가가 자신의 트레일링 엣지에서 벗어나는 능력에 의해 촉진된다. 환자의 주관적 삶에 대한 반응을 유지하면서 환자의 두려움을 해석하는 분석가의 능력은 환자가 외상의 반복 위협 및/또는 자기대상 실패의 위협으로부터 충분히 안전함을 느끼게 하여 보호 조치 및 방어를 완화하도록 권장한다. 이러한 환경에서 자기대상에 대한 동경이 되살아나고 두려움보다는 희망이 정당화된다. 그 결과 충족될 수 있는 상호주관적 맥락에서 자기대상 욕구를 불러일으킨다. 환자의 리딩 엣지가 분석가의 리딩 엣지와 만나면서 환자와 분석가 사이의 변형적 참여가 활성화된다. 이 상호주관적 장에서 환자는 새로운 정신 구조와 성장의 전개를 위한 지속적이고 촉진적인 맥락을 찾는다.

ISP 치료를 단순한 지지 과정과 혼동해서는 안 된다. 트레일링 엣지의 해석과 훈습은 치료 성공을 위한 요구 사항이다. 공포스러운 과거의 손아귀에서 벗어나 새롭고 방해받지 않는 희망의 출현과 재연(enactment)을 허용하는 새로운 안전감의 맥락에서 발생하더라도 그러하다. 달리 말해 ISP의 치료 작용은 다음의 두 가지 상호 연관된 과정으로 구성된다. 즉, 유대가 온전할 때 새로운 심리적 구조가 발달하고, 유대가 붕괴될 때 해석을 통한 기존 구조가 변형하는 과정이다.

리딩 엣지에 대한 해석은 환자의 리딩 엣지에 분석가의 조율된 참여로 환자와 분석가가 연결되어 있을 경우 필수적이지 않다. 하지만 결정적인 시기에는 그러한 리딩 엣지 해석이 상호주관적 유대를 의미 있게 강화하고 앞으로의 발전을 촉진할 수 있다고 주장한다. 다시 말해, 리딩 엣지와 생성적 상호주관적 장에 대한 해석은 환자가 치료 관계의 특정 성격을 확인하는 부끄러움을 넘어 치료 시간에 환자의 자기를 강화할 수 있다. 그렇게 함으로써 환자의 자기 경험 핵심이 향상되고 강화된다. 또한 환자는 자신에게 필요한 것이 무엇인지 알 수 있어 힘을 얻는다. 필요한 것을 요청할 수 있을 때 도움을 받는 것이 더 쉬워진다.

자기대상 유대가 붕괴되고 환자의 두려움이 전경에 드러날 때마다 트레일링 엣지의 해석이 필수적이 된다. 반복적인 전이 경험에 대한 공감적이고 온정적인 해석 과정은 개인의 성격 구조를 구성하는 중추 보호 조직 원칙과 자기 및 대상 환상을 조명하고 의식에 가져오는 역할을 하여 분석가와의 상호주관적 맥락 내에서 탁월하게 이해할 수 있게 만들어 준다. 이러한 이해는 리딩 엣지를 다시 한번 전경으로 이동시키면서 자기대상 유대를 재정립한다. 이 해석 과정은 1984년 Kohut이 설명한 것처럼 기존 구조의 변형을 가져온다.

환자와 분석가의 반복적 전이가 훈습될 때 트레일링 엣지 역동은 물러나고 동경했던 환자와 분석가의 자기대상 전이가 펼쳐질 수 있다. 이것은 환자와 분석가가 자기 경험을 진화시키고 견고하게 하는 데 필요한 정서적 영양분을 제공하는 우연한 상호주관적 장을 구성할 것이다. 분석가는 환자가 새롭게 출현하는 자기 구조를 획득하고 발달시키는 데 필요한 자기대상 경험을 제공하는 자로 경험된다. 반대 방향에서도 마찬가지다. 분석가는 자신의 유능함과 효능감에 대한 확신을 얻으며, 이는 자신이 동경하는 자기대상 경험을 충족시키고 분석가의 창발적 자기 구조를 획득하고 통합하는 결과를 낳는다.

상호주관적 장에서 리딩 엣지를 펼치는 것이 ISP의 최우선 목표다. 그렇게 함으로써 우리는 전통적인 정신분석의 치료적 접근을 거꾸로 뒤집어 놓았고, 트레일링 엣지에 대한 작업이 필요하긴 하지만 치료적 접근을 위한 충분조건은 아니라는 것을 선언하고 있다. 충분조건은 리딩 엣지 작업이다. 왜냐하면 리딩 엣지를 강화하며, 이를 이용한 새로운 자기실현과 건강한 발전을 위한 희망과 동기가 치료 과정의 원동력이기 때문이다.

제**2**장

상호주관적 자기심리학에서의 공감

공감은 자기심리학뿐만 아니라 ISP 이론과 실제의 중심에 있다. 이것은 Kohut의 첫 번째 자기심리학 논문(1959)의 주제이며 1981년 사망하기 전 마지막으로 발표한 내용이다. Kohut의 자기심리학 작업은 환자의 경험에 대한 공감적 이해와 공감적 유대 형성에 기반을 두고 있다.

Kohut은 공감을 다른 사람의 경험으로 들어가 자신을 느끼는 느리고 신중한 과정인 '대리적 성찰(vicarious introspection)'로 정의하였다(1959, p. 207). 곧 공감이란 다른 사람의 내부 세계를 이해하기 시작하는 방법이다. Kohut이 말했듯이 '그것은 개인의 내적 삶에 조율된 관찰 양식이다'(1981, p. 542). 공감적 이해는 치료사가 환자의 주관성 내에서 그의 정서적, 경험적 세계를 이해하려고 시도하는 정신 활동이다. 자기심리학자는 환자의 희망과 강점에 조율되어 있다. 이것들은 자기대상 전이의 기초와 환자의 리딩 엣지를 형성한다. 자기심리학자는 또한 환자의 취약성 또는 환자의 트레일링 엣지 두려움에 조율되

* Karen Roser and Aviva Rohde

어 있다. 이러한 취약성은, 예를 들어 환자가 삶 가운데 부모, 상사, 배우자와 같은 사람들로부터 상처를 받은 다양한 방식을 설명할 때 공감하기 쉬울 수 있다. 다른 경우에 이러한 취약성은 환자가 치료사가 말하거나 행동하는 것에 대해 화를 내거나 상처를 받을 때와 같이 공감하기 더 어려운 방식으로 나타난다. 자기심리학자가 공감에 주목하는 것은 치료사가 환자의 개인적이고 경험적인 세계 내에서 그것이 아무리 낯설게 보일지라도, 환자의 반응을 이해하는 방법을 찾는 데 도움이 된다.

공감은 정신분석적 노력의 중심뿐 아니라 일반적으로 인간관계의 중심에 자리한다. 예를 들어, 아이가 등교하기 전에 복통을 호소할 때 부모는 아이가 몸이 아픈지 아니면 등교 불안을 느끼는 것인지 이해하기 위해 아이의 내면세계로 가는 길을 느끼고자 아이에 대한 지속적인 경험을 사용한다. 부모가 공감을 유지할 수 있다면 그 순간에 자녀의 욕구에 반응할 수 있다. 그러면 아이는 이해받고 강화됨을 느낄 것이다. 치료에서 치료사는 자비로운[1] 사용에 공감을 활용하는데, 이는 그가 환자의 경험을 이해, 지원 및 해석할 수 있게 해 준다.

간단한 예로 유별나게 키가 큰 사람이 상담실에 들어온다고 가정해 보자. 공감적으로 조율된 치료사는 스스로에게 '이 사람이 저렇게 키가 큰 건 그에게 어떤 것일까?'라고 묻는다. 그녀는 그것이 그녀에게 무엇을 의미할지에 대해 생각할 수도 있지만(내성) 그것이 환자에게 무엇을 의미하는지 아직 알지 못한다는 것을 알아차릴 수 있다(대리적 성찰). 질문을 하면서, 그녀는 자기 질문의 주제가 외부 현실이 아니라 그것에 대한 환자의 주관적 경험이 되는 공간을 만들기 시작했다. 예를 들어, 치료사는 탐색을 통하여 큰 키가 자존감(self-regard)에

1 공감은 대부분 선을 위해 사용되는 것으로 생각되지만 자비는 가정되지 않는다. 공감 또는 다른 사람의 내면세계에 대한 깊은 이해는 그러한 이해가 해를 입히는 데 사용될 때와 마찬가지로 악의적인 목적으로 쉽게 사용될 수 있다. Kohut은 이 개념을 설명하기 위해 그 유명한 히틀러의 휘파람 폭탄의 예를 사용한다(1981, p. 529).

긍정적으로 기여한다는 그녀의 가정이 사실이 아니며, 환자의 지배적인 감정은 '아픈 엄지손가락처럼 튀어나온 것'에 대한 수치심이라는 것을 알 수 있었다. 이러한 이해에 도달하는 것은 공감 또는 공감 탐구의 행위이며, 여기서 우리는 환자 자신의 경험 내에서 환자의 경험을 이해한다. 치료사도 아픈 엄지손가락처럼 튀어나와 있는 것을 부끄럽게 여기는 경우, 그들의 세계가 만나게 되어 공감이 쉽게 이루어질 수 있을 것이다. 그러나 치료사가 항상 키가 크길 원했다면 환자의 경험을 파악하기 어려울 수 있다. 키가 작다는 수치심의 트레일링 엣지 안에서 행동하는 경우, 치료사는 환자를 놓칠 위험이 있으며 공감 실패의 순간이 발생할 것이다. 반면에 치료사와는 다른 환자의 내면세계에 조율하는 것은 치료사로 하여금 탈중심화를 허용하여 환자의 생생한 경험에 대한 깊은 이해를 표현할 수 있도록 한다.

따라서 정의에 의하면, 공감은 깊은 이해로 이어지는 탐색 과정이다. 공감은 정동(affect)이 아니다. 종종 오해되는 이러한 구별은 공감에 대한 많은 오해를 불러일으켰다. 예를 들어, 공감은 연민, 조율, 친절 또는 직감과 동의어로 잘못 간주되는 경우가 많다. 이러한 각 개념을 차례로 살펴보겠다.

연민(compassion)은 다른 사람의 곤경에 대한 동정심이다. 연민을 느끼기 위해서는 먼저 상대방의 경험에 공감해야 한다. 그 과정을 통해, 우리는 상대방에 대한 관심을 느낄 수 있다. 연민의 감정은 공감적 탐색의 과정에서 파생되지만, 공감적 발견 이후에만 나타난다. 탐색 방식인 공감은 우리가 연민을 느낄 수 있는 방법이다.

조율(attunement)은 다른 사람과 감정적으로 동조하는 경험을 의미한다. 누군가의 경험에 조율되는 것은 정서적 연결, 느낌이다. 공감은 조율로 이어질 수 있지만 그 이상으로 이어질 수도 있다. 곧 환자의 삶에 영향을 미치는 요인들에 대한 지식을 바탕으로 감정을 이해하는 것으로 이어질 수 있다. 이는 정서적 경험이라기보다는 분석적인 과정이다.

친절(kindness)은 상대방을 배려하는 마음을 말하며 행동과 관련이 있다. 반면에 공감은 내적인 과정이다. 공감은 친절로 이어질 수 있지만 친절이나 자비를 전제로 하지 않는다. 그것은 단지 상대방에 대한 이해를 전제로 한다.

직감(intuition)은 다른 사람의 경험에 대한 즉각적인 느낌이며, 이러한 점에서 공감에 가깝다. 그러나 직감은 인지(cognition)를 우회한다. 직감은 느리고 신중한 공감적 탐색 과정이 아니라 섬광같은 알아차림으로 나타난다. 우리는 누군가의 내적 경험에 대해 직감을 가질 수 있지만, 직감을 확인할 수 있는 잠재력을 가진 것은 공감의 핵심인 탐색의 과정이다.

탐색 양식 외에도 Kohut은 공감적인 경청이 사람들 사이에서 유대감과 관계를 형성하는 방식임을 인식했다. '공감의 단순한 존재는 넓은 의미에서 임상 상황과 일반적인 인간 생활 모두에서 유익한 치료 효과를 갖는다.'(1981, p. 544) 공감 행위를 통해 치료사는 환자의 실제 경험에 대한 수용과 중요성을 전달한다. 깊은 방식으로 이해받는 경험은 두 사람 사이의 유대감을 형성하는 기반이 된다. 부정확한 공감의 매 순간은 유대감을 탈선시킬 가능성이 있지만, 이후 교정하는 매 순간은 그 유대를 더욱 깊게 만든다.

치료적 유대로서의 공감이라는 개념은 Bacal(1985)이 '최적의 반응(optimal responsiveness)'이라고 설명한 것에 내재되어 있다. 환자의 경험에 깊이 공감하는 치료사의 능력은 환자의 욕구에 최적으로 대응하는 반응을 가능하게 한다. 환자는 이해받는다고 느끼고 치유적 유대는 깊어진다. 최적의 반응은 치료사의 공감으로 가능하다.

임상적 순간

한 남편과 아내가 번갈아 가며 그들 각자가 겪고 있는 극도로 스트레스가 많은 시간에 대해 나(KR)에게 이야기하고 있었다. 어느 시점에서 남편은 스트레스가 그에게 어떤 영향을 미치는지에 대한 예로서 그날 아침 아내의 개인 치료사에 대해 비꼬는 것으로 '행동화'했다고 말했다. 그는 즉시 사과했지만 기분이 나빴다. 이후 아내가 이야기를 나눌 때, 남편의 말에 여전히 상처받은 상태라고 말하였다. 침묵의 순간이 뒤따랐고, 각자는 강한 감정을 경험하면서 서로를 이해하지 못한 채로 남아 있었다.

나는 남편의 경험 속으로 들어가는 길을 느끼는 순간에, 그에게 비꼬는 발언으로 이끈 감정이 있었는지 물었다. 남편은 잠시 생각하더니 그렇다고 대답했다. 그 순간에 그는 아내가 필요한 도움을 받지 못하면, 그것이 자신에게 영향을 미칠까 봐 걱정했다는 것을 깨달았다. 그는 이것에 대해 많은 수치심을 표현했다. 그가 말하는 동안, 나는 아내의 얼굴이 부드러워지는 것을 보았다. 그녀는 자신이 그의 감정을 이해했으며 자신도 같은 방식으로 느꼈을 것이라고—사실 실제로 그렇게 느끼고 있다고—말했다. 이에 남편도 마음이 부드러워졌다. 그는 손을 내밀어 아내의 손을 잡았다.

나의 이어진 질문은 공감의 순간에, 비꼬는 말로 이어졌던 표현되지 않은 무언가가 틀림없이 있을 것이라는 알아차림에서 비롯되었다. 남편의 경험에 대한 나의 공감적 질문이 남편에 대한 아내의 공감과 그들 사이의 깊은 유대로 이어졌다는 점은 주목할 만하다.

공감과 상호주관성

이제 우리는 공감에 대한 상호수관적 관점으로 전환한다. 1987년에 Stolorow, Brandchaft 및 Atwood는 공감에 대한 Kohut의 작업을 기반으로 '지속적인 공감 탐구(sustained empathic inquiry, p. 10)'라는 개념을 도입했다. 그들에게 있어 환자의 경험 세계에 대한 치료사의 지속적인 공감 몰입은 치료사가 환자의 세계 내에서 환자를 이해하려고 노력하고 환자는 자신이 이해받고 있다고 믿게 되는 상호주관적 맥락의 형성으로 이어진다. 따라서 Kohut의 경우와 마찬가지로 공감은 두 사람(dyad) 안에서 이해와 행동이 일어나는 양식이 된다. 그러나 상호주관적 참조 틀에서 공감의 개념은 훨씬 진화한다. 방 안에 환자와 치료사의 두 주체(subjectivity)—환자와 치료사—가 있다는 개념은 공감의 개념에 새로운 층을 더한다. 두 주체가 적극적으로 관여하면서 치료사의 공감은 정의상 그녀 자신의 주관성을 반영하며 이로써 환자의 경험에 영향을 미치고 공동 결정한다. 그 반대의 경우도 마찬가지다. 이를 염두에 두고 우리는 중립적이거나 객관적인 공감 같은 것은 없다고 이해한다. 환자의 주관성은 그것이 발생하는 상호주관적 맥락의 관점을 통해서만 이해될 수 있다. 지속적인 공감적 몰입은 환자와 치료사의 주관성이 교차하여 생성된 장 안에서 발생한다.

상호주관주의자(intersubjectivist)에게 공감은 치료사와 관련하여 진화하는 환자의 내면 세계뿐만 아니라, 어떤 방식으로 그 공감이 자신의 주관성에 의해 불가피하게 구성되고 형성되는지에 대한 이해로 향한다. 치료사의 존재와 행동은 환자의 경험에 영향을 미치며 그 반대도 마찬가지다. 치료사의 주관성은 환자의 영향을 받는다. 예를 들어, 치료사의 이해의 표현이 환자의 개방성과 감사함(appreciation)과 만나면 치료사는 더 효율적이고 유능하다고 느낄 것이며, 이는 이어서 그녀의 공감할 수 있는 능력과 공감에 따라 행동할 수 있는 능력을 향상시킬 것이다. 효율적이라고 느끼는 치료사가 현존할 때, 환자는 더 신뢰롭고, 유능하며, 강하다고 느낄 것이다.

공감과 상호주관적 자기심리학

마지막으로 우리는 자기심리학과 상호주관성의 결합이 ISP와 공감 개념에 주는 기여를 살펴보고자 한다. 상호주관적 자기심리학자는 환자의 자기 상태의 변화에 공감적으로 조율되어, 환자의 변화하는 자기대상 욕구 및 전이의 세계 내에서 이러한 변화들을 이해하려고 한다. 이는 그 방정식의 자기심리학 부분이다. 상호주관성은 환자와 분석가 모두가 서로를 경험하는 장으로 향하는 공감의 차원을 추가한다. 환자의 자기대상 욕구가 고려되고 이해될 뿐만 아니라 환자와 치료사 간의 관계가 치료사의 자기대상 경험에 영향을 미치는 방식도 고려되고 이해된다. 공감은 환자의 희망적인 감정과 공포의 감정이 치료사에게 영향을 미치는 방식으로 향하며, 그 반대의 경우도 마찬가지다. 상호주관적 자기심리학자에게, 환자가 생성하고 반복하는 주제가 치료사의 주제와 어떻게 교차하는지에 대한 인식이 치료의 핵심이다.

더욱이, 자기심리학은 공감적 유대가 그 자체로 치료적이라는 이해를 상호주관성에 추가한다. Stolorow와 그의 동료들에게 공감은 탐색 활동으로 남아 있다. 1992년에 그들은 치료 동맹의 목표를 '환자의 주관적 우주의 점진적인 전개, 조명 및 변형'이라고 설명했다(p. 94). 이것은 분석가의 '환자 자신의 주관적 구조(framework) 내에서 이해하려는 확고한 헌신'(ibid., p. 93)에 의해 달성된다. 이것은 공감의 일차적인 인지 기능을 설명한다. 그것은 전적으로 환자를 그의 주관적 세계 내에서 이해하는 행위에 기반하며 공감적으로 경청된 경험이 치유적이라고 고려하지 않는다. 따라서 상호주관주의자에게 가장 강력한 것은 이해의 행위다. 상호주관적 자기심리학자에게 치유력은 또한 공감적 유대, 치료사가 환자의 경험에 지속적으로 초점을 맞추는 것에도 있다. 분석적 상황에서 공감적 유대는 환자와 치료사의 감정 세계 사이에서 끊임없이 진화하는 피드백 고리이며, 각각의 이해를 확인하는 것은 양방향의 유대를 심화시킨다.

상호주관적 자기심리학 입장 내에서 공감적으로 작업하는 것은 복잡한 노력이다. 환자가 저항하거나, 반복적 전이의 고통을 겪거나, 환자가 아직 알아차리지 못하는 무의식에서 무언가를 표현하고 있음을 감지할 때 공감 작업은 특히 어려워진다. 이 순간에 우리 환자의 가장 깊은 경험은 그들이 실제 느끼고 있는 욕구로부터 부인될 수 있다. 이러한 경우 우리는 환자가 표현한 욕구에 공감해야 하며 동시에 그 경험에서 부인된 근원을 탐구해야 한다. 예를 들어, 환자는 우리에게 사실상 상사가 잘못했다고 인정해 주기를 원할 수 있지만, 우리는 환자의 방어가 작동하여 상사의 반응을 일으키는 요인이 되고 있음을 지각할 수 있다. 진행 중인 작업—지속적인 공감적 탐구—에서 우리는 환자와 치료사의 상호 영향이 주어진 순간에 어떻게 우리가 서로에 대해 생각하는 방식에 영향을 미치는지를 본다. 환자의 방어적 또는 저항적 주제에 공감하고 있는 치료사는 환자가 아직 모르는 무언가를 알고 자신에게 말할 수 있다. 치료사가 새로운 관점을 시도하고 환자가 반응하거나 그 반대의 경우와 같이, 우리가 관계하는 동안 발생하는 일을 지켜봄으로써만, 환자 경험의 더 깊은 의미에 민감해진다.

이 민감한 피드백 고리에서 우리는 이해와 명확성의 지점에 도달하기 시작한다. 환자와 치료사 모두의 자기대상 경험의 양방향 특성은 공감의 본질과 성장 촉진 치료 경험의 잠재력을 규정한다. 환자의 리딩 엣지와 트레일링 엣지에 대한 공감적 이해 내에서, 치료사는 주어진 순간에 가장 큰 성장으로 이끄는 것이 무엇인지에 대한 이해를 바탕으로, 먼저 하나를 해석한 다음에 다른 하나를 해석한다. 궁극적으로, 해석이 공감적으로 경험되는지 아니면 적절하지 않은지 여부는 환자의 소관에 있다. 즉, 치료사의 공감 정확성을 결정하는 것은 환자다.

Tess 사례[2]

Tess 사례의 시작 단계에서 다음 순간들은 ISP 이론 내에서 공감의 가치와 변형의 힘을 보여 준다. 이 사례는 공감을 설명하기 위해 선택되었는데, 이는 환자의 초기 출현이 치료사의 공감적 이해와 대응 능력에 도전을 제시하였기 때문이다. 사실 치료사는 환자의 경험에 대해 느끼기보다는 환자의 삶에서 중요한 다른 사람들의 반응을 상상하는 쪽으로 기울어져서, 환자의 경험으로부

2 이 사례는 저자 중 한 명이 수행했다. 1인칭으로 작성되었지만 두 저자의 관점을 반영한다.

터 멀어지는 느낌을 받았다. 상호주관적 자기심리학 관점에서 작업하며, 치료사는 환자에 대한 그녀의 트레일링 엣지 반응에서 리딩 엣지 경험으로 전환할 수 있었고, 이는 공감을 위한 길을 열어 주었다. 환자가 경험한 세계로 들어가는 길을 찾음으로써, 치료는 잠재적 교착 상태에서 벗어나 앞으로 나아갈 수 있었다.

십대와 어린아이를 둔 38세의 한부모인 Tess를 만나기 위해 문을 열었을 때, 나는 그녀의 젊은 외모와 진지함에 놀랐다. 그러나 이들 중 어느 것에서도 나중에 듣게 될 독설적인 분노를 예측할 수 없었다. 그녀는 15세 연상의 언니 Anne과의 말다툼을 끝내 해결하지 못해 절망하고 있었는데, 그 언니는 혼자이셨던 어머니가 돌아가신 후에 함께 살면서 자신을 키워 주었다. Tess는 Anne에 대해 만성적인 분노 상태에 있었고, 끊임없는 분노가 그녀를 사로잡은 방식으로 인해 낙담해 있었다. 직장 생활에서의 긴장을 가까스로 견디면서 자녀를 양육하는 일상적인 어려움은 휘몰아치는 분노로 인해 더욱 악화되었다. 언니와 같은 지붕 아래에 살면서, Tess는 그녀의 내부에서 끓어오르는 분노에서 벗어날 수 없다고 느꼈다. 그것이 그녀를 치료실로 이끈 이유였다.

문제는 Tess가 사춘기 자녀와 말다툼을 한 후 괴로워하는 상태에서 이전에 여러 번 그랬던 것처럼, Anne에게 조언을 요청하면서 시작되었다. Tess가 크게 당황스러울 만큼, Anne은 무시하는 대답을 했다. "그 아이는 항상 통제가 안 돼." Anne의 말은 Tess를 격분하게 했고, 그래서 비탄의 끊임없는 다툼이 시작되었다. Tess는 깊이 상처받는 말을 한 것에 대해 언니가 사과하지 않는 것에 분노했다. 이해할 수 없는 상처에 대해 사과할 수 없다는 Anne의 주장은 상황을 더욱 악화시켰다. Tess의 분노는 과거의 상처 목록을 포함하며 커졌다. 자신의 어려운 아이에 대한 흘려듣는 말들, 무시당한 느낌, 이용당하는 느낌 등이다. 결국 균열은 언니와 관계하기를 거부하는 것으로 확대되었다. Tess는 Anne이 자격과 기준에서 나와 같은 수준의 치료사와 치료를 받기로 동의할 때까지 Anne과의 상호작용을 거부했다. 그 당시 나는 Tess의 격렬한 분노에 너무 몰두해 있어서 그녀가 자기대상의 열망에 대해 그 순간에 제공한 단서를 놓쳤다는 점은 주목할 가치가 있다.

Tess는 초기 회기들에서 언니에 대해 계속해서 분노하였고, 논쟁의 세부 사항을 하나하나 반복하였다. 기억을 되풀이할 때마다 Anne의 잘못에 대한 그녀의 실망이 다시 불붙었다. 그녀는 언니의 말 하나하나를 기억하였으며, 그 말들은 그녀의 마음과 회기에서 무력하게 되풀이되었다. Tess는 내가 문제를 분명하고 명확하게 볼 것이라고 확신했다. Anne의 '명백한 것을 보지 않는 부인'이 그녀에게 그랬던 것처럼 나에게도 분명하게 보일 것이며, Tess의 욕설 가득한 반응은 의로운 분노의 해가 없는 표현에 불과하다고 생각했다. 그녀는 자신의 말이 그 문제를 정확하게 표현하고 있으며 내가 그녀처럼 상황을 보게 될 것이라고 확신했다. 하지만 안타깝게도 그렇지 않았다. 나의 귀에 Tess의 분노는 적절하지 못한 분노로 들렸다. 그녀는 신랄한 풍자, 무시하는 거절, 분노가 가득한 저주로 언니에게 대응했다. 나는 Anne이 노력했지만 이해하는 데 무력감을 느꼈고, 결국 상호작용에 대해 아주 조심스러워졌다고 생각하였다. 줄곧 Tess는 분노의 벽으로 마음을 닫아 버렸다.

나는 어찌할 바를 몰랐다. 나는 Tess의 감정보다는 Anne의 감정을 느꼈고 Tess의 끊임없는 분노에 직면한 그녀의 당혹감과 무력감을 쉽게 상상할 수 있었다. 공감? 내 환자의 심리적 세계를 나 자신이 느끼고 있었는가? 나는 그로부터 벗어나 있었다.

더 복잡하게 만든 것은, 나는 '진실' 그 자체가 주관적이라는 상호주관적 인식에 전념해 있었다. 그러나 Tess가 자신이 '진실'이라고 믿고 있는 것을 언니가 인정하게 하려고 씨름하는 동안, 나는 나 자신의 경쟁적인 '진실'을 고수하고 있었다. 그것도 Tess 자신이 표현하는 적개심은 인식되지 못하고 있었으며, 내 앞에서 거부당하고 있었다. 나는 어리둥절했고 좌절을 느꼈다. Tess의 장황한 말에서 내가 들은 것은 그녀의 트레일링 엣지를 나타내고 있었기 때문에, 이를 반드시 해석해야 한다고 확신했다. 그러나 그녀가 표현한 적대감은 너무

나 성공적으로 부인되어 접속할 수 없었다. 내가 분노를 직접적으로 다루려고 했다면, 그녀는 믿으려 하지도 않았을 것이고, 상처를 받았을 것이다. 그렇게 했더라면 그녀는 떠나가 버렸을 수도 있다. 한 번은 내 자신의 고통스러운 트레일링 엣지가 출현한 순간에, 심하게 오해받는 느낌에 대한 잘 알려진 방어기제로 "당신은 정말 화난 것 같아요."라고 말했고 Tess는 "알아요, 괜찮아요."라고 대답했다. 이게 시작이 아니었다. 동시에, 나는 그녀의 상처 주는 말을 이 문제의 핵심으로 다루지 않을수록 내가 Tess를 더 실망시키며, 진정한 반응을 약속하고 트레일링 엣지의 발현(manifestation)을 다루는 치료사로서의 책임을 저버리게 되는 것이 두려웠다. 대부분 나는 그녀의 현실과 나의 현실이 너무 멀리 떨어져 있어서 다른 관점을 탐색할 공감적 기반이 없다고 느꼈다.

나는 길을 잃었지만 그녀는 계속해서 돌아왔다. 나는 이것을 이해하지 못했지만 Tess가 내 이해를 비범할 정도로 신뢰했다는 것을 직감했다. 나는 이것을 알아내야 한다는 것을 알고 있었다. 공감을 향한 오르막길에서 내가 일종의 발판으로 붙잡은 연결 고리는 끊임없이 휘몰아치는 분노에 의해 내면에서 고문당하고 있는 Tess의 이미지였다. 그녀가 주장하는 내용이 무엇이든 간에, 나는 냉혹하고 무력한 분노에 사로잡힌 감정에서 오는 고뇌의 경험을 쉽게 상상할 수 있었다. 그 이미지를 염두에 두고 나는 그녀의 적대감에 대한 내 자신의 실망스러운 반응에서 벗어날 기회를 가졌다. 나는 더 많은 것을 이해할 기회를 가졌다. 이것은 내가 그녀의 경험에 대한 리딩 엣지 개방성에 접근할 수 있는 시작, 상호주관적으로 생각하고 작업할 수 있는 시작이었다. 나는 Tess의 경험 속으로 들어가 공감하기 위해 나 자신이 갇혀 있어 무기력한 분노를 느꼈던 기억을 적극적으로 불러냈다. 나는 아직 이해하지 못했지만 그녀에게 연민을 느꼈고 심지어 친밀감(affinity)의 씨앗까지 느꼈다.

내 안에서 덜 비판적으로 반응할 수 있게 되자, 나는 더 자유롭게 질문을 제기할 수 있음을 느꼈다. 나는 그녀의 분노에 대해 더 깊게 이해할 필요가 있다고 말했다. 나는 그녀의 분노가 더 깊은 곳에서 비롯된 것이라고 감지하였다. 그녀의 분노는 이전에 이해되었거나 표현된 것이 아니라 심각한 파열을 촉발한 싸움에서 구체화된 이전의 어떤 것, 깊게 느꼈던 어떤 것의 산물이라는 느낌을 받았다. 여기서 나는 자기심리학의 핵심에 있는 이론적 개념인 격노(rage)가 자기애적 상처의 표현이라는 것을 전제로 작업했다. 그러나 대화를 바꾸려는 나의 동기는 상호주관적인 이해에서도 나왔다. Tess가 격노한 근원을 이해하지 못하는 상황에서 나는 그녀로부터 멀어지고, 분리되고 판단적이 됨을 느꼈다. 그 근원에 대한 이해를 추구함으로써 나는 공감을 향한 길을 찾아야 하는 나 자신의 필요도 해결하고 있었다. 나 자신이 리딩 엣지로 경험할 수 있는 것을 향해 나아가게 되면서, 상호주관적 관점이 우리의 과정을 안내할 수 있게 되었다.

Tess는 이 탐색을 기꺼이 추구했다. 그녀는 예기치 않게 싸움을 하게 되었다고 말했다. Tess의 말에 따르면, "나는 항상 Anne과 너무 가까웠어요. 그녀는 나에게 항상 영웅이었죠. 그래서 어려울 때, 그녀에게 갔던 것이고, 그녀의 반응에 너무 기분이 상했던 거죠." Tess는 바로 외상적인 탈이상화(de-idealization)에 대해 설명한 것이었다. Tess의 자기 경험은 필요했던 이상화 가능한 자기대상으로서의 언니와 함께 이상화 라인을 따라 발달하였다. 어머니를 참담하게 잃은 상황에서 Tess는 언니의 지도, 힘, 지혜, 모성적 자질에 크게 의지해야 했다. Anne이 십대 자녀와의 싸움에 대한 Tess의 고통을 다루면서, 그 아이에 대한 오랜 경멸을 언급함으로써 일을 복잡하게 만들었을 때, Tess는 그 순간 상실감과 실망감을 느꼈을 뿐만 아니라, 자신을 지탱해 주기를 원했던 바로 그 사람에게 깊은 배신감을 느꼈다.

계속된 탐색은 이 이상화 라인의 외상성 파열이 자기대상 반응에 있어서 크고 작은 균열들로 이루어진 일생에서 소위 마지막 지푸라기 같은 것임을 밝혀냈다. 예를 들어, Tess는 Anne이 마음에 들지 않는 남자 친구를 집에 데려왔을 때나 Anne이 Tess보다 자신을 우선시하는 가정 재정 결정을 내렸을 때의 혼란과 실망의 경험을 나누었다. Tess는 Anne의 선택과 지시에 항상 따르겠다고 자신에게 약속한 경험을 이전에 한 번도 표현한 적이 없었다. 그녀는 과도하게 충실하여, 자신이 실제로 얼마나 괴로움과 배신감을 느꼈는지 부인해야만 했다. 그녀는 가족의 화목을 유지하기 위해 열심히 노력하겠다는 헌신을 중심으로 정체성을 형성했고, 이를 통해 Anne을 이상화할 수 있었다. 이로 인하여 Anne이 떨어져 있는 동안에 그녀가 겪는 현재의 좌절감을 이해하는 데 도움이 되었다. 그것은 Anne의 자기 경험을 보존하기 위해 자신과 정당한 발달 욕구를 희생했다는 느낌에 오랜 뿌리를 두고 있었다. 그녀는 기대에 부응하기 위해 열심히 노력하였지만, 아무도 그녀를 이해해 주지 않았다.

어머니가 된 자신의 경험에 대해 생각하면서 Tess는 먼저 Anne이 Tess를 '어머니처럼 키운' 경험에 대해 궁금해하기 시작했고, 다음에는 그들의 어머니가 어머니로서의 경험을 어떻게 했을지를 궁금해했다. 그녀는 Anne이 자신의 충실한 양육 안내자로 남겠다는 철통같은 약속을 배신했다고 느꼈다. 이것은 Anne과의 이상화 유대에서 중요한 단절이었다. 그러나 이 깨달음은 더욱더 어머니의 죽음 외상에 대한 엄청난 인식을 불러일으켰다. 그녀가 신뢰해 왔던 모성적 인물에 대한 Tess의 탈이상화 경험은 어머니 상실이라는 엄청난 상처, 즉 모성적 이상화에 근원적인 외상 파열을 일으켰다.

Tess는 자신의 가장 깊은 고통에 대해 말할 수 있는 능력을 통해 그녀의 리딩 엣지, 즉 그녀가 깊이 놓쳤던 모성적 안내자를 찾고자 하는 열망을 표출할 수 있었다. 그녀의 핵심에 있는 외상적인 탈이상화를 인식함으로써, 그녀의 격노 근원에 있는 심각한 자기애적 상처를 드러내었다. 이러한 이해를 통해 나는 그녀가 표현한 격노에 대한 판단적인 반응에서 벗어나 격노를 유발하는 고통에 공감할 수 있었다. 그녀의 리딩 엣지에 부응하여 나의 리딩 엣지가 등장했다. 공감적 유대가 커 가는 맥락에서 Tess는 언니와 여전히 소원하기는 했지만, 이제는 더 이상 너무 심하게 벌을 주던 휘젓는 분노로 고통을 겪지 않는다고 말하기 시작했다. 그녀는 상대적인 평온함을 얻었고 그것에 대해 감사를 표현했다.

새로 발견된 평온함은 공감과 진화하는 자기대상 전이 간 자연스러운 피드백 고리의 발달을 허용했으며, 이 모든 것은 상호주관적 장 내에서 경험되었다. Tess는 언니와의 고통에 대해 이야기를 하던 것에서 벗어나 다른 일에 도움이 필요하다고 말하기 시작했다. "선생님은 어머니시잖아요. 좋은 육아 조언을 해 주세요." 나는 Tess가 Anne에게서 얻고자 했던 멘토링을 대신할 수 있는 기회와 더 깊은 수준에서 그녀가 가지지 못했던 어머니가 될 기회를 내게 제안하고 있음을 잘 알고 있었다. 이 순간은 우리 경험의 리딩 엣지 중 우리 둘 모두가 만나는 공감적 유대—새로이 형성되고 있는 공감적 유대—에서 비롯되었다.

Tess는 어린 자녀가 밤새도록 침대에 머물도록 훈육하는 데 도움이 필요했다. 한밤중에 아이가 부모의 침대에 기어 올라와 일으키는 수면 방해 말고도 저녁 시간은 충분히 힘들었다. 나는 그녀의 경험에 즉시 공명했고, 내 아이가 밤새 자기 침대에 머물지 않고 대신 내 침대에 올라와 내 수면이 방해를 받았을 경우, 나에게 직관적으로 옳게 보이는 것을 그녀에게 설명했다. 우리는 아이가 밤중에 방에 들어와서 내 침대 밑에서 침낭을 꺼내 내 옆 바닥에 침낭을 깔고는 거기에 기어 들어가 자신만의 공간을 만들 수 있도록 계획을 세웠다. 나는 침대 옆으로 손을 뻗어 아이의 손을 잡았고, 아이는 다시 잠들 때까지 손을 뻗어 내 손을 잡았다. 내가 Tess와 공유한 내용에서 가장 주목할 만한 점은 침대 옆에서 잡은 손의 이미지가 Tess가 가장 의미 있다고 생각하는 세부 사항이라는 것이다.

이를 통해 나는 방어적인 격노 뒤에 감춰진 채 항상 존재했던 역동을 이해할 수 있었다. 나는 매 회기를 시작할 때마다 그녀를 맞이하면서 내가 가지고 있던 Tess의 이미지를 생각했다. 그녀의 천진난만한 외모와 앳된 태도, 그리고 진지함에 매번 감탄했다. 나는 그녀가 내게 비유적으로 손을 내밀어 마침내 평온을 찾아가면서, 그녀에게 절실히 필요했던 좋은 어머니로 나를 보고 있다는 것을 깨달았다. 어머니의 죽음이 계속해서 외상 반향을 일으키는 상실을 감안할 때, 추락했지만 절실히 필요했던 어머니를 대신했던 언니보다 나를 훨씬 더 순수하게 이상화할 수 있음을 이해하게 되었다. 어머니와 언니의 외상적인 탈이상화를 마주하면서, 나를 이상화할 수 있는 모성적 인물로 경험하고자 하는 열망은 강렬했다.

이러한 이해는 세 가지 필수 구성 요소를 강화했다. 나는 Tess의 외상성 탈이상화 경험에 진정으로 공감할 수 있었고, 모성 라인을 따라 점진적인 이상화를 확립하려는 그녀의 열망에 부응할 수 있었으며, 우리 둘 다 발달하는 우리 자신의 리딩 엣지에 참여했다. 이 토대는 치료의 필수적인 다음 단계인 트레일링 엣지를 다루는 작업을 시작할 수 있게 하였다.

Tess는 언니와 가졌던 또 다른 고통스러운 다툼을 나에게 이야기하였다. 다툼 끝에 언니는 그녀의 차 열쇠를 움켜쥐고 화를 내며 나가면서 논쟁이 끝났다. 무방비한 순간처럼 느껴졌을 때 Tess는 언니 뒤에다 대고 "절벽에서 떨어져!"라고 소리질렀다고 말했다. 그녀는 다음에 무슨 일이 일어났는지 설명하려 했지만, 이내 말을 멈추고는 이렇게 말했다. "나는 방금 분노할 때 끔찍한 말을 한다는 것을 깨달았어요. 정말 그런 걸 그만두어야 해요." 이 순간은 굉장하고, 신선하며 날것의 솔직한 순간이었다. 이는 Tess에게 진정한 발견이라는 점에서 더욱 의미가 있었다. 나는 Tess가 우리의 공감적 유대를 더 완전히 신뢰할 수 있었기 때문에 그녀가 Anne에게 말한 내용을 털어놓으며, 그 파괴성에 대한 평가를 함께 나눌 수 있었다고 생각한다. 그녀가 Anne에게 느끼는 깊은 좌절감, 상처, 무력감에 대한 나의 이해를 신뢰할 수 있었고, 그래서 그녀의 격노에 대한 보다 완전한 그림을 나와 나눌 수 있었다. 그리고 그 신뢰에서 그녀는 자신의 말에 표현된 적대감을 인식하고 스스로 더 잘 인식하도록 도전할 수 있었다.

나는 공감적 유대를 발달시킨 결과로 일어난 보정 조치가 다양한 측면에서 움직임을 만들었다는 것을 지각한다. 이상화하는 자기대상 전이가 꽃을 피웠고, 그 결과 Tess는 우리가 처음 만났을 때의 얼어붙어 격노하고 혼란스러운 상태에서 벗어나 어느 정도의 평온함과 침착함을 발전시켰다는 느낌으로 이동했으며, 그녀의 인생에서 가장 중요하고 필요한 관계에서 경험하는 관계적 스트레스에 대처하기 시작하였다.

결론

Kohut은 환자의 명백한 잘못에 마주하여 우리 자신의 옳음을 확신할 때라도, 환자와 깊이 공감하는 과정을 통해 얻는 환자의 근본적이고 경험적인 진실이 우리가 알아야 할 가장 의미 있는 경험이라고 강조하였다(1984, pp. 93-94). 제시된 사례에서 치료사가 환자의 더 깊은 진실에 대한 인식을 열기 위해, 그녀의 고착되고 궁극적으로 잘못된 이해에서 벗어나게 만든 것은 깊은 공감적 탐구에 대한 헌신이었다.

요약하면 공감은 타인의 주관적 세계에서 그들의 경험을 이해하게 되는 과정이다. 그것은 주관적이다. 우리가 다른 사람을 경험하고 공감하는 방식은 우리 자신의 고유한 주관성에 기반하며, 우리의 주관성이 환자와 치료사가 만든 상호주관적 장에 의해 어떻게 영향을 받는지에 기반한다. 공감에 대한 상호주관적 자기심리학 접근은 환자 자신의 경험 내에서 그들을 이해하기 위한 도구이자 치유 유대로서의 공감의 역할을 포함한다. 우리 공감의 초점은 환자와 치료사의 주관성뿐만 아니라 그들이 어떻게 서로에게 영향을 미치는가로 수렴된다.

제3장

상호주관적 자기심리학에서의 전이

치료사에 대한 환자의 주제별 경험으로 정의되곤 하는 전이에 대한 분석은 정신분석적 개입의 핵심이다. Freud(1895, 1912)의 전이의 효능에 대한 초기 발견은 정신분석 이론의 초석으로 남아 있으며, Freud의 획기적인 발견 이후 몇 년 동안 전이에 대한 우리의 이해에 중요한 의미를 갖는 정신분석 이론이 발전했다. Heinz Kohut(1971, 1977, 1984)은 자기 경험에 대한 분석을 통해 자기심리학 이론을 발전시켰다. Stolorow와 동료들(Stolorow et al., 1987, 1994; Stolorow & Atwood, 1992)은 대인 경험의 고유한 상호 연결성을 인식함으로써 상호주관성 이론을 발전시켰다. 두 이론 모두 전이 이론에 대하여 중요한 함의를 갖는다. 보다 최근에는 각 구성 요소 이론의 임상적으로 가장 강력한 측면을 활용하여 전이에 대한 이해를 향상시키는 상호주관적 자기심리학(Intersubjective Self Psychology: ISP)으로 발전되었다. 이 장에서는 상호주관적 자기심리학 전이 이론의 기본 원리를 설명한다.

---

* Aviva Rohde and Karen Roser

정신분석 세계(psychoanalytic circle)에서 전이는 과거의 경험, 신념, 정동 및 관계 유형을 전형적으로 현재의 치료사에게 전달하는 것이라고 이해되어 왔다. Freud(1895)는 이러한 보편적 현상을 '잘못된 연결(false connection)'이라고 부르며, 그것을 무너뜨려야 할 '장애물'로 간주했다. 치료에서 이 장애물은 다양한 형태로 나타날 수 있다. 환자는 퇴행할 수 있으며 그렇게 함으로써 초기 아동기 단계의 증상적 표현으로 치료사와 관계한다. 또는 환자가 실은 초기 대상에게 향했던 원초적인 감정을 지금 치료사를 향해 직접적으로 옮겨 놓음으로써 잘못된 방향으로 들어설 수도 있다. 그렇지 않으면, 환자는 내면의 고통스럽거나 파괴적이거나 부끄러운 정동을 무고한 치료사에게 투사한다. 또는 환자가 반복-강박에 갇히게 되어 치료사와 함께 어린 시절의 핵심적인 문제가 되었던 역동을 속수무책으로 반복한다(자세한 내용은 Stolorow et al., 1987 참조).

이러한 모든 전이 표현은 왜곡으로서의 전이 범주에 속한다. 즉, 너무나 커서 벗어나기 힘들게 다가오는 과거에 의하여 실제적이고 참된 현재가 왜곡되는 역동적인 관계 구성이다. 여기서 치료사의 임무는 이러한 왜곡을 교정하고 치료사의 실제적이고 진정한 평가를 통해 현재에 대한 실제적이고 진정한 평가로 환자를 안내하는 것이다. 물론 이 모든 역동은 치료사가 무엇이 실재인지를 알고 있으며, 치료사가 무엇이 진실인지를 환자보다 더 잘 알고 있다는 것을 가정한다. 더 나아가 이러한 전이 해석은 도달해야 할 단일한 진리와 객관적이고 분석적인 지혜보다 타당성이 훨씬 적은 주관적 경험이 있음을 가정한다. 자기심리학과 상호주관성의 관점에서 바라볼 때 중요한 개정을 해야 하는 것은 바로 이 왜곡으로서의 전이에 대한 개념이다.

자기심리학의 관점에서 바라볼 때 전이 이해에 어떤 일이 발생하는가? 공감에 대한 자기심리학자의 초점—타인의 주관적 경험에 대해 자신을 느끼고 생각하는 깊고 탐구적인 과정—은 우리 자신의 주관성과 일치하는가와 관계없이, 타자의 주관적 경험에 논리와 가치 및 우선권이 있음을 가르쳐 준다. 우리 각자에게 주관적 경험은 심리적 진실을 갖는다. 치료사만이 진실에 접근할 수 있다는 가정에서, 왜곡으로서의 전이 개념은 환자의 주관적 진실을 무효화하고 자신을 다른 사람으로부터 소외시킬 위험이 있다. 자기심리학적 관점에서 우리는 환자의 주관적인 세계, 환자의 개인적인 진실을 발견하는 것을 목표로 한다. 그리고 그것이 자기대상 전이와 변화를 위한 새로운 기회로 가는 길을 열어 준다.

자기대상 전이의 개념을 이해하기 위해서는 먼저 자기심리학자들이 자기대상 경험과 건강한 자기 발달에서의 그 중요성을 어떻게 이해하는지 설명할 필요가 있다. Kohut이 그랬던 것처럼, 우리는 환자의 경험에 공감하고 경청하면서, 건강하고 강력한 자기 경험은 느껴지는(felt) 다른 사람의 반응에 의존한다는 것을 발견했다. 타인을 자기의 일부로 느끼는 것을 포함하여 자기의 유지와 발달을 위해 타인을 사용하는 것을 자기대상 경험이라고 한다. 자기대상 경험의 개념은 다음과 같은 생각에 기초한다. 곧 건강한 자기 발달은 심리적 기능을 제공하고 채워 줄 타자의 사용을 필요로 한다. 자존감 조절 및 자기 진정과 같은 능력은 개인이 타자를 자유롭게 사용하고, 자기의 일부로 경험하며, 타자의 진화된 발달을 자기의 유익을 위하여 사용할 수 있을 때 발달한다. 자기를 유지하기 위해 타자를 사용하는 것이 자기대상 경험이다.

자기대상 욕구는 일차적인 발달 욕구다. 공기와 물이 신체적 생존과 발달에 필수적인 것처럼 자기대상 욕구는 심리적 생존과 발달에 필수적이다. 식물이 멈춤 없이 태양을 향하는 것처럼 우리는—인간의 정의에 따라—주변 환경에서 사용 가능하고 즉각 반응하는 자기대상 경험을 추구한다. 건강한 발달에서, 아이는 인정해 주며, 진정시켜 주고 달래 주며, 경험을 나누어 주는 형태로 자기애의 건강한 저장소를 제공하는 부모를 사용한다. 우리 모두는 살면서 이러한 자기애적 영양을 공급하는 교사, 친구, 연인과 같은 중요한 타자를 사용한다. 그리고 이러한 발달적 욕구가 방해받지 않고 충족되면 자기는 성장하기 시작하고 자존감과 유사한 것 등을 위한 독립적인 능력을 갖추게 된다.

자기대상 욕구의 중요성을 고려할 때, 필요한 타인에게서 자기대상 반응을 얻지 못하면 자기 발달에 지장을 받는다. 그러한 파열은 심리적 고통의 근원이며 자기애의 증상적 발현으로 이어질 수 있다. 즉, 지나친 과대감이나 그 반대인 고갈된 자존감(depleted self-esteem), 공허함과 소외감도 생길 수 있다. 발달 욕구의 외상성 탈선 또는 발달 욕구의 단계적 부적합한 탈선의 형태로 파열이 반복되면 건강한 발달이 지연되며 자기애적 병리가 고착된다. 다르게는 자기대상 반응이 유용하고, 아동(또는 성인)의 발달적 욕구에 잘 조율되면 심리적 치유가 전경으로 이동하고 발달이 건강한 방향으로 진행된다. 이것이 자기심리치료로 안내하는 토대다.

치료사의 작업은 건강한 자기대상 유대의 발달을 촉진하고, 그 유지를 위해 노력하며, 어쩔 수 없는 혼란을 해석하는 것이다. 치료사는 자기대상 열망의 근본적인, 때로는 숨겨진 표현에 주의를 기울여야 하며(Tolpin, 2002 참조), 자기대상 반응에 대한 요구에 응답하고, 그렇게 함으로써 발달을 위한 건강한 자기대상 경로의 재정립을 허용해야 한다. 치료사와 함께하는 자기대상 전이의 활성화—환자가 자기 유지를 위해 다른 사람을 사용할 수 있는 새로운 기회—는 탈선된 발달을 다시 궤도에 올려놓고, 정체된 발달을 성장으로 바꾸어 경직된 자기애적 병리가 성숙하고 유연한 자기표현으로 변화되는 새로운 가능성을 창조한다.

이러한 생각을 염두에 두면, 왜곡되고 잘못된 전이를 해석하기보다, 필요한 자기대상 전이를 설정하고 유지를 촉진하는 것이 성공적인 자기심리치료의 핵심임을 쉽게 알 수 있다. 자기대상 유대의 확립 및 유지는 자기대상 욕구의 해석, 자기대상 경험의 파열 해석, 그러한 파열의 수리 및/또는 자기대상 반응을 제공함으로써 달성될 수 있다. 자기대상 유대의 활성화 또는 재활성화의 결과는 자기 경험의 원초적 형태에서 성숙한 형태로의 변형이다. 이러한 변형은 치료실 밖에서도 계속된다. 우리는 건강한 자기 경험에 대한 욕구가 너무 커서 온전히 충족시킬 수 없기 때문에—그 욕구는 평생 지속된다—자기를 유지시키는 관계의 형태와 정서적으로 의존할 수 있는 지속적인 공동체의 형태로, 사용 가능하고 반응적인 자기대상 환경과의 유대를 발달시키고 유지하기를 기대한다.

Kohut은 세 가지 주요 자기대상 주제 또는 자기 경험이 변형을 겪게 되는 발달 라인을 설명했다. 이러한 자기대상 주제는 거울 반영, 이상화 및 쌍둥이다. 거울 반영 자기대상 경험은 확인, 인식, 인정, 축하, 칭찬을 받고자 하는 욕구를 의미한다. 그것은 즐겁거나 발전적인 일에 관여할 때, 흔히 이야기하듯 '어머니의 눈에서 반짝거리는 빛'을 찾고자 하는 열망을 말한다. 자신이 누구인지 알려지고 받아들여지고자 하는 열망은 거울 반영 경험에 대한 희망과 관련이 있다. 거울 반영 경험 전이를 통해 촉진되는 심리적 발달은 긍정적인 자존감을 구축하고 유지하는 것이다. 거울 반영 경험의 예로는 우울하고 주의가 산만한 부모 밑에서 자란 환자가 주의 깊게 경청하는 치료사의 집중적인 관심을 동경하는 경우를 들 수 있다. 그 결과 자존감을 위하여 발달적으로 진보하는 반영(mirror) 욕구가 활성화될 것이다.

이상화는 존경받는 타자의 힘, 지혜, 자신감, 영감(inspiration), 그리고 안전감과의 융합에 대한 열망을 의미한다. 더 큰 타자의 보호하는 팔 안에 스스로 안길 수 있는 능력은 안전감과 평온함, 자기 진정을 시작할 수 있는 능력을 허락한다. 이상화의 예는 부모가 너무 불안하여 과도한 고통으로부터 자신을 보호할 수 없었던 환자가 치료사는 자신감 있고 현명하며 안정적일 것이라고 특별히 기대하는 경우다. 성공적인 이상화 경험은 환자의 자기 진정 능력을 촉진한다.

쌍둥이 주제에서, 우리는 타자 안에서 동일성(sameness)의 경험을 찾고 소중한 유사성을 상호 공유한다는 느낌으로 동일성을 확인하고자 기대한다(Togashi, 2009). 종종 우정이나 공동체에서 느껴지는 이 친족감(kinship)은 공유된 인류애의 느낌, 인간들 사이에서 인간이라는 느낌을 만든다. 예를 들어, 고립되고 외로움을 느끼며 자란 환자는 치료사가 다양한 감정적 또는 개인적 경험을 자신과 공유하고 있음을 발견하면서 특별하게 성장할 수 있다. 이 쌍둥이 주제는 공유된 인간애의 감각을 촉진한다.

물론 공감과 자기대상 반응에는 불가피한 실패가 있어 필요한 자기대상 유대에 파열을 일으킨다. 어쩌면 습득한 기술로 인하여 새롭게 발달한 환자의 자부심에 대해 치료사가 언급하지 못해서, 환자는 인정받지 못했다고 느낄 수 있다. 또는 치료사가 좋은 조언을 제공하는 데 어려움을 겪어, 환자의 이상화가 무너질 수도 있다. 또는 치료사가 환자와 거리감을 느껴서 쌍둥이 경험이 파열된다. 이 모든 시나리오에서 자기대상 열망에 대한 해석과 치료사에게서 원하는 반응을 받지 못한 실패는 파열되었던 바로 그 자기대상 경험을 회복하는 경로를 제공한다. 이 파열-회복(rupture-repair) 주기가 자기심리학 분석 작업의 핵심이다. 사실, 그렇지 않았다면 매끄러웠을 분석적 관계의 파열은 종종 자기대상 전이가 동경되어 왔었고 이전에 자리 잡고 있었다는 것을 분명하게 드러낸다.

자기대상 경험에 대한 치료적 초점은 우리가 치료의 리딩 엣지라고 부르는 것, 즉 환자의 희망에 초점을 맞추는 것이다. 이 희망은 명시적으로 표현되거나 증상적 표현 아래에 숨겨져 있을 수 있다. 어떤 경우든 그 희망을 끌어내는 것이 자기대상 경험을 구축하는 기제다. 그러나 환자들은 또한 두려움을 치료에 가져온다. 이들의 두려움은 잘 습득되고, 깊이 뿌리를 내려서, 환자가 앞으로 나아가지 못하게 하는 역동에 가두는 두려움이다. 우리는 이러한 두려움을 방어와 반복적 전이의 형태로 인식하고 이를 총칭하여 트레일링 엣지(trailing edge)라고 한다. 종종 자기대상 유대의 파열이 심해지면 트레일링 엣지 반응을 불러일으킨다. 또는 심하게 경직된 방어 구조는 자기대상 유대가 전혀 발달하지 못하게 할 수 있다. 이것은 골치 아픈 일이지만 불가피한 것이기도 하며 중요한 일을 할 수 있는 기회이기도 하다. 그러한 경우 환자의 경험과 발달 지연에 대해 따뜻하면서도 단호한 공감적 탐색이 필요하다. 그 자체로 자기대상 기능을 수행하는 반복적 주제에 대한 해석은 자기대상 유대가 회복되거나 새롭게 형성되는 통로가 된다.

자기대상 개념이 이해하기 어렵고 쉽게 오해되기 때문에 몇 가지 개념을 명확히 하는 것이 중요하다. 첫째, 자기대상은 소중히 아끼며 필요로 하는 어떤 개인이 아니다. 오히려 자기대상은 환자의 내면세계에서 심리적 자양분으로 기능하는 치료사이거나 아이에게 심리적 자양분으로 기능하는 부모다. 지탱해 주는 기능을 하는 대상이 없으면 자기대상도 없다. 둘째, '좋은' 또는 '나쁜' 자기대상과 같은 것은 없다. 자기대상은 정의상 심리적인 향상을 준다. 만일 추정된 자기대상이 자기에게 봉사하는 기능을 멈추거나 더 나쁘게는 자기의 정신에 파괴적이 된다면, 그것은 자기대상이기를 완전히 멈춘 것이다. 셋째, 어떤 환자가 거울 반영이 부족하다거나 이상화할 사람이 필요한 경우와 같이 환자가 이러저러한 자기대상 경험을 필요로 한다는 것을 치료사의 주관성 안에서 결정하는 것은 가능하지 않다. 오히려 치료사가 환자의 주관적 경험에 공감하는 몰입을 통해 특정 자기대상 라인에 따라 반응하려는 환자의 열망을 발견하는 것이 중요하다. 치료사는 제시되는 자기대상 욕구에 반응하기 위해 노력한다. 마지막으로, 자기대상 주제는 치료사의 활동에 의해 결정되는 것이 아니라 환자가 치료사의 활동을 의식적으로 또는 무의식적으로 어떻게 경험하는가에 따라 결정된다. 치료사는 자신이 거울 반영 주제에 따라 반응하고 있다고 느낄 수 있지만, 환자가 치료사의 말을 이상화할 수 있거나 쌍둥이 경험을 반영하는 것으로 경험한다면 이상화와 쌍둥이 주제가 우세한 것이다. 이와 관련하여 치료사는 자기대상 경험을 생성하기 위해 자기대상의 출현 및/또는 출현에 대한 간섭에 주의를 기울이는 것 외에는 특별한 조치를 취하지 않는다. 떠오르는 자기대상 욕구에 주의를 기울임으로써 치료사는 반응 경로를 선택하도록 안내받는다. 자기대상 주제가 출현할 때 간섭에 주의하는 것은 치료사에게 환자의 저항 반응을 방지할 기회를 제공하고/하거나 치료사가 현재 회복이 필요한 치료의 파열에 대한 이해를 추구하도록 촉발한다.

자기대상 전이가 의미 있게 수행되는 치료에서 중요하다는 이해 가운데, 우리는 자기대상 경험을 중요하게 간주하지 않는 치료 지향에서의 성공을 어떻게 이해하는지 질문해야 한다. 확실히 서로 다른 성공적인 치료법은 특정 환자의 역동과 특정 치료 방향 사이에 잘 일치한다. 그러나 자기심리학과는 거리가 먼 이론으로부터 영감을 얻는 치료에서, 명시적으로 보이지는 않지만 온전한 자기대상 경험이 조용히 작동할 수 있는 것도 사실이다. 고전적 치료에서 시기적절한 해석은 특히 환자가 치료사에 대해 갖는 이상화 때문에 의미 있는 것으로 느껴질 수 있다. DBT 치료사가 환자에게 제공하는 수용과 이해는 인정 많은 거울 반영 경험으로 느껴질 수 있다. 대인관계 치료사와 환자 간의 활기찬 대화는 변형적인 쌍둥이 경험을 촉진할 수 있다. 어떤 치료에서든 전이적 파열의 회복은 요구되는 자기대상 경험이 정상 궤도에 오르도록 허용할 수 있다. 그 외 여러 예가 있다. 이런 식으로 우리는 다양한 치료의 배경에서 조용하고 성공적으로 작동되는 치료의 자기대상 차원에 관해 이야기한다.

상호주관성의 관점으로 바라볼 때 전이에 대한 이해에 어떤 일이 발생하는가? Stolorow와 동료들(Stolorow et al., 1987, 1994; Stolorow & Atwood, 1992)이 제안한 상호주관성은 정서적 경험의 고유한 맥락 의존성을 언급하는 심리적 삶의 모델을 제공한다. 심리적 경험은 그것이 발생하는 관계적 맥락에서 시작하고 정교화된다. 개인의 경험은 자기와 타자의 상호작용에서 형성된다. 심리적 경험은 심리적 세계의 상호작용에서 발생한다. 이는 감정 현상이 발생하는 상호주관적 맥락을 떠나서 이해될 수 없음을 의미한다. 예를 들어, 연결, 단절, 조율, 부조화, 반응성, 반응 결여와 같은 경험들은 모두 상호주관적으로 의존적이다.

자기와 타자의 중첩된 주관성은 둘이 짝이 된 또래, 부모와 아이, 또는 치료사와 환자의 상호주관적 장을 구성한다. 이러한 이자 관계의 어떤 경우든 계속해서 진화하는 피드백 고리(feedback loop)가 존재하여 구체적이고 진화하는 맥락, 곧 각각의 참여자가 타자와 함께 자기를 경험하는 공유된 경험을 생성한다. 개인의 자기감(sense of self)은 조율된 타자의 맥락에서 촉진될 수 있다. 그러한 경우 발달은 덜 성숙한 것에서 더 성숙한 것으로 진행된다. 반면, 타자로부터 조율되지 못한 반응이 있는 맥락에서는 자기감이 붕괴되어 발달이 정체되거나 외상적인 발달의 중단으로 이어질 수 있다. 따라서 취약한 아이와 (희망하기로는) 더 성숙한 부모, 또는 취약한 환자와 (희망하기로는) 더 성숙한 심리치료사로 구성된 상호주관적인 영역의 중요성을 쉽게 알 수 있다. 아동 또는 환자의 주관적 경험이 나타나면, 이들의 주관적 경험은 이해하고 대응해야 할 특정한 자리(constellation)를 만들기 위하여 부모 또는 치료사의 주관적 경험과 상호작용할 것이다. 이자 관계의 각 구성원은 자신의 주관적 참조 틀이 결정한 라인을 따라 타자의 기여를 조직하며 이는 결국 타자의 개인 세계 내에서 조직된 타자의 주관적인 경험에 대한 기여가 된다.

여기에서 자연스럽게 뒤따라오는 것은, 본질적으로 관계적 경험인 전이가 환자와 치료사에게 공통으로 발생하는 심리적 세계 내에서 형성된다는 것이다. 환자와 치료사는 자기대상에 대한 동경, 희망, 두려움 각각을 포함하는 그들의 주관성을 자신의 참여로 가져온다. 그들 사이에 형성된 장은 각자의 특정한 자기 경험뿐만 아니라 그들 사이에서 생성되는 상호 중첩되는 상호작용에서 만들어진다. 환자의 전이는 치료사의 주관성 기여를 인식하며 이해되어야 한다. 마찬가지로 치료사의 자기 경험은 환자와의 상호작용에 의해 영향을 받는다. 환자의 심리적 성장을 촉진하는 투사에 대해 환자와 치료사 각자의 주관성을 이해하고 사용하는 것은 치료사의 책임이다. 여기에는 치료에서 가장 향상되는 자기의 측면을 끌어들이거나 반대로 자기대상 환경의 발달을 방해하는 자기의 측면을 진정시키는 것이 포함될 수 있다. 상호주관적 장에 대한 환자와 치료사의 상대적인 기여를 이해함으로써, 치료사는 환자의 경험에 충분히 반응하기 위해 자신의 주관적 경험을 사용하거나 분산시킬 수 있는 도구를 갖게 된다.

요약하면, 전이에 대한 상호주관적 자기심리학의 관점은 Stolorow 상호주관성 이론의 중요한 원칙과 Kohut 자기심리학의 중요한 임상 개념을 결합한다. 상호주관성은 자기 경험과 자기대상 경험을 포함한 모든 심리적 삶이 맥락

의존적 주관성의 우산(umbrella of context-dependent subjectivity) 아래에서 형성된다는 주장으로 자기대상 개념을 확장한다. 유사한 방식으로, 자기심리학은 인간관계를 이해하는 데 있어 자기대상 경험의 우위를 유지함으로써 전이에 대한 상호주관적 관점을 확장한다. 이 두 가지 전이 개념을 함께 가져오면 임상 환경에서 주관성과 자기 경험의 복잡하고 의미 있는 모체가 향상된다. 다음 사례는 ISP 관점에서 전이를 다루는 임상 작업을 보여 준다.

David 사례[1]

치료 첫 해 동안 40세의 내 환자인 David는 자신의 일상을 묘사하고 시간을 조직하는 방식에 점점 더 집착하게 되었다. 그는 특정 기술에 대한 자신의 능력 부족에 새로운 통찰력을 표현하는 것으로 여러 회기를 시작했다. 예를 들어, 일정을 잡지 못하고 시간을 지키지 못하고 우선 순위를 정하지 못하는 것에 대한 자신의 생각을 설명했다. 그 과정에서 그는 자기 비판과 자신의 결점을 어떻게 이해했는지에 대한 복잡한 설명으로 자신과 나를 압도했다. 나는 그에게 일 처리 방법을 제안하곤 하였는데, 내게는 이상화 전이로 보이는 부분이었다. 나는 그가 확신을 가진 인물을 동경하고 있음을 보았고, 이상화된 모성적 인물이 그를 뒷받침해 주면 불안과 나약함이 줄어들고 자신의 판단을 믿을 수 있게 될 것이라고 희망했다. 그러나 회기에서는 그렇게 작동되지 않았다. 그는 내 제안을 환영하고 종종 미세 조정했지만, 자신의 결함을 극복하기 위해 가능한 최선의 해결책을 찾는 그의 세계 내에서 내 제안을 이해하는 데 힘들어했다. 아마도 그는 조직자(organizer)를 고용해야 했었을까? 아니면 그가 잘못을 고칠 수 있도록 무엇을 잘못하고 있는지 일러 주어야 했을까? 이 패턴이 지

1 이 사례는 저자 중 한 명이 수행했다. 1인칭으로 작성되었지만 두 저자의 관점이 반영되었다.

속되었다.

이런 상황이 벌어지는 동안, 우리는 David의 또 다른 관심사인 10년 동안 맺어 온 아내와의 관계를 다루고 있었다. 그는 아내를 따로 언급하며, 그녀의 결점을 지적하고, 그가 그녀를 '고치려고' 했던 방식들을 검토하는 데 많은 회기를 보냈다. 예상대로 이것은 그녀에게 잘 맞지 않았고 그녀는 반박했다. David는 이 싸움에 당황했고 아내가 비합리적으로 감정을 폭발한다고 여겼다. 그는 단지 그녀를 도우려는 것이라고 느꼈기 때문에, 그들 사이의 긴장에 자신이 기여하는 방식을 볼 수 없었다.

시간이 지나면서 내가 기대했던 움직임이 없었기 때문에 회기는 반복되고 우울해졌다. 나는 그의 푸념과 끊임없는 부정성 때문에 숨이 막힐 것 같았다. 마침내 그를 기분 좋게 만들고 연결을 변형시킬 수 있는 말을 찾던 중에 무력감과 무상함이 올라왔다. 진전의 여지가 없었다. 내가 생각한 것을 그에게 말하려고 했을 때 그는 내가 이해하지 못했다고 느꼈으며, 스스로 더욱 노력하였다. 분석적 탐색이라기보다 목공 문제를 해결하는 것처럼 느껴졌던 우리의 탐구 노선은 방향을 잃었다. 나는 그의 강박적이고 충동적인 반추에 사로잡혀 속수무책이 된 느낌이 들었다. 그는 무언가를 옳게 맞추려고 노력했고, 나는 항상 올바른 것을 말한 적이 없다고 느꼈다. 나는 점점 더 졸린 상태에서 반응했고 마침내 한 회기에서 그는 내 주의가 산만하며 눈이 반쯤 감겨 있다고 지적하였다. 이것은 심각한 분리(disjunction)였다. 그는 점점 더 자신을 고쳐 달라고 나를 찾았지만, 그 과정에서 나는 그를 도울 수 없다고 느꼈다. David는 이미 결함이 있다고 여기는 자신의 감각에 더하여 자신이 지루하다는 느낌을 받았다. 나는 다시 연결하고 함께 앞으로 나아가기 위해 상호주관적 장에서 이 분리를 이해할 필요가 있었다.

나는 무슨 일이 일어나고 있는지 내부 탐색을 시작했다. 내 무력함 속에서 무능하고 나약하다는 두려움이 전경에 떠올랐고, 이는 나를 더 취약한 상태에 빠뜨리고 점검하도록 만들었다. 나는 내 임상의 근거이자 이를 조직하는 이론과의 연결, 그리고 그것과 함께 David와의 연결을 잃었다. 나는 그가 원하는 이상적인 경험을 제공하기 위해 고군분투했지만, 내 트레일링 엣지 공포의 활성화로 인해 그가 이용하여 정비할 수 있는 경험을 제공할 수 없었다. 나는 우리 둘 다 결국 우리가 실패하고 있다는 느낌을 갖게 되었음을 깨달았다. 나는 완벽하고자 하는 욕구와 완벽하지 못한 우리의 경험에서 잠재적인 쌍둥이(twinship)를 인식했다. 유사성을 통해 우리 스스로를 더 강하게 하는 것을 찾을 수 있는 초기 가능성이 있었지만, 이 시점에서 이러한 유사성은 우리의 자기 경험을 강화하는 것과는 거리가 멀었다. 오히려 우리의 트레일링 엣지가 결합되었다. 이를 이해하면서 나는 나의 리딩 엣지로 돌아갈 수 있었다. 이 리딩 엣지는 나 스스로를 고군분투하는 환자와 연결하는 방법을 찾을 수 있는, 돌봄을 주며 공감적으로 조율된 충분히 강한 치료사라고 느끼는 감각이었다.

새로운 목표 의식과 치료 과정에 대한 헌신으로 우리는 '교정'이 필요한 David의 약하고 취약한 경험을 탐구하기 시작했다. 그는 이상화했던 아버지에 대한 기억을 떠올렸다. David는 15세 때 저명한 변호사인 아버지를 뒤따르겠다는 꿈을 이야기하려고 아버지에게 갔다. David가 마감일의 스트레스를 감당할 수 없을 것이라는 아버지의 반응은 파괴적이며 자기애적인 상처가 되었다. 그는 가치가 없다고 여겨졌고, 이상화했던 대상과 융합하려는 그의 시도는 실패했다. 그 유대를 유지하기 위해 David는 자신을 자책했고, 자신에게 결함이 있다고 여기는 아버지의 이미지를 고수했다. 아버지를 높은 곳에 모셔 둔 채, David는 자신을 고치기 위해 끝없는 시도를 하고 있었다. 그가 조직한 환상은 그가 자신을 고칠 수 있다면 마침내 이상화된 아버지에게 합당한 자신이 될 것이라는 환상이었다. 그러나 그 이상화는 발전적이 아니라 방어적이었다. David가 그의 아버지와 관계를 지탱하는 것은 그만큼 파괴적이었다. 우리는 그에게 얼마나 거울 반영 경험이 부족했는지 이해하게 되었다. 그의 부모 중 어느 쪽도 그에게 깊은 관심이나 생각을 기울이지 않았으며, 부부 상호관계에 그리고 그의 아버지의 일에 몰두했기 때문에 그는 거울 반영 경험을 할 수 없었다. 그래서 아버지와의 합일(merger)은 리딩 엣지 희망이 아니라 트레일링 엣지 공포라는 것이 분명해졌으며, 이는 변형으로 이어질 수 없었다. 오히려 그것은 강하고 안정적인 자기 경험을 결코 가져올 수 없는 방어적 이상화였다. 그것은 끝없는 반복을 낳았고, 이후에 그 반복은 나와 관련하여 활성화되었다. 또 다른 어떤 것이 필요했다.

이러한 이해가 자리를 잡으면서 나는 더 강하고 공감하며, 이론에 보다 연결되어 있다고 느꼈다. 이 이론은 나에게 조직화되고 안정된 이상적인 존재였다. 방어적으로 이상화된 부모에게 합당한 이상적인 자기를 찾기 위해 노력했던 나 자신의 어린 시절 경험을 바탕으로, 나는 자신을 고치고자 하는 그의 열망에 대한 이해를 표현하기 시작하였다. 회기가 진전되면서, 나는 그의 거부하는 아버지처럼 대답을 이미 알고 있는 존재로서의 나와 두려움을 지닌 나의 약하고 무력한 자기 사이에 미세한 경계(fine line)가 있음을 발견했다. 나는 그와 함께 그 경계 안에 있을 수 있었다. 내부에서 나는 완벽하고자 하는 욕구와 이 목표를 달성할 수 없음을 받아들이는 고통을 그와 함께 다루기 시작했다. 그는 질문하거나 조목조목 비판할 필요 없이 내 말을 받아들임으로써 새로운 방식으로 이해받고 있다고 느끼는 것 같았다. 내가 그를 진정으로 이해할 수 있다는 가능성이 현실이 되면서, David에게 잠재적인 이상적 자기의 상실을 애도해야 한다고 말했을 때, 내가 그를 절망적으로 결함 있는 개인으로 비난하는 것이 아님을 이해하기 시작했다. 나는 비슷한 결점을 가진 채 같은 여정을 가고 있는 사람으로서 말하고 있었다. 상담실에서 우리는 공유된 인간성을 감지하기 시작했다. 우리의 취약성과 강점에 대한 나의 시각을 공유하게 되면서 우리 둘 다 괜찮다는 지각이 나타났다. 모든 것을 알고 있지만 거부하는 아버지가 되기보다는, David처럼 내 모든 꿈을 간신히 처리하면서 여전히 내가 되고 싶은 사람이 되는 것이 얼마나 어려운지 이해하는 사람이 될 수 있었다. David는 내가 자신을 고칠 수 있는 방법을 제공해 줄 것을 기대하는 대신에, 자신이 느끼는 것이 '정상'인지 묻기 시작했다. 그는 나처럼, 다른 사람들처럼 될 수 있을까? 그는 내 결점을 잠재적으로 완벽한 시각에서 실패로서가 아니라 내가 그보다 더 완벽하지 않으며 완벽할 필요 없이 나 자신을 유지할 수 있음을 인정하기 시작했다. 끊임없는 부정성(negativity) 대신에 그가 '사람들 중의 사람'이 될 수 있는 가능성이 생겨났고, 나는 그와 함께 '충분히 좋다'고 느끼는 풍요로운 삶을 만들고자 함께 노력하는 누군가일 수 있었다. 즉, 상호 수용과 쌍둥이 경험에서 리딩 엣지 희망이 부상했다.

이 공간은 때로는 얻기 어려웠다. 때때로, 그와 쌍둥이 같은 느낌으로 반응하려는 나의 노력은 그가 자주 느꼈던 것과 같은 취약한 상태를 나에게 촉발시킬 위험이 있었다. 이럴 때 우리 둘 다 부정성에 압도될 수 있었다. 그러나 나는 점점 새로운 방식으로 David의 경험 속에서 나 자신을 느끼기 시작했다. 답을 찾기 위해 나 자신에게 묻기보다는, 절대적이거나 완벽한 답이 없을 때에도, 유능하고 살아 있고 참여하고 있다고 느끼기 위한 그의 고군분투를 중심으로 그와의 관계를 표현하고자 하였다.

쌍둥이 렌즈를 통해 David와 나의 관계를 보기 시작하면서, 내가 그를 돕기 위해 고군분투하는 것과 같은 방식으로 그가 아내를 돕기 위해 고군분투하는 모습에 더 큰 공감을 느끼기 시작했다. 나는 그의 아내에 대한 진정한 관심과 그녀가 그를 거부함으로써 그가 얼마나 상처받고 있는지를 이해한다고 표현했다. 그리고 나는 아내에 대한 그의 인식을 '교정'하려는 시도를 중단했다. 점차적으로 그는 아내의 결점에 대한 인식보다는 아내에 대한 감정—좌절, 상처, 공포—에 더 집중하기 시작했다. 이는 나에게 그가 어떻게 느꼈는지를 공감하고 이해할 수 있게 해 주었다. 나는 그의 경험을 타당화하고 '정상화'하면서 아내가 다르게 할 수 있을 것이라는 기대보다는 이러한 감정들을 가지고 아내에게 접근할 수 있다고 제안했다. David는 내 말을 받아들이고 시도했다. 다음 회기에 그는 아내가 그녀 자신에 대한 취약성과 염려를 표현하는 것으로 대응했다고 말하면서 들어왔다. 그녀가 마음을 열자 그는 그녀에게 공감을 느꼈고, 마침내 연결될 수 있어서 기뻤다고 보고했다. 나와의 쌍둥이 경험은 그가 아내와의 쌍둥이 경험을 찾을 수 있게 해 주었다.

자신과 다른 사람에게서 이상을 찾으려는 열망은 David에게 강하게 남아 있다. 그는 여전히 자기 비판에 시달리고 있으며 때때로 자신과 아내에 대한 강박적인 질책에 굴복한다. 하지만 우리 둘 사이의 상호주관적 장은 바뀌었고 그것이 새로운 가능성을 열어 주었다. 나는 쌍둥이 관계로 그에게 접근하며, 자기 비판적으로 그와 동참하려는 충동을 억제하는 방법을 찾는 데 관심을 두고 참여한다. 나는 그의 경험을 정상화하고, 한계를 받아들이는 데 내재된 갈등의 감각을 표현하는 방법을 찾으며, 우리의 연결에서 즐거움을 얻는 방법을 찾고자 한다. 거의 모든 회기에서 우리는 그가 희망을 느낄 수 있는 견고함의 상태에 도달하게 된다. 어떤 순간에는 그 자신을 강하다고 여기고, 다른 순간에는 그가 발전하고 있다는 나의 견해를 받아들인다.

여기 변형을 보여 주는 순간을 소개한다. 회기는 David가 자동차 구매에 대한 조사 노력을 특히 세세하게 이야기하며 시작되었다. 그는 자신의 판단을 다시 의심하고, 돌이키며 결정에 이를 때까지, 통과한 복잡하고 세밀한 과정을 기록했다. 나는 조금 더 거리를 둔 관점에서 우리가 상호 이해에 이르게 할 수 있는지 알아보기 위해, 대부분 침묵하고 공감하며 기회를 찾고 있었다. 나는 완벽한 해결책을 찾기보다, 그 과정에서 그와 함께할 수 있는 사람으로서 적극적으로 나의 리딩 엣지를 유지하고 있었다. 따라서 나는 그 문제를 해결하려고 하지 않았고 그의 선택에 대한 인식을 대화로 가져오려고 노력했다. 그런데 그는 정말로 나를 놀라게 했다. 그는 스스로 한 발 물러나기로 결정했고, 다음 주까지 끝내기로 계획했다고 말했다. 나는 그가 과거에는 몇 달은 아니더라도 몇 주가 걸렸던 일에 대하여 신속한 해결을 예측하는 것에 대하여 놀라움을 표시했다. 그는 내 놀라움에 놀란 표정을 지었다가, 기뻐하는 것 같았다. 그가 얼마나 자신의 강박적인 생각을 적극적으로 제한하며 마음의 변화를 위하여 애쓰고 있는지를 말할 때, 그가 확장되어 반응하는 것을 느꼈다. 내면에서 나는 점점 더 강해지는 쌍둥이와의 희망적인 연결을 느끼고 있었고, 그 결과 내 자기감이 강화되고 더 멀리 모험할 수 있게 되었다. 과정에 대한 그의 인식을 이야기한 후에는, 이상에 대한 그의 욕구가 다른 사람들, 특히 그의 아내에게 어떤 영향을 미치는지, 그의 이해에 관해 질문할 용기가 생겼다. David는 자신이 완벽을 위해 분투해야만 한다는 것을 그녀가 느꼈음을 알고 있다고 말하면서, 그에 대한 그녀의 견해를 반영할 수 있었다. 그는 그녀에게 오해받고 있다는 감정을 표현하기보다 아내가 힘들었겠다며 공감하는 마음으로 아내를 생각하기 시작했다. 처음으로 이것은 죄책감이나 위축을 동반하지 않았다. 그는 나에게 이해받고 연결되어 있다고 느꼈기 때문에 아내에게 공감적으로 다다를 만큼 충분히 자신이 강하고 안전하다고 느낄 수 있었다. 나의 경우에는, 우리 사이의 이러한 순간을 공동 창조하는 데 참여함으로써 나의 쌍둥이 자기대상 욕구가 충족되었고, 나의 리딩 엣지가 전경(foreground)에 있음을 확신하였다. 이와 같이 상호주관적 장에서 리딩 엣지가 리딩 엣지로 이어지는 연결은 David의 새로운 자기 구조를 획득하고 강화하는 결과를 낳았다. 이 구조는 자신의 과정에 대한 이해가 증가하고, 그것으로부터 분리되는 능력, 아내를 공감하는 새로운 능력으로 나타났다.

다음은 시간이 지남에 따라 변한 David와 나 사이의 상호주관적 장에 대한 개요다. 이는 이상화 유대의 시도가 실패한 데서 시작되었다. 그런 다음 우리 둘 다 약하고 무력하다고 느끼는 쪽으로 변했다. 내가 내 환자의 트레일링 엣지 공포와 관련하여 나타나는 내 트레일링 엣지 공포를 자기 성찰하며 이해할 수 있을 때에만 환자와 공감할 방법을 찾을 수 있었다. 이는 쌍둥이 경험에 대한 상호 희망이 나타나게 해서 리딩 엣지 희망이 리딩 엣지 희망을 만나는 변형된 상호주관적 영역에서 우리 각자를 강화하게 해 주었다.

결론적으로 이 사례는 자기대상 열망, 상호주관적 장, 환자와 치료사의 트레일링과 리딩 엣지 사이의 상호작용이 교착상태(impasse)와 변형의 기회 모두를 만드는 방식을 보여 준다. 이상화된 부모와 융합하려는 David와 나, 모두의 좌절된 욕구는 각자와 우리 사이의 장에 취약점을 남겼다. 이것들이 내 안에서 어떻게 작동하는지 깨닫게 되면서, 나는 나 자신을 풀어내고, 이해하는 힘을 찾을 수 있었고, 그렇게 함으로써 나의 리딩 엣지를 활성화하였다. 이것은 내가 그와의 쌍둥이 경험에 대한 내 자신의 감각으로부터 쌍둥이 경험에 대한 David의 초기 열망을 해결하는 방향으로 관계를 이동할 수 있게 하였다. 그가 나와 연결되어 더 강하다고 느꼈기 때문에 나의 자기감이 더욱 강해졌고 우리 둘 모두 지금 우리 사이에 열리고 있는 쌍둥이 경험의 가능성을 즐길 수 있었다.

제4장

상호주관적 자기심리학의 치료 작용, 1부[1]

상호주관적 자기심리학의 관점으로 볼 때, 심리치료에서 치료적이란 무엇인가?[2] 이 질문에 대한 대답은 치료적 관계에서 두 가지 다른 경험으로 생성되는, 즉 리딩 엣지 작업과 트레일링 엣지 작업이라는 치료 작용의 두 양식(mode)으로 구분될 수 있을 것이다. 각 양식에는 분석적 참여 형식이 수반된다. 나는 상호주관적 자기심리학(ISP)의 임상 언어를 구성하는 몇 가지 개념을 소개하는 것으로 시작하고자 한다.

1 나의 동료 Harry Paul에게 감사드린다. 그와의 40년 우정은 지속적이고 상호 보람 있는 임상 대화의 맥락을 제공해 주었고, 치료 분야의 리딩 엣지 기술의 중요성에 대한 이해를 키워 주었다. 이는 이 장에서 제시되는 치료 작용에 대한 재개념화의 기초가 되었다.

2 일반적으로 심리치료에서 치료 작용 방식이라는 주제에 대한 포괄적인 내용은 Martha Stark(1999)를 참조하라.

* Peter B. Zimmermann

환자

환자들은 **희망과 두려움**(hopes and dreads)(Stephen Mitchell, 1993), **동경과 공포**(yearnings and fears)를 갖고 치료를 받으러 온다. 이러한 동경과 두려움은 환자에게 알려져 의식적일 수 있으며, 또는 억압, 해리, 거부되어 무의식적이거나 전의식적이어서 환자에게 알려지지 않을 수도 있다.

환자들은 치료사가 그들을 도울 수 있다는 희망을 갖고 치료를 받으러 온다. 그들은 막혀 있다고 느끼는 곳에서 넘어설 수 있기를 희망하며, 새로운 출발을 동경한다. 그들은 자신을 보호하는 오래된 전략을 포기하고 새로운 존재 방식을 추구하는 데 필요한 경험을 제공할 사람을 치료 관계에서 치료사로부터 찾을 것이라는 희망을 품고 치료에 오며, 세상에 존재하고 참여하기를 추구한다. 이러한 경험은 Kohut(1971, 1977, 1984)이 발견한 자기대상 유대라고 하는, 자기 발달에 필요한 타자와의 구체적이고 보편적인 참여 방식을 발견한 것에서 비롯된다. 자기대상 유대는 환자가 이러한 참여 경험의 기회를 치료 관계에서 만날 때 자기대상 전이의 형태로 유지된다.

자기대상 전이의 개념은 환자의 자기 발달이 진행되는 데 필요한 특별하고 지속적인 분석가와의 관계 경험 추구가 치료에서 나타남을 의미한다. 자기대상 전이는 자기의 변형과 성장을 위해 필요한 치료사와의 유대의 회복(reinstatement)으로 이해된다. 이 유대는 원래 돌봄 환경에서 어느 정도 아동에게 유용했지만 자기 발달을 완성하기에는 충분하지 않았었다. 환자는 여전히 계속해서 그것을 동경한다.

자기대상 전이는 우리가 **생성적 전이**(generative transference)로 정의하는 것의 주요 자리(constellation)다.[3] 생성적 전이는 성장과 치유를 촉진하는 치료적

3 Galit Atlas와 Lewis Aron(2018)은 그들의 저서 『극적 대화(Dramatic Dialogue)』에서 '생성적 재연

관계의 차원을 말한다. 생성적 전이는 치료의 리딩 엣지를 구성하는 것으로 이해된다. 그것은 환자가 동경하고 자기 경험의 전개, 통합 및 활성화를 초래하는 과정을 복원할 필요가 있는 분석가와의 관계에서 발달 강화 경험의 확립을 수반한다.

그러나 앞서 언급한 바와 같이 환자들은 동경과 희망뿐만 아니라 두려움과 공포를 느끼며 치료실에 온다. 그들은 갇혀 있다고 느끼는 곳에서 영원히 수렁에 빠지는 운명을 두려워한다. 그들은 치료사와 함께 추구하는 경험이 유용하지 못할까 봐 두려워하고, 원래 양육자에 의해, 그리고 지금 그들의 주변 세계로부터 받고 느껴지는 것과 같은 잘못된 반응을 치료사로부터 받게 될까 봐 두려워한다. 그들은 잘못 조율되거나 부적절한 자기대상 경험, 또는 더 나쁘게는 원래의 자기대상 실패가 외상적인 반복으로 나타날까 봐 두려워한다.

이러한 두려움은 Stolorow, Atwood 및 Brandchaft(1987)가 소개한 용어인 **반복적 전이**(repetitive transference)를 불러온다. 이는 우리가 생성적 전이라고 부르는 것과 구별하기 위해 일컫는 전통적 의미의 전이다. 반복적 전이는 과거의 무의식적이고 중요하며 부적응적으로 지속된 관계 패턴이 치료적 관계의 지금 여기에서 재생되고 재연되는 것이다. 반복적 전이는 치료에서 **트레일링 엣지**를 구성하는 핵심 요소다.

트레일링 엣지는 내재된 성격 구조에서 비롯된 모든 관계 패턴과 환자가 치료 관계의 지금 여기에서 과거의 외상 경험 반복을 예상하거나 경험할 때 작동하는 모든 관계 양식을 의미한다. 트레일링 엣지는 환자가 자기 경험을 더 심한 손상 및 파편화로부터 보호하기 위해 의존하는 모든 자기보호적이고 회복적인 조치, 소위 방어 및 저항을 포함한다.

(generative enactment)'이라는 개념을 소개하고 있는데, 이는 재연에 내재된 점진적 차원을 의미한다는 점에서 우리가 말하는 '생성적 전이(generative transference)'와 견줄 만하다. 그러나 우리의 공식에서 생성적 전이는 자기 발달을 재개하고자 치료사와의 관계에서 필요한 경험을 위해 환자가 본질적 · 점진적으로 노력하는 것을 의미하며 반복이나 재연을 구성하지 않는다.

요약하면, 희망과 동경의 활성화는 리딩 엣지를 구성하는 생성적 전이를 특징짓는다. 두려움과 공포의 활성화는 트레일링 엣지를 구성하는 반복적 전이를 특징짓는다.

리딩 엣지와 트레일링 엣지라는 용어는 Kohut에 의해 소개되었지만, 그는 자신의 글에서 이 용어를 전혀 사용하지 않았다. Kohut이 자신을 슈퍼비전하면서 이 용어를 사용했다고 기술한 사람은 그의 수련생 중 한 명인 Jules Miller(1985)다. 헌신적이고 재능 있는 학생이자 Kohut의 동료인 Marion Tolpin은 논문에서 이러한 개념을 사용한 최초의 정신분석가였다. 그녀는 치료에서 '건강의 덩굴손(tendrils of health)'을 지원하는 중요성을 지적했지만, 리딩 엣지라는 용어 대신 '전방 엣지(forward edge)'라는 용어를 사용했다.

Frank Lachmann(2001)은 그의 저서 『공격성을 변형하기(Transforming Aggression)』에서 트레일링 엣지와 리딩 엣지를 다시 소개했다. 그 이후로 문헌에서 전방 엣지와 리딩 엣지는 같은 의미로 사용되었다. Kohut의 선택이기도 하고, 트레일링 엣지에 자연스럽게 대응하는 언어이기 때문에 우리는 리딩 엣지를 선호한다.

자기 장애

Kohut(1971)은 처음에 자기 장애는 아동에 대한 부모의 조율된 반응이 잘못되거나 부적절한 자기대상 경험으로 이어질 때 발생한다고 생각했다. 결과적으로 환자는 부적절했거나 불충분했거나 누락되었던 자기대상 유대를 치료사와 확립하길 추구하는 것으로 생각했다. 다시 말해, 치료에서 환자는 원래 돌봄 환경에서 적절하게 받지 못했던 자기대상 경험을 찾으려고 한다. 어린 시절의 잘못된 거울 반영 경험은 치료에서 신뢰할 수 있는 거울 반영 경험에 대한 욕구로 이어진다. 신뢰할 수 없었던 이상화 가능한 인물과의 융합 경험은 함께 융합하고 싶고 의지할 수 있는 이상화 가능한 인물을 향한 동경을 초래한다.

그리고 부적절한 쌍둥이 경험은 자기 경험을 복원하고 유지하기 위한 '충분히 좋은' 쌍둥이 경험을 추구하는 결과를 초래한다.

그의 사후 출판된 저서 『정신분석은 어떻게 치료하는가?(How Does Analysis Cure?)』(1984)에서 Kohut은 자기 장애에 대해 새로우면서도 더 복잡한 사고방식을 제안했다. 그는 보상적(compensatory) 자기대상 경험이라는 개념을 도입했다. 그는 자기 장애는 일차적 자기대상 유대가 파열된 후, 신뢰할 수 있는 보상적 자기대상 경험을 사용할 수 없거나 그것에 결함이 있고 실패하는 경우에만 발생한다고 말했다. 세 가지 자기대상 전이 중 어느 하나라도 자기 발달을 진행하고 완성할 수 있는 보상적 자기대상 경험이 될 수 있다.

가상의 예를 들어 설명하겠다. 아기의 일차적 자기 경험이 어머니에 의해 반영된 느낌을 중심으로 구성되어 있다고 가정해 보자. 어머니가 딸을 축복할 때 아기는 어머니의 기쁨으로 목욕을 한다. 아기는 자신을 바라보는 어머니의 반짝이는 눈을 보며 확신을 느낀다. 그러나 4세 때 남동생이 태어나고 딸은 어머니의 관심이 자신에게서 남동생에게로 옮겨 갔음을 뼈저리게 경험한다. 딸에게 이것은 어머니와의 거울 반영 자기대상 유대의 파열을 초래한다. 이것은 딸의 자기 경험에 위기를 가져올 수 있으며, 성인기에 자기 장애로 나타날 수 있는 자기의 구조적 취약성을 만든다.

그러나 Kohut은 이 결정적인 시점에서 아버지나 다른 부모가 딸과 융합할 수 있는 확고한 이상화 가능한 인물로 사용될 수 있다면 딸의 자기 경험이나 자기감(sense of self)은 파편화되지 않을 것이라고 주장한다. 오히려 그것은 이상화된 인물과의 융합 경험에서 지속적으로 견고해질 것이며, 자기 장애는 초래되지 않을 것이다. 마찬가지로, 이 시점에서 딸이 유치원 프로그램을 시작하고 견고한 쌍둥이 관계를 형성할 가장 친한 친구를 찾으면 자기 장애는 역시 발생하지 않을 것이다. 이러한 발달 라인, 즉 이상화 경험 또는 쌍둥이 경험 중 어느 것이든 자기가 원래 조직되었던 손상된 거울 반영 경험을 보충하고 보상할 것이다.

자기감에 특정 취약성이 있을 수 있지만, 기본적으로 자기 경험은 자기 장애가 발생하지 않도록 보상적 자기대상 경험의 상대적 강도에 따라 충분한 응집력이 있을 것이라고 Kohut은 주장한다. 그러나 다른 쪽 부모가 부재하여 신뢰할 수 있는 이상적인 인물과의 융합이 불가능하거나 부모가 새 동네로 이사하여 딸도 유치원의 가장 친한 친구를 잃게 되는 경우, 즉 쌍둥이 경험도 손상되는 경우에는 보상적 자기대상 라인 또한 잃게 된다. Kohut에 따르면, 그때에만 자기 장애가 발생할 수 있다.

이 새로운 개념화는 우리가 치료에서, 치료적인 것에 대해 생각하는 방식과 치료 과정을 촉진하는 방법에 광범위한 영향을 미친다. 그 결과는 무엇인가?

첫 번째 결과는 치료에서 환자가 반드시 또는 우선으로, 원래의 파열이 일어났던 발달 라인인 일차적 자기대상 유대를 추구하지 않는다는 것이다. 오히려 환자는 자기의 발달이나 통합을 가능하게 하는 보상적 자기대상 전이 유대를 확립하려고 할 것이다. 여기가 환자의 희망이 발견되는 곳이고, 이것이 생성적 전이를 구성하는 리딩 엣지다. 일차적 자기대상 유대의 파열은 반복적 전이를 야기하는 외상성 반복의 두려움을 해명해 준다. 이것은 자기보호 조치 및 방어의 형태로 나타날 트레일링 엣지를 구성한다.

이는 환자에 대한 초기 평가에서 치료사가 일차적 자기대상 실패가 무엇인지 확인하는 것뿐만 아니라 환자를 위해 같이 온 누군가가 있다면, 그 자기대상 경험이 무엇이었는지도 확인하는 것이 매우 중요함을 의미한다. 이것은 환자에게 가장 오래 지속되는 보상적 자기대상 경험을 가리킨다. 이러한 지속 경험은 환자가 치료사와의 치료적 관계에서 전개하기를 동경하는 보상적 자기대상 전이, 즉 생성적 전이가 될 것이다. 이것은 리딩 엣지를 구성한다.

앞의 가설적 예에 기초해서 본다면, 딸은 어머니와의 거울 반영 연결의 상실로 인해, 4세에서 6세까지 우울한 단계를 겪었을 수 있다. 우울한 단계는 그녀가 1학년이 되었을 때 해소되었고 중학교 내내 그녀와 떨어질 수 없는 가장 친한 친구를 다시 찾았다. 보상적 쌍둥이 자기대상 유대가 확립되었다. 그녀가 고등학교에 입학하고 친구가 이사를 하였기 때문에 또래들로부터 다시 소외감을 느꼈을 때에 근본적인 자기 구조의 취약성이 분명해졌고 그녀의 자기감이 해체되면서 그녀는 자신의 파편화하는 자기 경험을 지탱해 내기 위하여 자신을 칼로 베거나 폭식과 토하기에 의존하기 시작하였다.

이때 그녀의 부모가 그녀에게 치료를 받도록 제안했을 것이다. 다시 한번 치료에서 그녀는 중단된 발달의 보상적 라인을 회복하기 위해 치료사와 쌍둥이 자기대상 전이를 확립하기를 희망했다. 그러나 재외상화(retraumatization), 즉 버려짐에 대한 두려움으로 인해 치료에 상당한 저항이 나타날 수 있으며, 결국 쌍둥이 관계(twinship)의 두려운 손실이 있을 수 있다. 따라서 리딩 엣지가 관여하기 위해 훈습이 요구된다.

자기 장애에 대한 Kohut의 새로운 공식화의 두 번째 결과는 일차적 자기대상 실패 또는 일차적 자기대상 유대에서의 파열이 얼마나 외상적인지에 관계없이, 신뢰할 수 있고 지속적인 보상적 자기대상이 사용 가능하다면, 응집력 있고 기능적이며 안정적인 자기 구조와 감정적으로 긍정 색조의 자기감이 시간과 공간에서 지속해서, 여전히 발달할 수 있다는 주장이다. 이는 자기 장애 치료의 핵심 문제는 기본적으로 일차적 자기대상 실패가 얼마나 외상적인지가 아니라는 사실이다. 이 실패가 트레일링 엣지에서 중요한 역할을 하지만, 오히려 신뢰할 수 있고 안정적이며 '충분히 좋은' 보상적 자기대상 경험이 있었는지의 여부와 어느 시점에서 그 보상적 자기대상 라인이 탈선하거나 중단했는지가 핵심임을 의미한다.

보상적 자기대상 유대는 형제자매나 이모, 삼촌, 조부모, 교사 또는 가장 친한 친구가 제공할 수 있다. 따라서 치료에서 치료사의 작업은 무엇보다도 전이에서 보상적 발달 라인의 재생에 초점을 맞출 필요가 있으며, 두 번째로 주요 자기대상 실패를 통한 훈습에 초점을 맞출 필요가 있다. 일차적 자기대상 실패는 환자가 보상적 자기대상 유대가 파열되었다고 느끼면서 반복적 전이가 되살아날 때마다 치료적 관계에 나타날 것이며, 이는 훈습 과정을 필요로 한다. 만약 치료가 환자의 트레일링 엣지에만 집중되고 치료사가 보상적 자기대상 유대에 대한 환자의 동경을 인식하지 못하면, 환자는 지속해서 원래의 자기대상 실패의 외상적 경험에 말려드는 것을 느낄 것이다. 이 경험은 그가 보상적 자기대상 유대를 통해 자신을 구출하고자 절박하게 추구하려는 바로 그 경험이다.

요약하면, 일차적 자기대상 실패 또는 파열은 전이에서 환자의 두려움을 일으키고 반복적 전이, 즉 트레일링 엣지로 나타난다. 보상적 자기대상 경험은 환자의 희망과 동경에 의해 동력을 얻고 생성적 전이, 즉 리딩 엣지에서 나타난다. 리딩 엣지와 트레일링 엣지는 전경-배경(figure-ground) 관계에 있다. 다시 말해 리딩 엣지가 분석 관계의 전경에 있고 치료 상황을 공동 결정하는 경우 트레일링 엣지는 배경에 있으며 그 반대의 경우도 마찬가지다.

보상 및 방어 구조와 전략

Kohut(1981)이 도입했던 임상과 관련한 또 다른 차별화는 **방어 구조**(defensive structure)와 **보상 구조**(compensatory structure) 사이의 구분이다. 방어 구조와 보상 구조는 모두 동일한 목적을 수행한다. 즉, 자기를 보호하고 유지하거나 개인의 취약하거나 분열적인 자기 경험을 강화한다. 차이점은 보상 구조는 발달적 변형을 겪을 수 있고 방어 구조는 그렇지 않다는 점이다.

보상 구조는 발달적 변형 과정을 겪을 수 있고 자기 경험을 증진하고 강화하는 자기 자신의 지속적인 적응 차원이 될 수 있다. 그것은 진짜 자기대상 유대에서 비롯되지만 일, 예술적, 지적 또는 과학적 추구 및 취미와 같은 성취적인 참여뿐만 아니라, 문학, 음악, 영화, 정원 가꾸기, 요리, 스포츠, 인도주의적 활동과 같은 의미 있는 참여를 통해서 가능하다. 이런 활동 중에 어느 것에 참여해도 자기 경험이 조직될 수 있고 자기감이 강화될 수 있는 보상적 자기대상 기능을 제공받을 수 있다.

방어 구조는 자기를 지탱하고, 보호하고 회복시키려는 여러 노력의 표현이지만 약물 사용, 피부 자해, 폭식 및 구토, 비축, 강박적 자위, 섹스 또는 사랑 중독, 강박적 반추, 정신적인 몰두 및 망상 등과 같은 활동에서 파생된다. 방어 전략의 특징은 자기 경험의 발달적 변형을 촉진하지 않는다는 것이다. 즉, 자기 경험의 강화로 이어지지 않는다. 그것은 일시적으로 연약하거나 파편화된 자기 경험을 강화할 뿐이므로 자기 경험의 성장과 변화를 가져오지 않기 때문에 경직된 채로 기한 없이 반복해야 한다. 예를 들어, 굴욕적인 실패를 경험한 사람이 몇 번이나 코카인을 피우거나, 강박적으로 자위하거나, 폭식하고 구토하더라도 이러한 활동은 일시적으로 실패한 자기감을 지탱할 뿐, 결코 자기 경험의 성장이나 변화로 이어지지 않는다.

방어적인 것과 보상적인 것 사이의 구별은 자기애의 병적 형태와 건강한 형태 사이를 구별할 수 있게 한다. 병리적 자기애의 경우, 원래 돌봄 환경에서 외상성 자기대상 실패의 여파와 보상적 자기대상 발달 라인의 부재로 인해, 사람은 자기의 발달을 저해하는 엄격하게 **방어적인** 방식으로 다른 사람과의 연결 및 활동에 의존한다. 대신, 이러한 유대와 활동은 끝없는 재연(enactment)을 요구하며 모든 종류의 중독, 도박, 섹스, 베팅과 마찬가지로 단단하게 집착된다.

이러한 활동이나 다른 사람과의 연결이 치료사에 의해 방어적인 것으로 인식되지 않고 보상적이라고 여겨지고, 진짜 자기대상 유대인 것처럼 반응을 받으며 증식하도록 권장된다면, 이러한 활동과 연결은 어떠한 자기의 변형도 없이 더욱 확고해지고 견고해진다. 이것은 진짜 자기대상 유대가 관여할 때 일어나는 것과 정반대다.

Kernberg(1975)가 묘사한 거울 반영, 쌍둥이 또는 이상화를 **갈망**(crave)[4]하는 병리적 나르시시스트와, Kohut이 염두에 두고 있는 탈선되었던 발달을 회복하기 위하여 거울 반영, 이상화 또는 쌍둥이 자기대상 전이를 **동경**(yearn)하

4 갈망하는 것(to crave)과 동경하는 것(to yearn for) 사이의 용어적 차이를 제안한 Blethyn Hulton에게 감사드린다.

는 자기애적 환자를 혼동해서는 안 된다. 병리적 나르시시스트에게는 보상적인 발달 라인이 없기 때문에 발달 또는 변형 과정이 복원되지 않는다. 오히려 특정 자기애적 방어가 재연된다. 방어적인 과대성을 반영하는 것은 공감 발달로 이어지지 않는다(발달적 형태의 과대성을 반영할 때처럼). 그 결과 거만함이 더욱 고착화될 수 있다.

ISP의 언어로 말하자면, 요구하는 형태로 나타나는 방어적 자기애 갈망은 리딩 엣지에서 나타나는 것처럼 보이지만 실제로는 트레일링 엣지의 표현이다. 그들은 새로운 외상적 자기대상 실패에 대한 두려움 때문에 일어나는 파편화의 위협으로부터 보호하기 위한 방어 책략의 표현이다. 이들을 발달적인 동경으로 여기며 관여하는 대신, 그들이 제공하는 방어 기능과 함께 해석해야 한다.

자기애의 병리적 형태가 발달적 형태와 구별되지 않을 때, 방어적으로 유지된 자기애적 입장은 분석되지 않은 채로 남는다. 이는 더욱 깊이 고착된 오만한 과대함, 이단인 문선명과 같은(Mooni-like) 인물에 대한 우상화, 아첨하는 쌍둥이 재연에서 나타난다. 자기대상 전이 유대의 전개를 촉진하는 방식으로 환자와 관여하는 것은 자기대상 욕구가 보상적일 때만 나타난다. 즉, 보상적 자기대상 발달 라인에서 나오는 것을 의미한다. 자기애의 병리적 형태는 정확히 말하자면 보상적 자기대상 발달 라인이 사용될 수 없거나 너무 불안정하고 위험하기 때문에 발생한다. 이 경우 나르시시스트의 자기에 너무 큰 위협을 안겨 준다. 결과적으로 나르시시스트는 자기의 파편화를 막기 위하여 자기애적 방어에 의존할 수밖에 없다.

명백하게, 우리는 발달적 형태와 구별되어야 하는 병리적 형태의 자기애가 있다고 주장한다. 그러나 상호주관적 자기심리학자가 이러한 형태의 방어적 자기애를 다루는 방식은 전통적 또는 컨버그식의 분석(Kernbergian analysis)과 다르다. ISP의 관점에서는, 자기애적 방어가 자기의 유지와 보호에서 어떤 역할과 기능을 하는지를 해석한다. 치료사는 도식적으로 병리적 나르시시스트에게 다음과 같이 말할 수 있다. "당신의 아버지가 무서운 존재였고, 그가 당신을 가치 있는 존재로 보는 것 같지 않았다는 느낌이 있었다면, 당신을 옹호한다고 느꼈던 유일한 사람이었던 어머니가 우울증에 빠지고 갑자기 정서적으로 부재한 상황에서, 당신이 아버지의 인도를 받는 것은 너무 위험하거나 해롭다고 느꼈을 것이라 이해합니다. 그 결과, 당신은 자신이 가장 위대하고 절대적인 인간, 즉 천재로 인정받기를 끊임없이 갈망하고 항상 관심의 중심[5]이 되기를 요구하며 천재라는 원초적 환상에 의존하고 강하게 집착하게 되었습니다." 그러나 우리는 방어적으로 유지된 자기애적 입장이 분석되지 않고 마치 보상적인 것처럼 취급된다면 자기애적 방어의 고착화가 초래될 것이라는 Kernberg의 의견에 동의한다.

이것을 구어체로 표현하면, 소들이 우리에 돌아올 때까지, 치료사는 방어적인 과대함을 반영해 주거나 방어적인 이상화를 수용해 주거나, 방어적인 쌍둥이 관계를 공유할 수 있다. 하지만 자기 경험이 전개되고 자기 구조가 변형되는 발달 라인은 회복되지 않을 것이다. 오히려 병리적 자기애 입장이 강화될 것이다.

치료사

희망과 두려움을 안고 치료 상황에 오는 것은 환자뿐만 아니라 치료사인 우리도 마찬가지다. 환자와 마찬가지로 치료사는 자신의 희망과 두려움을 치료 상황으로 가져오고, 그러한 희망과 두려움은 치료사의 생성적이고 반복적인 전이를 일으킨다. 따라서 치료사의 리딩 엣지와 트레일링 엣지는 치료 상황을 공동 결정한다.

5 방어를 분석하는 방법에 관한 심층 연구는 Kohut(1981)의 『정신분석은 어떻게 치료하는가?(How Does Analysis Cure?)』(서울: 한국심리치료연구소, 2007)에서 이 주제에 대한 장을 참조하라.

치료사들은 또한 환자들과의 긍정적인 경험을 동경한다. 우리는 유능하고 효과적인 치료사, 유능한 청취자 및 예리한 해석자, 공감적이고, 통찰력 있고, 똑똑하고, 배려하며, 견고한 치료사로 보이기를 바란다. 우리는 유능한 치료사로서의 자기감을 유지하기 위해 이러한 자질이 검증되기를 희망한다. 이와 같은 욕구는 더욱 구체적인 개인 자기대상 욕구와 함께—개별 치료사는 과대함, 이상화 또는 쌍둥이에 대해 더 조직화할 수 있다—우리의 자기대상 전이 욕구를 공동 결정하고 우리의 리딩 엣지를 구성한다.

이상적으로 말한다면, 우리의 자기대상 욕구는 우리 자신이 분석과 훈련을 받았다는 사실에 근거하여 환자의 욕구에 비해 성숙한 수준에 있다. 이는 우리의 자기 경험이나 자기감이 충분히 견고해져서 환자의 자기대상 욕구에 대응할 수 있고 환자의 목표와 목적을 촉진할 수 있을 것으로 기대된다는 것을 의미한다. 우리 자신의 자기대상 욕구가 분석의 이자 관계에서 적절하게 충족되지 않았을 때일지라도, 우리의 자기대상 욕구가 더욱 성숙한 수준에 있다면, 우리는 자기 경험의 분열이나 파편화에 지나치게 종속되지 않는다. 이것은 또한 치료사인 우리 자신의 삶에서 감독 및 동료 집단의 지지와 친구나 사랑하는 사람을 통해 개인적으로나 직업적으로 자기대상 경험을 유지할 뿐 아니라, 전문적인 직업의 세계 너머에서 문학, 음악, 레크리에이션 및 우리의 욕구에 상응하는 가치 있는 명분(causes)에 참여하는 중요한 이유 중 하나다. 그럼에도 치료사의 정서적 성숙이라는 개념은 절대적인 의미로는 진실이라 할 수 없다. 치료 과정의 특정한 순간에 치료사의 자기대상 욕구가 더 긴요하게 느껴져서 환자의 자기대상 욕구보다 분석적 이자 관계를 더 지배적으로 형성할 수도 있다. 계속되는 치료 과정에서 환자의 자기대상 욕구는 치료 관계를 구조화하는 데 허용된다.

치료 상황에서 자신을 이해하는 치료사의 능력이 충분히 견고하기를 환자가 기대하는 것은 합리적이다. 이로써 치료사는 환자가 전개하는 반복적 및/또는 생성적 전이에 최적으로 참여하고 치료사의 리딩 엣지 동경을 포함하여,

치료사 자신의 주관성으로부터 부당한 간섭을 받지 않은 채 분석 기능을 수행할 수 있는 자리에 있게 된다.

인간적인, 너무나 인간적인 치료사는 또한 작업에 대한 자신의 두려움을 경험한다. 치료사인 우리는 우리 자신의 과거 외상적인 관계 패턴에서 파생된 자기 상태를 복제하는 방식으로 자신을 경험하는 치료적 만남에서 멀어져, 부적절하고, 압도되고, 서투르고, 노출되고, 우울하고, 격노하고, 죄책감이나 수치를 당한 채 남겨질 것을 두려워할 수 있다. 이러한 두려움이 실현되면 환자와 관련하여 반복적인 전이 패턴이 활성화되어 치료 관계가 파열되고 중단된다. 즉, 치료사의 경험은 분석적 관계를 구조화하고 치료사의 트레일링 엣지를 구성하는 그의 반복적 전이 때문에도 형성된다는 것이다. 전통적으로는 이것을 치료사의 역전이라고 불렀다. 만약에 치료사가 고등학생 때 동료들에게 배척당했다고 느꼈다면, 치료 상황에서 환자가 쌍둥이 전이 관계를 구축하려고 할 때 감정적 균형을 유지하기 위해 고군분투할 가능성이 있다. 이는 치료사에게 자신의 고등학생 때 고통스러웠던 경험을 불러일으키기 때문이다.

치료 상황

치료사와 환자 모두는 그들 각자의 리딩 엣지 희망과 트레일링 엣지 두려움을 치료 상황으로 가져오기 때문에, 치료 상황은 환자와 분석가의 정서적, 경험적 세계들이 교차함으로써 생성된 **상호주관적 장**(Stolorow, Atwood, & Brandchaft, 1987)으로 가장 적절하게 개념화된다.

Stolorow, Atwood 및 Brandchaft(1987)에 의해 발전된 상호주관성 이론의 핵심 주장은 정서적으로 건강한 자기 상태에서 가장 심각한 형태의 장애에 이르기까지 모든 심리적 현상이 그 안에서 발생하는 상호주관적 장에 의해 공동 결정된다는 것이다. 이는 모든 정서적 또는 심리적 현상의 근본적인 맥락 의존성을 포착한다(Stolorow & Atwood, 1994).

결과적으로, 그리고 이 상호주관성 이론의 가장 급진적인 공식은 치료 상황에서 환자나 분석가가 경험하는 모든 자기 상태는 그것이 발생하는 상호주관적 맥락과 분리하여 이해될 수 없다는 것이다(Stolorow & Atwood, 1994).

ISP의 언어로 우리는 치료적 상황을 환자의 감정 세계의 리딩 엣지와 트레일링 엣지, 그리고 치료사의 감정 세계의 리딩 엣지와 트레일링 엣지가 교차함으로써 구성된 것이라고 개념화한다. 우리가 분석하고 훈습하려는 것(트레일링 엣지), 그리고 참여하고 전개하려는 것(리딩 엣지)은 이 복잡한 교차를 통해 생성되어 치료 상황에 나타난다. 치료 상황은 서로에게 영향을 주는 쌍방향적 장(Stolorow, 1997)이다. 여기서 환자와 치료사의 리딩 엣지와 트레일링 엣지는 공동으로 결정되며 전경-배경 관계에서 계속 자리를 바꿔 가며 변화한다.

치료란 무엇인가

리딩 엣지와 트레일링 엣지의 관점에서 Freud가 원래 생각한 정신분석은 트레일링 엣지 이론이다. 말하자면 정신분석은 환자의 반복적 전이를 훈습하는 데 중점을 둔다. 정신분석적 방법의 초점은 통찰을 통해 (억압된) 무의식을 의식화함으로써 분석가와의 전이 관계에서 나타나는 개인의 내적 갈등을 해결하는 것이다. 따라서 우리는 다음과 같이 말할 수 있다. 고전 정신분석의 치료 작용은 주로 트레일링 엣지와의 작업에서 파생된다.

Freud는 이미 초창기부터 신경증적 전이를 분석할 때 분석 작업의 효과를 위해서는 반복적 전이 외에 무언가가 필요하다는 것을 깨달았다. 환자는 Freud가 언급했던 분석가를 향한 '반박할 수 없는 긍정적 감정'(Freud, 1912)을 가져야 했다. 이러한 긍정적 감정은 환자가 반복적인 전이의 진통 속에서도 분석가의 해석에 개방적이고 탐색 과정에 참여할 수 있다는 사실을 설명한다. 분석가를 향한 반박할 수 없는 긍정적 감정은 나중에 '작업 동맹(working alliance)'이라고 불리게 된 것의 기초를 형성했다(Greenson, 1967).

정신분석이 그 범위를 넓혀 중증도 이상의 자기 장애라고 부르는 자기애 및 경계선 상태, 곧 전 오이디푸스 상태를 다루기 시작하면서, 부정적 또는 반복적 전이를 훈습하는 것이 분석 작업의 핵심으로 이해되었다. 정신분석 이론과 실제의 많은 혁신은 전이를 훈습하는 기법의 개선과 수정에서 비롯되었다. 그러나 새로운 대상으로서의 분석가(Winnicott, 1965)라는 개념이 등장한 것도 전 오이디푸스 상태들과 관련되어 있었는데, 이는 분석가가 '충분히 좋은 대상'(Winnicott, 1955)이며 따라서 부정적인 전이 대상이 아니라는 것을 의미한다.

전 오이디푸스 환자는 분석가로부터 무엇인가, 즉 환자의 초기 아동기 경험과 자기 구조에서 누락되었던 것을 보상하는 통찰의 제공, 곧 새로운 경험 이상의 무언가를 원한다고 생각되었다. 분석가와 새로운 경험을 제공하지 않으면 환자는 부정적인 전이의 수렁에 빠져 있는 것으로 생각되었다. 이런 일이 발생하지 않으려면 분석가는 '충분히 좋은' 대상이어야 한다.

'충분히 좋은' 분석가라는 개념은 환자가 분석가인 우리를 경험하는 방식보다는 분석가인 우리의 인간됨(who we are as analysts)과 환자와의 상호작용 방식이 치료 결과에 영향을 미치며, 결국 치료 작용을 공동 결정한다는 것을 의미한다. 그럼에도 분석가가 환자의 건강한 노력을 촉진하거나 증진할 수 있는 방법과 이를 기능하게 하기 위해 분석적 이자 관계에서 분석가에게 필요한 것이 무엇인지를 생각하는 것은 비평가들의 눈살을 찌푸리게 하였고 분석의 순금을 심리치료의 주석으로 희석하는 것이라는 비판을 받았다. 기껏 허용된 것이 매개변수(parameter)의 도입이었는데, 여기서 분석가는 해당 '매개변수'가 더는 필요하지 않을 정도로 해석을 통해 해결될 수 있을 때까지, 적어도 한동안 환자의 결함이 있는 자아(ego)에 대한 보조 자아로 기능한다고 보았다. 그 밖의 모든 것은 '교정적 정서 체험(corrective emotional experience)'(Alexander, 1950)을 제공하는 것으로 간주하여 비분석적이라고 선언되었다. 새로운 대상으로서의 분석가가 제공하는 것이 교정적 정서 체험이 아니라면 이해하기 어려우며 오히려 이해할 수 없다고 말할 수 있다. 사실, 우리는 해석하는 분석가조차도 그 순간에 원래의 양육자가 했던 반응을 환자에게 하지 않는다는 점에서 그 자체로 이미 교정적 정서 체험을 제공하고 있다고 주장한다.

전통적인 정신분석에서는, 개인의 건강한 차원으로 적극적으로 참여하며 작업하고, 분석 작업이 개인의 이러한 측면을 촉진하거나 강화할 수 있는 방식을 사고하는 개념인 리딩 엣지로 작업하는 것이 간과되어 왔다. 기껏해야 이 개념은 의도하지 않은 부작용으로 비쳤고 최악의 경우 '비분석적'이라며 눈살 찌푸리는 비난을 받았다. 앞서 언급했듯이 분석적이고 치료적이라고 간주되었던 것은 트레일링 엣지와의 작업이다.

놀랍게도, 이 치료 작용 모델은 대체로 자기심리학에서 여전히 유효하다. 『정신분석은 어떻게 치료하는가?(How Does Analysis Cure?)』에서 Kohut(1984)은 많은 지면을 할애해 해석이 파열-회복 주기(disruption-repair cycle)에 제공하는 통찰의 결과로 치료 작용이 일어난다고 설명한다. 여기서 해석은 트레일링 엣지의 해석을 의미한다.

내가 여기서 제안하는 것은 하나의 반전(reversal)이다. 다시 말해 나의 제안은 Kohut의 치료 이론을 포함하여 고전적인 정신분석 치료 이론을 뒤집어 생각해 보는 것이다. ISP에서 일차적 치료 작용은 리딩 엣지에 대한 참여 및 발달에서 파생된다고 말할 수 있다. 트레일링 엣지와 함께 작업하는 것이 필연적이고 필요하며 그 자체로 변형적이지만, 우리의 일차적인 목표는 리딩 엣지의 전개 및 발달에 이바지하는 것이다.

ISP의 관점에서 보면, 치료는 환자의 리딩 엣지 전이의 체계적인 참여와 발달을 통해, 분석가의 리딩 엣지와 상호작용하면서 이루어진다. 이 작업은 필연적으로 과정의 필수 단계이며, 트레일링 엣지의 훈습을 수반한다.

트레일링 엣지와의 작업은 치유적(curative) 경험이 전개되기 위한 충분조건은 아니더라도 실제로 필요조건이 된다. 충분조건은 리딩 엣지와의 작업이다.

이 치료 모델은 치료적 맥락에서 두 종류의 치료 작용(action)이 있음을 의미한다. 첫 번째 유형의 치료 작용은 생성적 자기대상 전이가 온전하고 리딩 엣지가 전경에 있을 때의 경험에서 파생되며, 환자는 자기 발달을 진행하는 데 필요한 정서적 영양분—거울 반영, 쌍둥이 또는 이상화—을 치료적 맥락에서 받는 경험을 한다. 두 번째 유형의 치료 작용은, 자기대상 유대가 파열되고, 반복적 전이가 활성화되며 트레일링 엣지가 전경에 있을 때, 분석가의 해석에서 파생된다. 이어서 분석가의 해석은 파열을 훈습하는 일환으로 반복적인 전이의 설명에 초점을 맞추고 유대를 회복한다.

Stolorow와 Atwood는『정신분석적 치료: 상호주관적 접근(Psychoanlytic Treatment: An Intersubjective Approach)』(1987)의 치료에 관한 장에서 두 가지 다른 형태의 치료 작용을 개념화하기 위한 이론적 공식을 제공한다. 이 두 형태는 분석 작업을 기존의 자기 구조를 변형시키는 것과 새로운 것을 구축하는 것으로 구별한다. 기존 구조의 변형은 분석가에 대한 자기대상 유대가 끊어졌을 때, 즉 상호주관적 장에서 파열이 있을 때 무엇이 만연하고 있는지를 해석함으로써 발생한다. 새로운 구조의 구축은 분석가에 대한 자기대상 유대가 온전할 때 발생한다. 그것은 환자가 자신의 자기대상 전이 동경과 만남을 지속해서 경험할 때다.

기존의 자기 구조 변형은 반복적 전이의 해석을 통해 일어난다. 새로운 자기 구조의 발달은 생성적 전이의 참여를 통해 발생한다. 리딩 엣지와 트레일링 엣지의 언어로 이것을 다시 공식화하면, 기존의 부적응적 자기 구조의 변형은 분석가의 트레일링 엣지와 상호작용하는 상호주관적 장에서 트레일링 엣지가 진화함에 따라 그것의 해석을 통해 발생한다. 새롭고 건강한 자기 구조의 발달은 분석가의 리딩 엣지와 상호작용하는 상호주관적 장에서 리딩 엣지가 진화함에 따라 상호주관적 장에서 그것의 참여와 전개를 통해 발생한다.

이러한 방식으로 치료 과정을 개념화함에 있어 우리는 Kohut이 임상 작업에서 분명히 시도하였음에도 불구하고 적어도 개념적으로는 그때까지 스스로 취할 수 없었던 단계를 밟고 있다. 앞에서 언급한 바와 같이 Kohut은 치료 과정에 대해 논의했을 때, 여전히 트레일링 엣지에 초점을 맞추었으며, 자기대상 유대의 파열에 대한 통찰을 제공하고 해석을 제공하는 것을 치료라고 정의하였다. 확실히 그러한 해석 작업은 유대를 복원하는 데 도움이 되는 것으로 정의되었지만, Kohut은 그때까지 유대가 온전할 때, 다음에 일어날 일에 대한 이론적 설명을 제공하지 않았다.

무엇이 치유적인가에 대한 Kohut의 개념화가 사실이라면 자기대상 유대가 온전한 상태에서 지속하는 기간을 갖는 것이 왜 유익한지 이해할 수 없을 것이다. 왜냐하면 어떠한 치료적 유익도 이러한 경험으로부터 파생된다고 가정하지 않기 때문이다. 치료 작용은 이러한 파열의 훈습에서만 파생되는 것으로 간주하기 때문에, 그러므로 가능한 한 많은 파열을 만드는 것이 바람직할 것이다.

분명히 이것은 우리가 치료에서 하는 일이 아니다. Kohut도 그렇게 하지 않았다. 이는 환자와 치료사가 확립하고 유지하기 위해 열심히 노력한 유대를 허물기 때문에 권장되지도 않는다. 환자와 치료사의 유대는 환자의 리딩 엣지에 참여하는 것이며 정서적 및 구조적 성장이 일어나기 위한 최적의 조건이다. Kohut은 자기심리학이 교정적 정서 체험의 개념을 촉진하고 있다는 비난을 받을까 봐 무엇이 치료적인가에 대한 이론을 공식화하면서 거기까지 도달할 수 없었다. Kohut이 비난을 두려워한 결과 전문성에서 상당한 부정적 결과를 초래했을 것이다.

트레일링 엣지의 해석에 주목하는 것을 넘어 치료 작용에 대한 논의에서, 리딩 엣지와 작업하는 주제를 명시적으로 다루는 가장 중요한 자기심리학 저자는 선구적인 논문 「Doing Psychoanalysis of Normal Development」(2002)를 쓴 Marian Tolpin이다. Tolpin은 논문 서두에서 전통적인 정신분석가들은 트레일링 엣지에 초점을 맞추었으며 "우리가 고군분투하는 '건강의 덩굴손(tendrils of health)'을 지원하지 않고 그것의 출현과 성장을 촉진하지 않기 때문에 의

도하지 않게 치료 작용에서 의원성(iatrogenic) 한계를 설정한다"고 기술한다 (p. 168). 그러고 나서 그녀는 정신분석 실제에서 우리가 리딩 엣지인 '고군분투하는 건강의 덩굴손'을 어떻게 지원할 수 있는지에 대한 개념을 발전시킨다.

이 맥락에서 중요한 또 다른 저자는 **최적의 반응**(optimal responsiveness) 개념을 도입한 Howard Bacal이다. 그는 치료사의 자기심리학적 입장을 환자의 진화하는 자기대상 욕구에 최적으로 반응하는 것으로 정의했다. Bacal 이후, 치료사들은 더 이상 그들의 작업을 Freud가 제안한 것처럼 환자의 퇴행적인 리비도 및 공격적인 소망을 좌절시키는 지침이나, Kohut이 제안한 것처럼 비외상적인 좌절을 의미하는 '최적의 좌절'이라는 지침에 따라 정의하지 않았다. 오히려 자기심리학적 치료사를 위한 새로운 지침은 환자의 진화하는 자기대상 욕구에 '최적으로 반응'하는 것이다.[6] Lessem과 Orange(1993)는 환자와 치료사 사이에 발달하는 자기대상 유대가 주요한 치료 요인이라고 언급했다.

현재의 상호주관성 이론의 형태인 상호주관적 시스템 이론조차도, 유대가 온전할 때 치료 작용이 무엇인지 명확하게 설명하고 있지만, 주로 파열-회복 주기의 해석에 초점을 맞추고 있으며, 유대가 온전할 때, 즉 리딩 엣지가 전경에 있을 때 치료 과정 촉진에 적극적인 참여를 증진시키는 쪽에는 소극적이다. Chris Jeanicke(2015)는 『The Search for a Relational Home: An intersubjective view of therapeutic action』이라는 감동적인 책에서 치료사와 환자가 공동으로 만든 실패를 훈습하는 과정에서 파생되는 치료적 이점을 매력적이고 매우 개인적인 방식으로 설명한다. 그는 다음과 같이 주장한다. '내 논점은 치유의 개념을 개념화하기 위해서 우리는 실패의 개념에 대한 새로운 관점을 개발해야 한다'는 점이다. 또한 '실패와 고통은 우리 주관성의 필수적인 부분이다'

6 환자의 치료 관계의 특정 지점에서 '최적의 반응'은 비외상적 좌절을 의미할 수 있음을 명심하라. 즉, 최적의 반응은 단순히 환자를 수용하는 것과 혼동되어서는 안 되며, 더 나쁘게는 치료사 측의 병리적 수용과도 혼동되어서는 안 된다.

(p. 2). 같은 책의 표지 서평에서 Robert Stolorow는 다음과 같이 썼다. '이 책의 독특한 점은 환자와 분석가 모두의 실패가 치료 과정을 앞으로 더 나아가게 한다는 점에서 실패의 결정적인 중요성을 강조한 점이다.'

환자와 치료사의 실패를 훈습하는 것은 참으로 환자와 치료사를 위한 변형 경험의 고유한 기회를 나타내며 치료 과정의 중요한 차원이다. 그러나 이를 말하는 것은 트레일링 엣지와의 작업에 초점을 맞추는 것이다. 이것은 Kohut의 무리한 노력과 다르지 않다. Kohut은 치료 작용이 자기-자기대상 모체의 파열(환자나 치료사 어느 쪽에 의해 만들어지든)에 대한 반복적인 해석에서 파생될 뿐이며, 유대가 온전하고 해석이 필요하지 않을 때 정서적으로 유익한 경험으로부터 파생되는 것이 아니라는 점에서, 자기심리학이 전통적인 정신분석과 전혀 다르지 않다는 것을 증명하려고 하였다.

상호주관적 자기심리학자인 우리에게는 Kohut이 직면했었던 속박이 없다. 따라서 우리는 무엇이 치료적인가라는 개념화 속에 리딩 엣지 작업의 적절한 자리를 자유롭게 위치시킬 수 있다. 우리는 유대가 온전할 때 치료 작용이 무엇으로 구성되어 있는지 이해하고 설명할 수 있기를 원한다! 그리고 우리는 리딩 엣지와 작업할 때 우리의 임상 실제를 구성하는 지침을 개발하기 원한다(제8장 참조).

Stolorow, Atwood 및 Brandchaft(1987)가 제안한 것처럼, 리딩 엣지가 관여되고 유대가 온전할 때, 구조 구축이 이루어진다. 환자의 리딩 엣지가 치료사의 리딩 엣지에 참여하는 지속적인 경험에서 비롯되는 치료 작용은 새로운 정신 구조의 발달로 이어진다. 이는 정동을 조직하고 조절하는 환자의 새로 발달하거나 증가한 능력에서 나타날 수 있으며, 경쟁력, 공감, 유머, 지혜, 슬픔, 활력, 그리고 출현하는 주체감(sense of agency)을 지닌 새로운 자기 상태를 발달시키고 강화할 수 있다.

자기의 이러한 새로운 차원은 환자의 생성적 전이와 분석가의 조율된 참여(attuned engagement)의 상호주관적 장에서 환자가 지속적인 경험을 하기 때문에 발전하고 견고해진다. 우리는 최적의 반응과 구별하기 위해 '조율된 참여'를 도입하고, 분석가가 전이에서 환자의 리딩 엣지 경험에 관여하는 것에 반응할 뿐만 아니라 적극적인 역할을 한다는 점을 강조한다. 분석가는 자신을 드러내어 환자의 리딩 엣지 동경에 적극적으로 참여함으로써 환자로 하여금 이상화할 수 있는 인물과의 신뢰할 수 있고 지속적인 융합 경험이나 거울 반영 또는 쌍둥이 경험을 생성하도록 해야 한다. 환자와 치료사 사이의 자기대상 유대의 이러한 지속적인 경험은 새로운 자기 구조를 획득하고 출현하는 자기 구조를 강화할 수 있는 발달 기회를 제공한다.

환자의 리딩 엣지와 분석가의 조율된 참여 단계가 길어질수록 치료 작용은 더 커진다. 이 시기에 환자의 자기대상 동경과 희망이 실현된다. 자기대상 전이 유대는 손상되지 않고 생성적 전이가 전개되어 환자의 자기 경험의 발달과 통합을 촉진한다. 이것이 리딩 엣지 작업에서 파생되고 치유를 제공하는 교정적 정서 체험이다.

우리는 이제 치료 작용을 분리되어 있지만 상호 연관된 두 가지 과정의 구성으로 개념화할 수 있다.

1. 치료적 관계가 온전할 때 생성적 전이에 대한 조율된 참여
2. 치료적 관계가 파열되었을 때 반복적 전이에 대한 공감적 해석

유대가 온전할 때 환자의 리딩 엣지에 대한 조율된 참여와 유대가 파열되었을 때 트레일링 엣지에 대한 공감적 해석이 ISP의 치료 작용을 구성한다.

트레일링 엣지에 대한 공감적 해석은 환자에게 리딩 엣지 경험을 수반하는데, 그것은 이 해석이 정확히 반복이 아니기 때문이다. 따라서 트레일링 엣지에 대한 공감적 해석은 구조 구축(structure building)을 야기하며 그 반대의 경우도 마찬가지다. 리딩 엣지에서 느끼는 감정을 계속해서 경험하면 환자에게 정서적 안전을 제공하여 환자가 치료사에 의해 거부되지 않거나 파열을 생성

하지 않을 트레일링 엣지 해석을 가능하게 한다. 이것에 대한 한 예로 유대가 온전하다고 느껴질 때 격노 성향에 대한 해석을 듣고 받아들일 수 있는 '경계선' 환자의 경우를 들 수 있다. 그러나 파열이 발생했었다면 같은 환자라도 동일한 해석을 단호히 거부하고, 환자의 격노와 보호적인 방어의 강화를 초래할 것이다.

원칙적으로 환자와 치료사의 리딩 엣지와 트레일링 엣지가 교차함으로 인해 생성된 네 가지 상호주관적 자리(constellation)는 환자와 치료사의 치료 작용을 위한 다른 기회를 만든다.

첫째, 환자의 트레일링 엣지와 치료사의 리딩 엣지가 만날 때 치료 작용이 가능하다. 이 경우 치료 작용은 분석가와의 관계에서 환자 경험의 트레일링 엣지를 다루는 해석을 제공하는 데 있다. 분석가와의 반복적 전이에 빠진 환자는 자신의 주관적 세계를 조명하는 해석이 필요하다. 치료사는 환자와 생성적 전이 안에 있고 자신의 기법을 시행하면서 능력을 충분히 발휘하고 있다고 느끼기 때문에 해석을 제공할 수 있다. 환자의 트레일링 엣지에 대한 이러한 해석은 환자의 기존 자기 구조의 변형을 가져온다. 또한 치료사가 자신의 해석에 대해 효과적이라고 느끼고 견인력을 갖는 것처럼 느끼기 때문에, 치료사의 리딩 엣지 자기 경험을 발달 및 강화(consolidation)하는 결과를 가져온다. 환자의 경우 기존의 자기 구조들이 변형되는 반면에 치료사의 경우 출현하는 자기 구조들이 통합된다. 이것은 치료사와 정신분석가가 이상적으로 해 왔던 일이다.

공감적이고자 하는 분석가의 상대적으로 더 성숙한 자기대상 욕구가 표현되고, 환자의 트레일링 엣지 두려움과 그것에 동반되는 치료사의 방어 및 자기보호 노력을 해석하기 위한 이해가 표현될 때, 환자는 더 희망을 느끼고 변화에 대한 동기를 갖게 될 것이다. 환자의 공포와 자기보호에 대한 이러한 해석은 그녀의 부정적인 기대에 도전하고 치료사와의 참여에 대한 희망을 고무한다. 결과적으로 환자는 더욱 자신감을 갖게 되고 동기를 부여받으며, 이는 치료사가 더 응집력 있고 활력을 느끼는 데 이바지한다.

둘째, 치료사의 전이 트레일링 엣지가 환자의 전이 리딩 엣지와 만날 때, 전통적으로는 그렇지 않더라도 치료 작용에 대한 잠재력을 갖고 있다. 전통적으로는 그렇지 않더라도 어떻든 치료 작용이 있기 위해서, 이 상호주관적 자리는 반복적인 전이에 빠진 치료사가 자신의 트레일링 엣지에 대한 환자의 해석에 마음을 열고 수용할 것을 요구한다. 환자는 치료사와 함께 자신의 생성적 전이에 참여함으로써 자신의 해석을 제안할 수 있다. 이 상호주관적 자리에서 환자는 치료사가 자신의 반복적 전이를 재연하고 있기 때문에 치료사가 도움이 필요하다는 것을 알게 된다. 환자는 치료사와 함께 생성적 전이 상태에 있기 때문에 도움을 줄 수 있다. 환자는 스스로 치료사의 역할을 경험하고, 자신의 트레일링 엣지에 빠져서 결국 환자의 역할을 하고 있는 치료사에게 자신을 제공하는 것이 가치가 있다고 느끼며 스스로를 가치 있게 여긴다. 치료사의 트레일링 엣지에 대한 환자의 이러한 해석은 치료사의 기존 구조의 변형을 가져오고 새롭게 발달하거나 출현하는 환자의 자기 구조의 강화를 수반한다. 환자가 이전에는 치료사가 자신의 트레일링 엣지를 재연하고 트레일링 엣지 반복 전이로 밀려남으로써 생겨난 파열의 영향에 의해 압도당했을 때, 이러한 구조는 공감, 통찰 및 자기 성찰을 위해 새롭게 나타나는 환자의 능력일 수 있다.

이 경우 환자를 위한 치료 작용은 치료사의 트레일링 엣지에 대한 해석을 제공할 수 있는 경험에서 비롯된다. 이것은 리딩 엣지 경험을 구성하고 환자를 위한 구조 구축 경험을 초래한다. 이 상황에서 치료사를 위한 치료 작용은 환자가 치료사의 트레일링 엣지에 대해 제공하는 해석으로부터 나오며 치료사의 자기 경험에 구조적 변형을 가져온다.

셋째, 환자의 트레일링 엣지가 치료사의 트레일링 엣지와 만날 때, 치료는 대체로 교착 상태에 빠질 위험이 크며, 따라서 거기에는 어떠한 치료 작용도 따르지 않는다. 이 경우 환자와 치료사 각자는 반복적 전이의 재연에 갇혀 있게 되어, 치료적 관계에서 상호주관적 교착 상태에 빠진다. 이 경우 환자와 치료사 모두 서로의 트레일링 엣지 전이 드라마를 재연하면서 각자는 마치 과거의 트라우마 전이 인물인 것처럼 서로에게 반응한다. 환자와 치료사 모두 서로에게 깊은 오해를 받고 있다고 느끼며, Stolorow가 말했듯이 그들 각자는 상대에게 존재하지 않는 상호주관적 상황에 스스로를 내어 준다. 환자도 치료사도 각자가 상대를 경험하는 방식으로 스스로를 인식하지 않는다.

이것들은 소위 경계선 환자의 치료에서 종종 경험하는 고전적인 교착 상태이며, 가장 극명한 형태로 나타날 경우에는, 관련된 환자와 치료사 모두에게 매우 당혹스러울 수 있다. 그러나 환자의 반복적 전이가 치료자의 반복적 전이를 발생시키는 강한 견인력을 가지고 있고 그 반대의 경우도 마찬가지이기 때문에, 그러한 불일치된 상호주관적 자리의 변이(variation)는 대부분의 모든 치료 관계에서 발생한다.

이러한 치료의 생산적인 지속 여부는 치료사 또는 환자, 아니면 더 좋은 경우에는 양측 모두가 서로에 대한 트레일링 엣지 자기 경험의 '중심에서 벗어날' 수 있는 능력과(Stolorow, 1984), 상대방의 도움을 받아 상호주관적 자리를 분석하고 훈습하는 능력에 달려 있다. Ulman과 Stolorow(1985)는 상호주관적 장에서 살아 있는 이 현상을 '전이/역전이 신경증'이라고 적절하게 표현하였고, 더 최근에는 Atlas와 Aron(2018)이 극적인 재연(dramatic enactment)이라고 명명하였다.[7] 우리가 그러한 상호주관적 교착 상태를 통해 우리 방식대로 작업할 수 있을 때 (당연하지만 때로는 그렇지 않은 예도 있음) 우리는 폭풍을 견뎌냈다고 느낄 뿐만 아니라 기존의 오래된 구조의 변형과 새로운 구조의 출현을 모두 말하는 성장을 이루었다고 느끼게 된다. 이것이 바로 Atlas와 Aron(2018)이 '생성적 재연(generative enactment)'이란 말로 의미하는 것이다.

7 Atlas와 Aron은 또한 분석가의 리딩 엣지를 만나는 환자의 리딩 엣지를 재연으로 설명한다. 이것은 Atwood와 Stolorow(1984)가 상호주관적 결합이라고 명명한 것이다. 상호주관적 결합과 같은 재연은 무의식적인 차원을 수반하는 반면, 우리가 설명하는 환자와 치료사의 상호주관적 자리 리딩 엣지는 능동적이고 의식적으로 가장 생성적인 상호주관적 장을 추구한다.

넷째, 환자의 리딩 엣지가 치료사의 리딩 엣지와 만날 때, 우리는 치료 작용과 치유적 치료 경험에 대한 가장 큰 잠재력을 갖는다. 이처럼 촉진하는 상호주관적 맥락에서, 환자가 동경하는 자기대상 경험은 치료사의 동경하는 자기대상 경험과 일치하여, 환자와 치료사의 구조 구축에 도움이 되는 상호주관적 장을 만든다. 이 경우 생성적 전이는 환자와 치료사 모두에게 견고하게 되고, 자기 긍정 경험은 양방향에서 공유되어, 환자와 치료사의 자기 경험을 강화한다. 명백한 파열이 없이 작업이 진행되지만 감정적으로는 생생하고 깊은 모든 분석의 단계는 다행스러운(fortuitous) 상호주관적 장의 표현이다. 이것은 지속적이고 교정적인 정서 체험을 가장 강력하게 구성하여 새롭게 출현하는 자기 구조를 획득하고 강화한다.

환자는 분석가가 이해, 희망, 격려를 주고 있으며 자신의 새로 출현하는 자기 경험에 관여한다고 느낄 때 더 자신감을 갖고 변화를 만들 수 있다고 생각한다. 이 촉진하는 상호주관적 맥락에서 환자가 동경하는 자기대상 욕구와 치료사의 비교적 성숙한 자기대상 욕구가 일치하는 경험은 환자가 새로운 자기 경험 및 관련 모델과 패턴을 채택하기 위한 조건을 만든다. 이 경우 환자와 치료사 모두는 생성적 상호주관적 장을 견고하고 자기 긍정적인 것으로 경험하며, 그 결과 자기 경험이 향상되었다고 느낀다. 치료사와 환자가 신뢰의 관계로 연결되어 있고 생성적 전이에 정서적으로 참여한다고 느끼는 모든 치료적 관계는 이러한 유형의 예상 못한 생성적 상호주관적 장의 사례로 이해될 수 있다.

경험적 학습 목적을 위해 나는 치료 작용을 이러한 두 형태로 분리했지만, 임상 작업에서는 두 차원이 항상 전경-배경의 관계로 나타날 것이다. 모든 구조적 변형은 또한 새로운 구조의 발달을 수반하고 모든 새로운 구조는 또한 구조적 변형을 수반할 것이다.

요약하면, ISP의 치료 작용은 두 가지 근거에서 나오며, 우리의 관심은 트레일링 엣지 작업과 리딩 엣지 작업 모두에 집중되어야 한다. 트레일링 엣지가 상호주관적 장에서 살아 있는 중심 주제일 때, 치료사에게 요구되는 치료적 개입은 해석이다. 즉, 되살아나는 두려움과 파열된 것으로 느껴지는 유대를 회복하거나 바로잡기 위하여 기댈 수 있는 보호 조치와 함께, 상호주관적 장에서 파열을 야기하는 반복적 전이를 공감적으로 탐색하고 조명하는 것이다. 공감적 관점에서의 이러한 해석은 기존 구조의 변형을 초래한다. 이것은 근본적인 중심 조직 원리와 수반되는 무의식적 환상에 대한 이해가 깊어지고, 자기 경험의 해리된 측면을 더 깊이 이해하고 해체하는 데서 나타난다.

이러한 해석의 원형은 다음과 같은 모델을 따른다.

> 당신이 상사에게 임금 인상을 요구하는 것을 생각하며 느꼈던 불안에 관해 이야기했을 때 당신은 내가 주의가 산만해졌음을 경험하며, 내가 비웃는다고 생각했다. 그래서 당신은 신체부위들이 분리된 이미지에 빠지게 되어, 후퇴했으며, 이를 해결하기 위해 모든 신발이 제대로 정렬되어 있는지 확인하려고 했던 이유를 이해한다.

이러한 해석은 치료사 자신의 경험에 대한 언급을 포함할 수 있다. 예를 들면, 다음과 같다. "당신이 상사를 직면하는 이야기를 할 때, 나도 이에 대한 심한 불안을 느껴서 당신으로부터 물러나게 되었다. 특히 당신이 계속해서 아버지가 술에 취한 상태에서 당신을 반복적으로 멸시하는 경험에 얼마나 무력감을 느꼈는지를 알게 되었기 때문에 내가 느끼는, 당신을 경멸하는 당신의 경험을 설명할 수 있었다."

리딩 엣지가 상호주관적 장에서 현저히 상호주관적 역동으로 살아 있을 때, 환자는 치료사가 그의 중요한 자기대상 전이 동경에 최적으로 참여하고 있다고 경험한다. 그들은 상호 생성적 전이에 참여하고 있으며 치료 작용은 구조 구축이다. 이것이 ISP의 목표이며 치료사의 목표는 이 치료적인 상호주관적 자리를 발달시키고 유지하는 것이다. 치료의 이 단계에서 환자와 치료사가 참여하는 모든 형태는 리딩 엣지 전이의 유지를 촉진하도록 돕는 데 있다. 환자는 이것을 자신의 리딩 엣지가 점점 더 심화하는 데 도움이 되는 생성적 상호주관적 장으로 경험한다. 그러기 위해서 치료사가 환자의 리딩 엣지에 참여할 때 환자의 동경하는 생성적 전이에 대한 상세하고 미묘한 차이의 이해를 보여주어야 한다. 또한 치료사의 후속 의사소통은 환자가 상호주관적 장에서 유지하고자 하는 자기-자기대상 경험에 대한 이해와 일치해야 한다.

트레일링 엣지에 대한 해석은 기존 구조의 변형을 초래하기 때문에 중요하고 필요하지만, 그럼에도 그 해석은 일차적으로 목적을 위한 수단이다. 목적은 리딩 엣지의 전개다. ISP의 치료 작용을 구성하고 치료적 변형, 치유, 성장 및 치료를 가져오는 것은 트레일링 엣지/반복적 전이의 해석을 통한 구조적 변형과 리딩 엣지/생성적 전이와의 조율된 참여를 통한 구조 구축의 2단계 과정이다.

리딩 엣지와의 작업이 치료의 목표라는 생각에 따른 심리치료 실제는 고전적 의미의 분석 작업뿐만 아니라 전통적인 자기심리학 및 상호주관적 체계 이론에 기반을 둔 치료 작업과 근본적으로 다르게 보인다. 상호주관적 자기심리학자는 환자의 '건강의 덩굴손'을 육성하기 위해 리딩 엣지 전이에 참여하고 유지하며 생성적 상호주관적 장을 발달시키기 위해 적극적으로 노력하고 있다.

우리가 이 생각에 동의한다면, 오늘날 우리가 자리한 지점을 훨씬 넘어서 리딩 엣지와의 작업을 구성하는 것에 대한 이해를 발전시켜야 한다. 상호주관적 장에서 리딩 엣지 전이의 전개를 촉진하는 방식으로 환자에게 관여하는 방법과 건강의 덩굴손이나 출현하는 자기를 육성하기 위해 임상 작업을 수행하는 방법에 대한 전체적인 복합성을 탐구해야 하며 더 광범위하게 보여 주어야 한다. 이것이 제7장의 주제가 될 것이다.

제5장

상호주관적 자기심리학의 치료 작용, 2부[1]

Ricky 사례

이 장에서 나는 4년 동안 내가 상담했던 Ricky의 치료에 대한 논의를 통해 상호주관적 자기심리치료의 기본 원칙을 설명할 것이다. 사례를 엄격하게 연대순으로 설명하기보다는 ISP의 핵심 개념들을 예증해 주고, 치료에서 Ricky의 변형과 성장 경험의 이야기를 모아서 말해 주는 치료의 순간에 초점을 맞출 것이다. Ricky를 치료로 이끈 어려움을 기술한 후, 생성되고 반복되는 주제와 시간을 두고 계속해서 나타나는 리딩 및 트레일링 엣지 전이에 대해 논의하고자 한다. 이 치료는 ISP의 관점에서 수행되었기 때문에 Ricky의 리딩 엣지와 트레일링 엣지가 치료 관계에서 나타났을 때 나 자신과의 상호작용에 대해서도 논의하려고 한다. 이 선택된 주제들을 종합하면 우울한 절망과 성찰적 자기 인식에 대한 반동적 행동화(reactive acting out), 사려 깊은 자기 돌봄, 그리고 응집력 있는 자기감에 이르

1 임상적 지혜로 매일 내 작업에 도움을 주는 Peter Zimmermann 박사에게 감사드린다. 그리고 그가 상상할 수 있었던 것보다 더 많은 것을 나에게 가르쳐 준 Ricky에게 특별한 감사의 인사를 전한다.

* Aviva Rohde

기까지 Ricky의 변형에 대한 그림이 그려질 것이다. 이 변형은 상호주관적 자기심리학적 관점에서 작업하는 것의 가치를 보여 줄 것이다.

Ricky에 대한 소개

상담을 요청하는 전화 속 목소리가 시무룩하고, 비참하며, 억지로 떠밀려 전화하는 듯 들렸다. 그는 치료받기를 조금도 원하지 않는다고 내게 말할 필요도 없었다. 그것은 명백했다. 그가 나에게 한 말은 말할 것도 없었다. 그는 교대 근무 중에 동료와 말다툼을 했고 좌절감에 그를 주먹으로 때렸다. 결과적으로 그의 고용주는 그가 직장을 다니려면 심리치료를 받아야 한다고 요구하였다. 치료를 받기 위해 나타날 가능성은 거의 없어 보였다.

나는 시간에 맞춰 벨이 울렸을 때 놀랐을 뿐만 아니라, 문을 열자 양복에 넥타이를 메고, 잘 닦인 구두를 신은 청년을 발견하고는 어리둥절하였다. 나는 그가 내 상담실로 성큼성큼 걸어와 재킷을 벗고 넥타이를 풀고 신발을 벗으며 다음과 같은 질문으로 치료를 시작했을 때 더욱 놀랐다. "제가 지금 어디서 오는지 아세요?" 물론 내가 알 길이 없었다. 그래서 알지 못한다고 대답했다. "법정에서요." 그가 말했다. "그 빌어먹을 경찰이 내가 빨간불에 지나갔다고 생각했어요. 물론 저는 빨간불에 지나가지 않았어요! 그러고는 내가 대마초를 소지했다는 죄로 걸었어요. 오늘이 바로 이 혐의에 답변해야 하는 법원 기일이었어요." 그가 이미 시작했기 때문에 나는 바로 개입했다. 내가 물었다. "어떻게 됐어요?", "별거 아니에요. 내가 해야 할 일은 문제에 휘말리지 않는 것이에요. 그러면 내 기록이 지워질 거예요." 이것이 문제를 일으키는 재주를 지닌 24세 대학 중퇴자 Ricky와의 첫 만남에 대한 소개다.

Ricky의 첫날 허세는 심각하고 오래 지속된 우울증을 보여 주었다. 그는 약속을 놓치고 해고될 위험을 무릅쓰며 여러 날을 자신의 방에 숨어 지내곤 하였다. 그는 잠을 못 자거나 과도하게 늦잠을 자거나 도전을 받을 때 짜증을 내고 반동적이 되거나 때로는 침묵하며 움츠러들었다. 그는 가혹하게 자기를 비하하거나 아니면 뻔뻔스럽고 거만하였다. 자살을 시도한 적은 없었지만, 자살을 자주 생각하곤 하였다. 그는 종종 그리고 과도하게 술을 마셨다.

Ricky는 수많은 모순을 드러낸다. 한편으로 그는 나이보다 훨씬 어려 보인다. 그는 학교에 지각하는 중학생의 캐주얼하고 무심한 태도로 옷을 입고(그의 첫날 정장에도 불구하고), 의자에 털썩 앉거나 안절부절못하고, 반항적인 현자처럼 대담한 언어로 말한다. 그는 청소년기 이전의 감정적 어휘를 가지고 있다. 반면에 그는 재치 있고 예리하며 나이에 비하여 똑똑하다. 그의 풍부한 지식과 번득이는 아이디어는 타고난 명석함과 비정상적으로 잘 발달된 추상적 사고 능력을 반영한다. 그는 정보를 쉽게 흡수하고 열렬하게 추구하며, 내가 아는 누구보다 세부 사항과 뉘앙스를 기억하고, 기민한 목적과 방향으로 아이디어를 종합하고, 이 모든 것을 빠른 시간 내에 수행한다. 그의 정서 발달에서의 원초적인 결핍(raw lack)과 정교한 지성 사이의 분열(dichotomy)이 모든 회기에서 나타난다.

역사

Ricky는 전문직 부모의 세 아들 중 둘째다. 어머니는 실제적이고 유능하지만 인내심, 연민 또는 관심이 부족한 여성이다. 어머니가 등장하는 대부분의 장면은 Ricky가 너무 거칠고 눈에 거슬린다는 어머니의 분노 일화를 Ricky가 보고하는 맥락에서다. 어머니는 보다 전통적인 가족 스타일과 어울리지 않는 Ricky의 거친 표현에 부끄러움을 느끼는 것 같았다. 나는 형제들에 대한 Ricky의 반항과 싸움을 제어하는 것이 불가능하다는 사실에 어머니가 두 손을 들어버린 이미지를 떠올렸다. 어머니의 만성적인 짜증에도 불구하고 Ricky는 한밤중에 절망에 휩싸여 전화를 걸어 어머니의 수용적인 경청과 달래 주는 반응을 기대한다. 불행히도 Ricky의 우울증은 어머니를 지치게 하거나 더 나쁘게는 화나게 한다. Ricky의 아버지는 좀 더 침착하지만 감정적으로 너무 순진하고 양육의 책임에 대해 무지하다. Ricky는 좀처럼 그를 찾지 않는다.

Ricky는 도전적인 아이였다. 그는 한계를 뛰어넘었고 도발적이고 뻔뻔했다. 그는 자신이 생각한 것을 억제하는 지혜를 결코 알지 못했다. 그는 거칠게 놀았고, 학교에 남아 벌을 받았고, 뼈가 부러졌다. 그는 실속보다 규율을 우선시하는 어른들을 존경하지 않았고 결과적으로 그들을 배척하였다. 동시에 그는 문학, 음악, 스포츠 등 그의 마음을 사로잡는 모든 것에 깊이 몰두했다. 그리고 그는 참여한 모든 일에서 뛰어났다. 그래서 그는 도전적이면서도, 그의 호기심과 폭넓은 인식을 높이 평가하는 이들에게 매력적이기도 했다. 그는 중요하다고 여기는 사람들로부터 찬사를 받았다.

치료

상호주관적 자기심리학의 관점에서 작업하면서 나는 Ricky의 자기대상 욕구들을 이해하고, 전이에서 나타나는 것처럼 Ricky의 리딩 엣지 형태의 희망에 반응하고, 트레일링 엣지 형태의 두려움을 해석하고자 하였다. 상담하는 내내 나는 내 자신의 경험에 주의를 기울였고 그의 경험과 나의 경험 사이의 관계를 고려하였다. 내가 우리 사이에 있는 장(field)에, 그리고 그의 자기 경험에 미치는 영향은 무엇인가? 그가 우리 사이에 있는 장에, 그리고 나의 자기 경험에 미치는 영향은 무엇인가? 이 두 질문은 우리 작업의 틀을 만드는 유도 질문이었다.

Ricky의 트레일링 엣지

Ricky의 트레일링 엣지는 처음부터 분명했다. 그를 치료받도록 만든 한 동료와의 싸움은 쉽게 해결되지 않았으며 그들 사이에 추가적인 신체적 충돌로 이어졌다. 동료는 조롱하고 Ricky는 분노하곤 했다. 혹은 상사가 Ricky의 침착함을 유지할 수 있는 능력에 대해 의심을 표하면, 분노를 폭발시키곤 했다. 당연히 그는 직장을 잃었다. 이 패턴은 새로운 상황에서도 지속되었다. Ricky의 성장 경험에 있는 허점으로 인해 그는 심각할 만큼 인정받지 못했다고 느꼈고 두려울 만큼 불안하였다. 그는 강한 감정을 조절할 수 없었고 스스로 달래지 못했다. 절망, 불안, 반응적인 분노에 속수무책인 그는 알코올에 의존하여 고통을 무감각하게 만들어 충동적이거나 공격적인 행동을 조장함으로써 그의 일상을 복잡하게 만들 뿐이었다. Ricky의 만연한 자기대상 실패 경험은 우울증과 조절 장애의 증상으로 표출되었으며, Ricky의 트레일링 엣지는 해석이 필요한 상태였다.

자기대상 주제들

트레일링 엣지에 대한 명시적인 탐색은 Ricky의 방향 없이 이어지는 일상생활 이야기 중 종종 우선순위에서 밀렸다. 우리는 초기의 헤매는 과정을 통해서 수년에 걸쳐 치료를 특징지어 온 거울 반영, 쌍둥이, 이상화의 자기대상 유대에 대한 동경을 발견하고 발전시켰다. 나는 이것들을 한 번에 하나씩 다룰 것이다.

거울 반영 주제

보통 Ricky와의 회기는 친구 또는 직장에서의 사건으로부터 현재의 사건, 읽은 책, 다른 사람에 대한 이야기를 열거하는 것으로 이어진다. 때때로 그는 자신이 경험한 문제의 상호작용에 대해 불평을 늘어놓는다. 그는 의견이나 조언을 구하지 않는다. 그의 필요는 계속 이야기를 진행할 수 있도록 단지 긍정적인 고개를 끄덕이거나 음~음 하며 반응하는 것으로 충족되었다. 그리고 자연스럽게 이야기의 끝에 도달했다 싶으면, 그는 나와 공유할 다른 이야기를 찾는다. 그는 때로는 활기차지만 때로는 침울하다. 간혹 회기가 끝날 즈음 그는 현재 문제가 되는 것을 대화에서 암시하곤 한다. 그 문제들은 그를 치료로 안내했던 도발적인 싸움과 공격성 또는 근본적인 우울증이다. 그러나 이러한 암시들은 거의 자세히 설명되지 않는다. 일반적으로 그것들은 그 의미를 탐구하기 위한 초대라기보다는 상황에 대한 최신 정보처럼 느껴진다.

초기에, 나는 Ricky가 나와 의미 있는 관계를 맺고 있다고 느꼈다. 하지만 그가 치료에서 무엇을 찾고 있는지, 나에게서 무엇을 찾고자 하는지, 우리 대화에서 무엇을 얻고자 하는지는 불분명했다. 그의 감정에 대해 질문하는 것은 소용이 없었다. 그가 말한 사건과 생각들을 더 깊이 탐구하는 것은 결코 가능해 보이지 않았다. 나는 가능한 한 자연스럽게 응답하고 앞으로 더 많은 것을 이해하기를 희망하면서 스스로 물러나 있었다. 처음에 주저함이 있을 것이라는 내 생각과는 달리, Ricky가 매 회기마다 계속 왔다는 사실에 나는 여전히 놀랐다. 나의 혼란은 내가 무슨 일을 하고 있는지에 대해 계속 의심하게 하였고 또한 그것이 나로 하여금 Ricky로부터 다소 동떨어진 느낌이 들게 한다는 것을 알고 있었다. 그런 이유로 나는 이 질문이 우리 대화의 본질에 잠재적으로 어색한 변화를 가져온다고 느꼈지만, 그에게 회기가 어떻게 진행되고 있는지 물어보기로 결정했다. 내가 유도한 어색함은 내가 보기에 "이런, 그건 어리석은 질문이에요."라는 표현을 담아 나를 쳐다보는 그의 얼굴에서 확인되었다. 그는 짧게 말했다. "선생님과 이야기하고 나면 항상 기분이 좋아져요."

질문은 어리석었을지 모르지만, 그의 대답은 훌륭하고 명료했다. Ricky는 나에게서 자신의 경험에 참여하는 수용자(receiver)를 갈망하며 찾고 있었다. 그는 나에게서 거울 반영 자기대상을 발견했다. 자신의 말이 전달되고, 비판하는 태도 없이 기꺼이 경청을 받는 경험은 Ricky의 자기 경험에 회복을 가져다주었다. 나와 함께 그는 자신의 불행하고 복잡한 삶에 대한 이야기를 탐구하고, 풍부한 지식과 유연한 지성을 공유하는 데 자부심을 갖게 되고, 분노와 좌절을 표현하는 안도감을 경험할 수 있었다. 이 모든 면에서 그는 내가 그를 있는 그대로 받아들일 것이라고 믿을 수 있었다. 그의 어머니의 조바심과 무심한 비판—Ricky를 있는 모습 그대로 받아들이기를 원하지 않았던 어머니의 무관심에 대한 Ricky의 확실한 경험—에 대해 생각하고 아버지의 감정적 부재—Ricky를 투명인간처럼 버려 두는 것—를 생각하면서, 나는 치료에서 의문의 여지없이 존중받고, 귀 기울여지고 수용되는 경험이 Ricky로 하여금 진보할 수 있게 하는 핵심적인 힘인 것을 이해하였다. 이 거울 반영 경험—보여질 수 있고 인정받을 수 있는 가능성을 신뢰하는 Ricky의 동경—이 그를 위해 조직화되었고 치료를 진전시키는 리딩 엣지를 구성하였다.

쌍둥이 주제

Ricky는 종종 음식과 음료에 대해 생생히 자세하게 이야기했다. 그는 특정 맥주 가게의 4달러짜리 특정 브랜드 맥주 피처에 대해 이야기하거나 간단한 아침 식사를 위해 가게에 들르거나 그가 방금 미친 듯이 먹었던 더블 빅맥과 짭짤한 감자튀김에 대해 보고하곤 했다. 고향을 방문한 후에는 자신이 가장 좋아하는 피자 가게인 Nick's Brick Oven을 언급했다. 내가 맞장구쳤다. "맞아요. Route 9과 Millbrook 교차로에 있는, 커다란 오렌지 머그에 작은 마늘 과자들을 파는 곳이죠?" 당연히 그가 물었다. "어떻게 알았어요?" 나는 그가 자란 곳 근처의 여름 캠프에서 일했었고 그 피자 가게도 좋아하였다고 말했다. 그는 흥미를 느꼈고 우리의 대화는 예전의 내 청소년기와 최근의 그의 어린 시절 간에 공통적으로 알고 있거나 차이가 있는 다양한 장소에 관한 이야기로 바뀌었다. 그런 다음 그는 "선생님이 내 고향을 그렇게 잘 알고 있다고 왜 지금까지 말하지 않았어요?"라고 물었다. 나는 그의 질문의 예리함에 놀랐다. 개인적으로 나는 그의 치료에서 무슨 일이 일어나고 있는지 잘 이해하지 못했기 때문에 Ricky에 대하여 조심스럽고 절제된 느낌을 가지고 있었다. 나는 정신분석의 역사에서 전해 내려온 충고를 아무 생각 없이 따르고 있었다. '무엇을 말해야 할지 확실하지 않다면, 아무 말도 하지 마십시오.' 자연스럽게 나온 내 말은 Ricky를 놀라게 한 만큼이나 나를 놀라게 했으며, 이는 부분적으로 그 대화에 적극적으로 참여하고 싶은 나 자신의 아직 명확히 표현되지 않은 욕구에서 비롯되었다. 나는 피자 가게 Nick's에서의 추억을 그와 함께 나누고 싶었기 때문에 그에게 그 연결에 대해 말했다. 그래서 Ricky가 왜 이전에는 자신의 고향을 안다고 말한 적이 없는지 물었을 때 나는 이렇게 말했다. "내 생각에 나는 중립이라는 정신분석학적 규칙을 따르고 있었던 것 같은데, 그 순간 당신처럼 나도 Nick's 피자 가게를 좋아했다고 말하고 싶었어요." Ricky는 모든 종류의 정신분석적 규칙이나 기준이라는 개념을 비웃었다. 그는 그것이 터무니없다고 생각했다. 뿐만 아니라 Ricky는 진정성이 없다고 느껴지는 모든 것을 경계하며 불안해했다. 그는 나의 초기 과묵함을 인위적인 것으로 간주했고 바로 그것에 대해 이의를 제기했다. 이후 나의 자발성과 더 자연스러운 인간적 반응은 그에게 안도감을 주었고, 우리가 서로에게 직접적이고 정직하며 인간으로 대화할 수 있는 것을 의미했다. 그리고 나는 공유된 연결에 의해 그가 향상되었다고 느꼈을 뿐만 아니라 나 또한 향상되었음을 깨달았다. 우리 둘 다 내가 더 편안해진 것이 우리 사이의 쌍둥이 경험을 촉진한다고 느꼈다.

시간이 지남에 따라 우리의 쌍둥이 경험은 장소, 음식, 현재 사건 등 다양한 주제를 포함할 만큼 확대되었다. 이것은 심지어 우리 사이의 차이를 이해할 수 있게 해 주었다. 예를 들어, 나의 따분함과 온건함에 대응하는 Ricky의 신랄함과 대담함을 장난스럽게 언급하는 것이 계속되었다. 또는 Ricky가 좋아하는 젤리 사탕과 내가 그것을 싫어하는 것에 대한 이야기로 계속해서 돌아가곤 했다. 이러한 모든 방식에서 쌍둥이 경험은 우리에게 중립적이고 자유로운 공간을 제공한다. 그곳은 공유되는 즐거움이 갈등 없이 이루어지는 공간이며, 여기서 동질성은 인간적이 되게 하고, 차이는 놀이의 느낌을 열어 준다. Ricky가 가족에게서 소외감을 느꼈던 방식을 감안할 때, 나와 동일시되는 경험을 할 수 있는 기회는 이전에 알지 못했던 조용한 소속감을 그에게 준다. 그리고 거울 반영 전이와 마찬가지로 쌍둥이 전이는—인간적 연결이 성장의 길을 제공할 것이라는 희망인—치료의 토대가 된 리딩 엣지의 한 측면을 구성한다. 쌍둥이 경험은 치료에서 중심적이고 가장 변형적인 자기대상 경험은 아니었지만, 보다 변형적인 다른 자기대상 경험들에는 필수적인 배경이었다.

이상화 주제

치료 초기에 다음과 같은 상호작용이 발생했다. Ricky는 친구들, 맥주, 술, 그리고 7시에서 11시까지 늦은 밤 운전을 포함하여 최근 주말 밤에 놀았던 모험을 순서대로 나에게 보고했다. 나는 본능적으로 반응했다.

"음주 운전했다고요?"

"네, 물론이죠." 그가 대답했다. "하지만 새벽 2시였어요. 그때 길에는 아무도 없었어요."

"그게 중요한 게 아니에요. 당신은 술을 마시고 운전했다고요. 다시는 그러지 마세요."

Ricky는 약간 놀란 듯 잠시 침묵했다. 그러자 그는 "옳은 말씀이에요. 다시는 그렇게 하지 않을게요. 다시는요. 약속할게요."

확실히 알 수는 없지만, 그는 약속을 지켰고 다시는 술을 마시고 운전대를 잡은 적이 없었다고 믿는다.

치료의 이 시점에서 우리는 여전히 서로에게 생소했다. 우리의 전이 동맹이 어떤 특징을 갖추고 있는지 명확히 알지 못했다. Ricky에게 말한 나의 지시를 뒷받침해 주는 Ricky와의 정서적 견인력을 갖고 있다는 확신도 없었다. 돌이켜 볼 때 나는 우리가 봐 왔던 자연스러운 반응이 나와의 전이 관계에서 그의 거울 동경(yearning)과 쌍둥이 동경 모두에게 중심적으로 중요하다는 것을 직감적으로 느꼈다고 생각한다. 그러나 그 순간 내가 자각하고 있었던 것은 상황을 더 잘 아는 사람으로서의 권위를 갖고서 분명하게 말해 주어야 한다는 나의 책임감이었다. Ricky의 반응이 말해 주고 있었다. 청소년 초기에나 나올 법한 그의 저항은 안내되고, 담겨지고, 구조화될 준비가 된 상태로 빠르게 사라졌다. 안내와 방향을 위해 부모에게 의지할 수 없었던 Ricky는 길을 잃고 헤매었다. 대조적으로, 그는 그를 잘 알고 있고 배려하는 부모, 그가 의지할 수 있는 부모로 나를 경험하기를 간절히 원했다. 이해하며 책임감 있는 어머니로 나를 경험하게 되자 그는 내 주장의 명확성과 진정성을 받아 주었다. 이것은 내가 궁극적으로 발달의 일차적인 욕구로 나타날 자기대상 유대, 즉 일차적인 자기대상 동경으로 이해하게 된 이상화의 첫 번째 징조였다. 나를 이상화 안내자로 사용하려는 Ricky의 갈망은 나타나고 싶어 못 견뎌하는 리딩 엣지였다.

나의 트레일링 엣지

Ricky와의 치료에서 활성화된 내 자신의 취약성을 인식하고 훈습하는 것 또한 중요했다. 나와 관련된 많은 Ricky의 원초적인 특성—내 반응을 거의 허용하지 않으면서 Ricky가 했던 독백같은 방식—은 나를 그에게서 멀어지게 느끼도록 만들 위험이 있었다. Ricky에 대한 내 대응에는 일관된 주제가 있었다. 곧 Ricky의 자기대상 욕구에 대한 명확한 이해 부족으로 인하여, 내가 덜 진정성 있고 과묵해지는 쪽으로 물러나는 위험이 있었다. 반대로, 보이고 싶은 동경 때문에 내 존재를 부각시키려는 노력으로 지나치게 적극적일 수 있는 위험이 있었다. 각각의 자기대상 주제(거울, 쌍둥이, 이상화)에 대한 나의 개입들은 궁극적으로 도움이 되었지만, 부분적으로는 수동성과 싸워 없애려는 나 자신의 욕구에 의해 영향을 받았을 수 있다. Ricky와의 치료에서 수동성을 없애려는 나의 트레일링 엣지는 내가 상호주관적 장에서 보이지 않게 되는 것을 두려워했을 때 활성화되었다. 나는 스스로에게 후퇴하려는 경향이나 이에 대한 방어에 빠지지 않도록 조심스러우면서도 적극적인 주의를 기울이고자 했다. 대체로 침묵했지만, 적극적 경청을 하면서 참여를 유지하기 위해서는 수동적 상태에 빠지려는 경향과 싸워야 했다.

치료에서 가장 큰 위험은 Ricky의 트레일링 엣지가 나의 트레일링 엣지와 만날 가능성일 것이다. 인정받지 못하거나, 외롭거나, 지원받지 못한다고 느끼는 Ricky의 취약성이 위축되거나 진정성이 떨어지는 나 자신의 취약성과 만나면 그는 가장 불안하고 우울한 자기로 버림받았다고 느낄 것이며 비난하거나 후퇴하는 것 외에 선택의 여지가 없다고 여길 수 있다. 이 위험에 대한 인식을 통해서 나는 현재에 머물며, Ricky의 경험에 가까이 있으면서, 조심하기보다는 지나치다 싶을 정도로 사려 깊은 관여를 하도록 계속해서 상기하고자 하였다.

나의 리딩 엣지

다른 한편으로, 전이에서 내 리딩 엣지로 Ricky의 트레일링 엣지를 만날 수 있다면, 즉 자신감, 내면의 평온, 근본적인 인간성이 결합되어 공감하고 조율되고 변형적인 반응을 촉진하는 자기 경험을 만날 수 있다면, 우리는 그의 오랜 고통을 치유하고 치료를 진행할 수 있는 잠재력을 갖게 될 것이다. Ricky가 내게 안정적이고 신뢰할 수 있으며 관심을 주는 어머니로서의 모성 전이를 바라는 동경은 내가 Ricky에 대해 가졌던 모성 감정을 명시적으로 인식하게 만들었다. 내 자신의 이상적인 모성적 평온에 접근할수록, 열린 마음과 호기심으로 Ricky의 긴 이야기를 더 많이 들을 수 있었고, 직장 세계에서 성공하려는 그의 새로운 헌신에 자부심을 가질 수 있었으며, 더 자유롭게 나 자신을 나눌 수 있었고, 필요할 때는 단호하면서도 권위 있게 개입할 수 있었다. 나 자신이 모성적 인내심, 안내, 그리고 사랑의 감각에 더 많이 접근할수록 나는 더 진정성 있게 Ricky와 함께할 수 있었다. 이것이 나의 리딩 엣지였다.

시간이 지남에 따라 자기대상 동맹에 신뢰가 생기고, 내 자신의 리딩 엣지에 더 잘 적응하게 되면서 Ricky의 트레일링 엣지에 대한 해석이 가능해졌다. 예를 들어, 그가 형제들과의 어려운 논쟁 때문에 수치심이 가득한 또 다른 우울증으로 이어졌을 때, 나는 Ricky의 거울 반영 경험에서의 파열을 해석할 수 있었다. 나는 다음과 같이 말했다. "당신의 형제들이 하이킹 여행에서 당신을 제외했을 때 당신이 이전에 혼자 남겨진 모든 경우처럼 느꼈을 것입니다. 물론 당신은 물러나는 것 외에는 선택이 없다고 느꼈을 것이고요." 나의 해석은 내가 그의 병적인 반응을 분명하게 설명하는 것 외에도, 그의 어머니로부터 받은 비판을 교정하고, 그의 경험을 내가 수용한다는 신호였다. 또는 Ricky가 추가 업무를 받았지만 부적절한 교육을 받았을 때, 새로운 상사에게 분노한 경우에도 나는 이상화의 파열을 해석할 수 있었다. "당신의 상사가 의지할 수 있는 멘

토이기를 너무나 기대했었기 때문에, 그 상사가 당신을 실망시켰을 때 분노를 억누르기가 정말 힘들었지요." 다시 말하면, 나는 Ricky의 근본적인 동경에 공감하면서 그의 분노 경험에 대해서도 더 자유롭게 언급할 수 있었다.

Ricky의 리딩 엣지

다행스럽게도 Ricky의 리딩 엣지는 항상 내게 분명했다. 삶의 모든 어려운 순간에도 불구하고, 그의 성실함과 세상에서 그리고 나와의 관계에서 존귀한 사람이 되려는 그의 노력은 항상 치료의 원동력이었다. 토론하는 중에 그는 절망적인 격분을 표출하곤 했다. 때로는 시무룩해져서 부드러운 재촉을 받은 후에야, 다른 논쟁거리가 되는 주장이 있었음을 밝히곤 하였다. 그의 침묵은 그에게 마음을 열라고 끈질기게 촉구한 후에야 풀리곤 하였고, 그러다가 또다시 화를 내었고 그가 아끼는 사람에게 증오에 찬 독설을 퍼붓거나 심지어 다시 삼진 아웃 당했다는 것을 드러내곤 하였다. 그는 종종 너무 수치스러워서 나와 내용을 나누려 하지 않았지만, 항상 자신의 분노 표현이 너무나 심하고 파괴적이라는 점을 분명히 했다. 이러한 순간들에서 그는 자신을 미워했고 수치심에 가득 차 나와 거의 눈을 마주칠 수 없었다. 그는 "또 망했어요."라고 말하곤 했다.

Ricky는 자신의 방식을 고쳐야 한다는 것을 너무나 잘 알고 있었다. 이 때문에 신체적 공격성을 직접적으로 다룰 필요가 없었다. 대신에 나는 그가 최선의 자기가 되기 위해 얼마나 노력하고 있는지, 아끼는 사람을 다치게 한 것에 대해 얼마나 죄책감을 느끼는지, 그리고 심각한 오해, 소외 또는 절망이 재개되는 경험이 주어졌을 때 고통스러운 감정을 통제하는 것이 얼마나 어려운지 이해한다고 그에게 말할 수 있었다. Ricky의 모든 고통 속에서 그는 항상 더 잘하고 싶다는 진심이 있었다. 이것은 그의 리딩 엣지였으며, 나에게 인상적이고

도 감동을 주는 리딩 엣지였다.

치료 과정

치료가 진행됨에 따라 상호주관적 장의 전경에 있었던 Ricky의 거울 반영 경험과 쌍둥이 경험이 Ricky에 대한 나의 리딩 엣지인 모성적 애정과 결합하여, 그의 삶에서 자기 경험이 통합되었고 여러 가지가 개선되었다. Ricky는 만족스러운 경력에 발판이 될 가능성이 있는 관심 분야에서 초급 일자리를 확보했다. 그는 불안정하지만 신체적 공격을 하지 않는 새로운 관계를 시작했다. 그리고 전체적으로 감정적이고 대인관계적인 위기가 줄어들었다. 나는 이것이 이전에 궤도를 벗어났던 Ricky의 발달이 다시 정상 궤도에 오르게 된 결과라고 생각한다. 거울 전이에서 자신이 인정되고 이해받는다는 느낌과 쌍둥이 전이에서 공유된 인간애를 느끼면서 Ricky는 자기 경험과 대인관계의 덜 성숙한 형태에서 더 성숙한 형태로 변화하는 과정을 시작했다.

동시에 가장 깊은 층의 문제가 남아 있었다. Ricky는 자제력이 어느 정도 발달하여 신체적으로나 언어적으로 다른 사람을 비난하는 데 덜 취약해졌지만, 그의 우울한 절망이 너무 자주 밀려와 그를 내면의 통제 불능, 격노, 폭음에 취약하게 하였다. 더 많은 것이 필요했다. 이 시점에서 다음 에피소드가 발생했다.

Ricky는 종종 그랬듯이 성장기 동안 겪었던 사회적 경험에 대해 이야기했다. 긴 오후 내내 친구들의 지하실에서 TV를 보고 동네 뒷마당에서 시간을 보냈다. 종종 친구들과의 대화는 그들의 부모님과의 관계에 대한 이야기가 포함되었다. 나는 Ricky가 어른들과 대화를 나누고 그에 대한 답례로 칭찬과 반응을 얻는 놀라운 기술을 가지고 있다는 느낌에 항상 놀랐다. Ricky가 집에서 부모님과 함께 겪었던 조바심과 관심 부족을 생각하면서 나는 “친구 부모님의 관심과 존경을 받는 것이 기분이 좋았을 것”이라고 말했다. Ricky는 동의했지만 어깨를 으쓱했다. 그는 계속해서 설명했다.

"물론 그들은 저를 사랑했어요. 저는 방문할 때마다 항상 와인 한 병을 가져갔어요."

"이해가 안 돼요." 내가 말했다. "당신이 여덟 살, 아홉 살, 열 살 때 친구들과 놀았던 일에 대해 이야기하는 줄 알았어요."

"네, 맞아요." 그가 말했다. "부모님은 제가 좋은 손님이 되기를 바라셔서 부모님의 선물을 챙겨서 친구들 집에 보내 주셨어요. 선물은 항상 와인 한 병이었고요."

나는 놀라서 다음과 같이 말했다. "내가 알기로는 친구 집에 놀러 갔을 때, 핫도그와 컵케이크를 먹고, 떠날 때 부모님에게 고맙다고 인사하는 게 전부라고 생각했어요."

Ricky의 대답은 시사하는 바가 있었다. "선생님은 좋은 어머니이니까, 분명히 그것을 알고 있지요."[2]

여기에 주요한 자기대상 주제로 부상하는 것—이상화, 특별히 모성 라인(maternal line)에 따른 이상화—에 대한 명료한 진술이 있었다. Ricky는 자신에게 모성 전이에 대한 인식, 곧 더 나은 지침을 제공하는 모성 돌봄을 받을 수 있는 자기대상 전이에 대한 동경을 표현하도록 허용했다. Ricky를 압도적인 절망에 취약하게 만든 모성 이상화의 실패를 고려할 때, 안전의 기준을 안내하고 설정하는 더 강하고 현명하며 자신감 있는 모성 인물의 포옹 속으로 융합될 수 있는 잠재력은 Ricky에게 깊은 위안이 되었다. 이는 치료 과정에서 행운의 순간이었다. 상호주관적 장에서 신뢰할 수 있고 의지할 수 있는 모성 인물

2 부수적으로, Ricky의 부모가 놀러 갈 때의 선물로 부적절하게 술을 가져가게 한 사실이 밝혀지면서 가족 내에서 술을 미화하는 것에 대한 토론이 시작되었고 술 사용에 대한 합리적인 기준이 Ricky에게 교육되지 않은 방식이 드러났다. 이것은 나중에 Ricky의 과도한 음주를 성공적으로 해결하는 데 중요한 구성 요소가 되었다.

에 대한 Ricky의 자기대상 갈망은 그의 해리된 정서 상태를 위하여 의지할 수 있게 있어 주는 모성 인물로서 경험되기를 바라는 내 자신의 자기대상 갈망과 일치했다. 상호주관적 장은 Ricky가 자신의 어지러진 정서 상태를 분명히 표현하고 이것이 수반하는 불안을 견뎌 내기 시작할 수 있는 안전한 맥락이 되었다. 그가 필요로 하는 융합 경험 욕구를 위하여 의지할 수 있게 현존하는 이상화 가능한 인물로서 나와의 전이 관계에서 그는 지지받는 느낌을 갖기 시작했다.

결과적으로 치료가 더 풍성하게 확장되었다. 예를 들어, 말할 때 겉으로 터져 나왔던 거친 표현들은 소심함과 약함의 영역을 드러내는 쪽으로 부드러워지기 시작했다. Ricky는 '불안해요, 화가 나요, 무서워요, 상처를 받았어요' 등과 같은 감정을 표현하는 단어를 사용하기 시작했다. 가장 의미심장한 것은 그가 조심스럽고 대담하게 나에게 직접 말하기 시작했다는 것이다. "이야기해야 할 일이 생겼어요." 나에 대한 암묵적인 신뢰에서 비롯된 취약성을 공유하려는 Ricky의 의지가 있다는 사실을 알게 되면서, 나는 Ricky를 향한 다정함, 곧 모성애적 다정함이 확장됨을 느꼈다. 이것은 Ricky의 이상화와 나의 리딩 엣지 발달을 촉진했을 뿐만 아니라 이어지는 위기를 헤쳐 나가며 유익을 얻을 수 있도록 하는 데 필수적인 기반이 되었다.

위기

위기는 주말에 발생했고 나는 처음에 문자로 그 사실을 알게 되었다. "제가 완전히 망쳤어요." 친구들과 밤을 보낸 후 Ricky는 병원 응급실에서 깨어났고 주소를 모르는 택시 기사가 그를 내려 주었다는 말을 들었다. 처음 몇 잔을 마신 후 기절했고, 기억이 없었다는 사실을 알게 된 그는 두려워졌고, 구역질이 났으며, 매우 수치스러웠다. 우리는 다음 회기까지 문자로 연락을 유지하면서, 그가 어떻게 느끼는지 추적하고 안전하다는 것을 확인한 후 다음 만남에서 다룰 감정에 주목하였다.

이어지는 회기에서 Ricky는 자신의 우울증에 대해 드러내 놓고 이야기하기 시작했다. 그는 슬픔에 휩싸였고, 외롭고 자원이 없다고 느꼈으며, 술과의 관계에 대해 혼란스러워했다. 그는 자신의 우울증에 대해 어머니가 참을성이 없음을 언급했고, 친구들은 그가 대화를 나눌 수 있는 사람들이 아니었다는 것을 발견했다고 말했다. 그는 눈물을 흘리며 압도되어 자신을 멜로 드라마라고 질책하였다. 그는 자신의 거짓 모습을 세상에 보여 주고 진정한 모습을 숨긴다는 사실을 깨달았다고 말했다. 이 모든 대화에서 나는 그가 마음을 여는 것을 조용히 환영하며, 그의 고통을 인정해 주고, 우리가 더 나은 날을 향해 나아갈 길을 찾을 것이라는 나의 확신을 표현하는 것으로 응답했다.

이것은 Ricky에게 고통스러운 에피소드였으며 우리의 대화는 고통을 쉽게 없애지 못했다. 그러나 그것은 Ricky가 감정을 표현하는 단어를 사용하고 위로와 위안을 위해 우리 관계에 직접 호소하면서 자신의 절망과 근본적인 정서에 대해 더 분명하고 진지하게 대화하는 치료의 새로운 시기를 열었다. 이 대화의 내용은 주로 Ricky의 경험을 인정하는 데 초점을 맞추어 거울 반영 욕구를 다루었지만, 이러한 대화의 배경은 내가 자신의 불쾌 정서를 이상화된 수용자(idealized receiver)로서 받아들이기를 바라는 그의 동경이었다. 나는 Ricky가 이전에 함께 알았던 것보다 훨씬 더 깊은 감정 층을 드러낼 수 있도록 만든 것은 나의 리딩 엣지인 모성적 반응과 적극적으로 결합하여 새롭게 노출되고 사용할 수 있는 Ricky의 이상화 리딩 엣지라고 생각한다. 우리의 동맹을 신뢰하고 나를 자신의 절망에 침착하고 한결같이 관여하는 수용자로 경험하면서, 그는 자기 조절과 자기 진정 능력을 발달시키기 시작했다. 내 쪽에서는 나를 신뢰하는 Ricky의 리딩 엣지와 그로 인해 발생하는 유익을 느끼면서, 나는 Ricky가 사용할 수 있는 어머니의 존재가 되기를 바라는 내 자신의 리딩 엣지 동경이 확인되는 것을 느꼈다. 리딩 엣지가 리딩 엣지를 만나면 치료사와 환자 모두가 풍성해진다.

위기의 해결

위기 이후 몇 주, 몇 달 동안 세 가지 중요한 변화가 일어났다. 첫째, Ricky는 AA(Alcoholics Anonymous)에 참석하기로 결정했다. 그는 모임에서 자신을 따뜻하게 맞아 주고 마음이 통하는 감탄할 만한 사람들을 발견하고는 놀랐고 안도했다. 그의 AA 출석은 산발적이었고 술과의 관계 의미에 대해 모호한 태도를 보였지만 알코올 사용을 상당히 줄였고 이것이 건강에 도움이 된다고 적극적으로 느끼고 있다. 최근 당구장에서 사교 모임을 가진 후 그는 "훨씬 더 맑은 정신으로 게임하고 있어요!"라고 문자를 보냈다.

둘째, Ricky는 최고의 자기가 되기 위해 헌신하는 새롭고 건강한 관계를 시작했다. 그는 괴로울 때 파트너에게 마음을 열고 자신의 감정적 경험에 대해 말로 자신을 표현한다. 그는 아무리 어렵더라도 스스로가 파트너의 경험에 열려 있기를 기대한다. 그는 알코올보다 자신의 파트너가 자신의 마음을 더 누그러뜨려 준다고 평가한다. 놀랍게도 그는 자신의 다정한 느낌, 친절하고 관대하게 되는 것의 기쁨, 성숙함과 인내심을 갖고 도전적인 순간에 대처하는 것의 자부심에 대해 나에게 마음을 열고 말해 주었다.

셋째, 그는 자신이 끝내지 않고 남겨 놓았던 학업을 마치기 위해 대학으로 돌아갔다. 나는 리딩 엣지인 모성 감정으로 Ricky를 지나칠 만큼 자랑스럽게 생각한다.

Ricky와 나는 계속해서 많은 일을 해야 한다. 우리는 계속해서 Ricky의 생성적 자기대상 경험과 내 자신의 맥락에서 출현하는, 그의 리딩 및 트레일링 엣지에 주목할 것이다. 이것이 Ricky에게 가능성의 세계를 열어 준 우리가 만든 상호주관적 장이다. 이 상호주관적 장은 Ricky가 자신의 모든 개성이 인정받고 있음을 느끼고, 그에게 중요한 사람들과 친밀감을 느끼고, 어려운 감정을 조절하고, 자신을 달래고, 모든 것에 대해 이야기할 수 있는 능력을 얻을 수 있는 이상적인 모성 인물인 나와 융합된 치료적 관계에서 지속적인 경험을 통해 유익을 얻는 세계다.

제6장

트레일링 엣지로 작업하기

반복의 두려움 해결하기

이 장에서 우리는 상호주관적 자기심리학의 트레일링 엣지에 대한 이해와 치료에 대해 논의할 것이다. 다음 장에서 배우겠지만, 우리는 치료적 변화의 주요 원동력이 온전한 자기대상 유대라고 생각한다. 그 유대 안에서 환자와 분석가는 동조하고 상호 간의 유대에서 자기대상 욕구가 충족됨을 경험함으로써 리딩 엣지라고 불리는 지속적이고 생산적인 협력으로 이어진다. 그러나 ISP는 희망을 표현하고 오랫동안 억제했던 자기대상 갈망의 실현을 위한 조건을 설정하기 위해서 종종 지배적인 트레일링 엣지, 곧 재외상화의 부활에 대한 두려움과 후속 방어기제를 해결해야 한다고 인식한다. 예를 들어, 정신분석 치료를 받는 일부 환자는 치료를 위협으로 느낄 때가 있다. 치료 과정에서 꼭 드러나야 하는 취약성을 위험하다고 느끼는 초기에 이런 일이 자주 발생한다. 그들은 분석가와의 관계를 위험하지 않게 하기 위해 자주 물러서거나 관여를 끊으며 '저항하는' 자세를 취한다. 트레일링 엣지 전이의 표현에 대한 분석가의 반응은 매우 중요하다. 즉, 반복

* George Hagman and Susanne M. Weil

적인 외상에 대한 분석가의 두려움이 활성화되면 치료 관계의 단절을 초래하고, 임상 과정을 방해하며, 아마도 분석가의 트레일링 엣지와 환자의 트레일링 엣지가 비생산적인 상황, 혹은 파괴적인 순환에 갇히게 되어 교착 상태를 초래할 수 있다. 이 장에서는 환자와 분석가의 실패에 대한 두려움과 성공에 대한 숨겨진 동경의 상호작용으로 특징지어지는 이러한 형태의 상호주관적 분리(disjuction)를 탐구할 것이다. 즉, 환자의 트레일링 엣지가 분석가의 트레일링 엣지와 만나는 시점을 탐구할 것이다. 우리는 특정한 분석적 관계를 통해 이러한 상호작용 욕구와 두려움이 효과적인 해석과 치료 변화를 위한 기회뿐만 아니라 치료 교착 상태의 발달에 어떻게 기여할 수 있는지 보여 줄 것이다.

전체적으로 ISP와 일관성을 유지하면서, 이 장의 내용은 환자와 분석가 사이의 심리적 유사성을 주장하는 Bacal과 Thomson(1996)의 획기적인 논문을 기반으로 한다. 특별히 그들은 치료의 전개 역동에서 분석가의 자기대상 욕구를 인식하고 수용하는 중요성을 강조한다. 그들은 다음과 같이 기술한다.

> 분석가의 자기는 일반적으로 피분석자의 진행 중인 자기대상 반응에 의해 유지되며, 분석 기능은 이러한 자기대상 욕구가 크게 좌절될 때 심각하게 방해받을 수 있다(즉, 역전이 반응이 발생함). 치료 기능은 이러한 욕구에 대한 자각으로부터 자신을 보호하기 위한 필요가 감소한 결과로 향상된다.
>
> (Bacal & Thomson, 1996)

이와 같은 관점에서 우리는 치료 전반에 걸쳐 분석가와 환자 모두의 심리적 삶에서 자기대상 욕구와 욕구의 좌절 사이에 활동적인, 어디에나 존재하는 창조적인 긴장이 있음을 인식한다. 이 역동적인 관계는 정신분석적 관계의 진화하는 상호주관적 장의 중요한 부분이다. 이 긴장을 인식하고 사용할 수 있는 분석가의 능력은 분석 과정을 향상시킬 수 있고 방해할 수도 있다.

환자들은 새로워지길 동경하지만, 종종 실패의 반복을 두려워한다. 이러한 생성적이고 반복적인 전이의 차원(Stolorow & Atwood, 1992)은 트레일링 및 리딩 엣지로도 설명되며(Tolpin, 2002) 임상 작업 어디에서나 존재하는 강력한 측면이다. 사실, Bacal과 Thomson(1996)에 동의하여 우리는 반복적이고 생성적인 차원이 치료 관계에 대한 환자와 분석가의 기여를 특징짓는다고 주장할 것이다. 이를 고려하여 우리는 어떻게 자기대상 경험에 대한 분석가의 열망이 환자의 자기대상 욕구를 자극하고, 역설적으로 환자의 반복 두려움과 재외상의 강력한 환상을 활성화하여, 이에 따른 자기보호 반응을 유발할 수 있는지를 보여 줄 것이다. 이러한 '방어적' 반응은 실제로 자기실현적(self-actualizing)일 수 있으며 감추어진 희망을 이용하여 분석가의 욕구와 취약성을 감지할 수 있다. 그러나 분석가는 이러한 반응을 잘못 해석할 수 있다. 자신이 확고하고 '저항적'이라고 믿는 환자와 마주하면 분석가는 이전의 실패(거절, 유기, 학대, 그리고 가장 중요한 수치심)의 반복을 경험하며 자신만의 자기보호 전략에 의존한다. 이런 식으로 선의와 긍정적인 동기를 가진 분석가는 갈등에 갇히거나 '저항'하고 회피하는 환자와의 절망적인 체념 상태에 빠지게 된다. 이러한 방식으로 교착 상태가 발생한다.

리딩 엣지와 트레일링 엣지

전이의 리딩 엣지는 주로 자기대상 경험에 대한 동경을 중심으로 조직된다. 그러나 자기대상 유대에 대한 환자의 상대적 개방성은 환자가 느끼는 안전이나 위험의 정도에 따라 달라진다. 많은 경우 리딩 엣지 노력의 표현이 트레일링 엣지의 두려움과 불안에 사로잡히기 때문에, 리딩 엣지의 희망과 트레일링 엣지의 두려움이 연결된다. 우리 환자 중 한 명은 이것을 '고무줄 효과'라고 설명했다. 그가 마음을 뻗어 생성적 목표를 추구할 때 갑자기 오래된 두려움과 실패 기대에 사로잡혀 후퇴하는 것을 느낀다. 갱신 대신에 반복이 들어오며,

리딩 엣지는 트레일링 엣지 비관론과 두려움에 의해 억제되고 통제된다. 이러한 공동 구성된(co-constructed) 재연에서 자기대상 욕구의 출현은 트레일링 엣지의 두려움을 자극하여 외상 반복을 위협하는 점진적 노력을 억제한다. 반면에 희망은 희망에서 힘을 얻을 수 있다. 환자의 리딩 엣지가 분석가의 리딩 엣지와 만나서 한 쌍의 긍정적 노력을 증폭시키기 때문이다(그러한 온전한 자기대상 연결에 대한 자세한 논의는 다음 장을 참조). 결론은 전이와 역전이의 어느 차원도 상대방에 주의를 기울이지 않고는 이해할 수 없다는 것이다. 사실 두 차원은 모두 다른 차원에서 내용과 힘을 얻는다. 두려움은 동경에서 생기고, 욕망은 두려운 반복에서 벗어나고자 하는 희망에서 강해진다(Ornstein, 1974, 1991). 임상적으로 우리는 환자의 두려움이 그들의 욕구와 동경에서 어떻게 진화할 수 있는지를 보는 반면에 분석가는 그의 더 성숙한 자기대상 욕구를 확인하면서, 환자의 트레일링 엣지를 인식하고 관여한다. 이것을 상상하는 또 다른 더 추상적인 방법은 전이의 두 엣지 사이를 잇는 긴장 호(arc tension)를 시각화하는 것이다. 다른 쪽 극의 수반되는 변화 없이는 어떤 극도 활성화될 수 없다. 동경과 노력의 증가는 두려움과 방어의 강화를 동반한다. 실패의 두려움은 보상과 회복의 욕망을 자극한다. 안전이나 위험에 대한 환자와 분석가의 상대적 경험이 진동함에 따라 둘 중 하나가 전경이나 배경이 된다. 분석가의 희망과 환자의 희망이 합류하여 성장과 자기실현으로 기울어짐에 따라 균형이 최적으로 이동한다.

다음 절에서 우리는 전이의 반복적 차원인 트레일링 엣지에 대한 우리의 이해와 치료에 대한 논의의 전주곡으로서 상호주관적 자기심리학 이론의 기본 구성 요소를 검토할 것이다. 우리 모두가 과거의 외상 및/또는 관계 실패의 반복에 대한 두려움으로 얼마나 씨름하는지 또한 회복적인 자기대상 경험을 얼마나 욕망하는지 보여 줄 것이다. 그리고 우리는 이 두 가지 강력한 환상 조합에 따라 관계를 조직화한다. 밀접한 관계(정신분석에서처럼)의 경우, 전이에 대한 이러한 서로 다른 경향은 상호작용하여 서로 영향을 미치며, 고유한 새로운 구성(configuration)을 조직한다. 때때로 이러한 새로운 구성은 교착 상태로 이어질 수 있다. 그러나 분석가가 이해하고 해결한다면 그러한 교착 상태는 창의적인 변화와 임상적 진전을 위한 기회가 될 수도 있다.

상호주관성으로 돌아가기

이전 장에서 논의한 것처럼 ISP는 심리적 현상을 고립된 정신내적 기제와 고정된 정신내적 구조의 산물이 아니라 상호작용하는 경험 세계의 접점에서 형성되는 산물로 이해하려는 장(field) 이론 또는 체계(system) 이론이다 (Stolorow et al., 1987).

> 주관성의 주요 구성 요소는 조직 원리(organizing principles)다. 이 원리들은 자동적이고 경직될 수 있고, 반성적이고 유연할 수도 있다. 종종 무의식적인 이러한 원리는 한 개인이 정서적 환경, 특히 초기 양육자와의 복합적인 상호 연결에 대한 평생의 경험에서 끌어낸 정서적 결론이다. 이러한 원리는 의식적인 성찰에 사용할 수 있게 되기까지, 그리고 새로운 정서적 경험이 한 개인으로 하여금 새로운 형태의 정서적 연결을 상상하고 기대하도록 이끌 때까지, 이전의 오래된 추론은 자기감(sense of self)을 주제화할 것이다. 이러한 자기감은 어떤 형태의 존재에 대한 관계적 결과의 확신(conviction)을 포함한다.
>
> (Orange et al., 1997)

어떤 사람이든 경험을 조직하게 되는 중심 영역은 중요하고 친밀한 타인과의 관계이며, 여기서 우리는 개인적인 주관적 세계의 주제 구조(thematic structures)에 따라 서로 관계를 맺는다. 이것은 일방적인 것이 아니라 이자적인(dyadic), 상호 구성의 역동적인 상호주관적 과정이다. 역동적 체계 관점에서 이러한 구조 또는 의미 패턴은 지속적으로 활동하는 살아 있는 체계(임상 관계)의 자기 조직화 과정에서 출현한다. 이러한 새롭게 **출현하는**(emergent) 구조 형성은 자기조직화된 패턴으로 통합될 때 그들의 요소 또는 하위체계의 상호 조정 또는 협력적 상호작용으로부터 발달한다(Orange et al., 1997, p. 75). 정신분석학적 용어로 말한다면, 우리와 환자들은 환자의 심리적 삶의 중요한 측면의 소우주가 되는 전이 모체를 공동으로 구축한다. 이를 분석함으로써 환자의 존재를 지배하는 패턴을 명확하게 해석하고 이해하며, 그 결과로 변형시킬 수 있는 초점을 제공한다(Orange et al., 1997).

상호주관적 장을 형성하는, 공동으로 구성된 조직 원리는 임상 관계에서 건강과 병리 모두의 원천이 된다. 이와 관련하여 Stolorow와 Atwood(1992)는 가장 중요한 전이 차원을 **자기대상 차원**과 **반복적 차원**으로 기술한다. 자기대상 차원에 관해서 우리 각자는 형성기간(formative years) 동안 누락되었거나 불충분했을 수 있는 자기대상 경험을 파트너가 제공해 주기를 동경한다. 갈등과 저항의 원천인 반복적 차원에서 우리는 초기 실패 경험의 반복을 예상하고 두려워한다. 이 두 차원은 서로의 감정 상태와 욕구에 대한 다양한 조율과 함께 공동 전이 모체의 경험적 전경과 배경 사이를 지속적으로 오간다. 예를 들어, 분석가가 잘못 조율하여 초기 발달 실패의 외상적인 반복을 예고하는 것으로 경험될 때, 갈등과 저항적 차원은 전경이 되고 환자의 자기대상 동경은 숨겨질 수 있다. 반면에 분석가가 환자의 실패 경험과 그것이 그들에게 갖는 의미를 정확하게 이해할 수 있을 때 자기대상 차원이 회복되고 강화되며 갈등/방어/자기보호 차원은 배경으로 물러나는 경향이 있다.

즉, 상호주관적 장의 안정성은 가변적이다. 치료를 원하는 대부분의 사람은 (심지어 분석가에게도) 불가피하고, 고정되어 있고, 다루기 힘든 것으로 보일 수 있는 상호작용 및 의미의 패턴에 갇혀 있는 것으로 경험한다. 그들의 주관적 세계를 구성하는 이러한 원리는 그 자체로 무의식적이며, 이런 경우 환자와 분석가는 전이를 만드는 자신들의 역할을 인식하지 못한다. 사실 환자는 분석가에 대한 자신의 경험이 객관적으로 '참'이라고 가정하는 경우가 대부분이다. 이러한 알아차리지 못함, 강력한 무의식, 지속적인 동기, 환자가 표현하는 변화에 대한 필사적인 욕망에도 불구하고, 전이는 '심한 교란만이 그들을 파괴시킬 수 있는 강도와 안정성을 가질 수 있다'(Thelen & Smith, 1994, p. 61). 이상적으로 분석가의 파괴적인(disruptive) 힘은 환자의 관계에 관한 외상적이고 반복적인 경험 때문에 숨겨진 채로 남아 있던 자기대상 전이를 동원할 기회를 환자에게 제공하는 데서 나온다. 환자의 취약성을 인식하면서, 분석가는 이해를 전달하고 환자의 정서적 경험에 조율함으로써 환자에게 자기대상 경험의 기회를 제공한다. 그러나 이것은 환자가 준비되어 있거나 더 구체적으로 자기대상 동경의 출현과 관련된 환상과 감정을 경험할 준비가 되어 있다는 것을 의미하지 않는다. 환자의 관계 역사에서 고통과 실패의 양을 고려해 본다면, 자기대상 결속에 대한 동경의 강도는 상당히 강할 수 있다. 이를 염두에 두고 분석가는 환자가 전개하는 임상 관계의 경험(그의 동경, 취약성, 두려움 및 자기보호)에 주의를 기울인다. 그러나 분석가에게 자주 도전이 되는 문제는 환자의 재연 및 정서 상태에 대한 환자 자신의 반응을 용인(tolerance)하며, 관리하고 활용하는 것이다. 그런 맥락에서 분석가 자신의 두려움과 방어가 활성화되는 경우가 종종 있으며, 때로는 치료 과정을 탈선시킨다.

모든 의미 있는 관계는 상호적으로 불러일으키는 전이 패턴을 중심으로 조직된다는 점에 유의하는 것이 중요하나. 정신분석에서 상호주관적 장을 다르게 만드는 것은 그것의 치료적 구조와 기능이다. 치료 작용을 위해 초기 조건에 주목하는 것은 정신분석적 치료의 독특한 점이다. 치료를 받으러 오는 사람은 심리적 고통을 줄이고 행복과 웰빙을 증가시키기를 바라는 일종의 도움이 되는 서비스를 찾는 '환자'다. 이 역할은 대부분의 다른 관계와 분명히 다른 감정적 취약성을 포함한다. 이러한 욕구를 만족시키기 위해 분석가는 환자에게 서비스 제공을 제안한다. 이는 희망적으로 환자의 고통을 줄이고 발달 욕구를 충족할 수 있는 기회를 제공하며 웰빙의 가능성을 높일 것이다. 그러나 또 다른 수준에서 분석가는 어떤 유형의 심리적 유익을 추구하는데, 치료사의 역할을 실행함으로써 자기대상 욕구를 성취하는 것을 포함한다. 놀랍게도 많은 분석가가 실패와 부끄러운 무능력을 두려워한다. 특히 자신이 자기대상 실패와 관계 외상의 역사가 있는 경우에는 더욱 그렇다. 분석가 경험의 이 두 극점 또는 가장자리 사이의 긴장은 치료에서 그 역할을 한다. 또한 분석가의 욕구 및 두려움과 환자의 욕구 및 두려움 사이에는 결합과 분리를 특징으로 하는 역동적인 긴장이 있다. 그러나 궁극적으로 또 운명적으로 환자의 경험과 욕구를 향해 기울어져야 하는 것이 중요하다. 치료사와 환자 각자는 상대와 관련하여 자신을 조직하는 방법을 결정하는 평생의 개인적인 경험을 이러한 치료에서의 역할에 가져온다. 처음부터 치료사와 환자 각자는 과거 모델과 새로운 적응에 맞추어 주관적인 경험을 구성하면서, 상호작용하고 서로에게 반응하기 시작한다. 많은 경우에, 그리고 아마도 모든 치료에서 때때로, 치료사와 환자의 상호 반응은 트레일링 엣지 방어와 자기보호 전술을 수반하는 전이의 반복적 차원이며, 이는 분리 상태로 이어지면서 (환자나 분석가, 또는 아마도 둘 다에 대해) 유발된다. 이는 실현될 수 있는 치료적 기회로 다루어져야만 한다.

우리 중 한 명인 Susanne Weil이 Tom을 치료했던 내용을 담은 다음의 사례 보고서에서, 이러한 분리의 예를 살펴보고자 한다. 보고서에 소개한 치료 관계는 자기심리학자인 우리가 종종 어떻게 환자와의 연결뿐만 아니라 환자의 경험에 공감하고 몰입할 수 있는 기회를 추구하고 있는지 보여 준다. 특히 Tom과 같이 외상을 겪었거나 방치된 환자를 대상으로 하는 작업의 초기 단계에서, 우리의 욕구는 종종 환자의 취약한 감정과 자기보호 전략에 부딪히게 된다. 역설적이게도 우리가 좋은 임상으로 연관시킬 수 있는 기법이 환자에게는 위협이나 적어도 공감 실패로, 혹은 둘 다로 경험된다. 이러한 경우 환자는 저항하거나 꺼리는 것이 아니라, 치료사의 욕구가 지배적이어서 재외상화가 발생할 가능성에 정당하게 위협을 받는 것이다. 어떻게 이러한 분리의 복잡한 영향을 관리하고 협상하는지가 치료의 성공 또는 실패를 결정한다.

Tom

Tom은 어린 두 자녀를 둔 50세의 기혼 아버지였다. 그는 아내와 싸우고 이혼 서류를 제출하거나 짐을 싸서 호텔에 가는 악순환을 더 이상 참을 수 없어 치료를 받고자 했다. 그는 별거를 견딜 수 없었고 빠르게 집으로 돌아갔다. Tom은 그들의 끔찍한 싸움을 이야기하면서 눈물을 흘렸고, 놀랍게도 그가 마지막으로 울었던 것은 〈Good Will Hunting〉을 시청하는 동안이었다고 말했다. 나는 그가 자신의 감정에 접근할 수 있다는 점에서 고무되는 것을 느꼈고, 내가 Tom을 치유하고 또한 치유되는 Robin Williams가 되기를 바랐다.

그는 학교에서 집으로 돌아와 차고 작업대에 앉아 매일 맥주 다섯 병을 의식(ritual)처럼 마셨던 알코올 중독 교사의 아들로서 가혹했던 무색무취한 역사를 묘사했다. 아버지는 조용히 저녁을 먹고 잠자리에 들곤 했다. 누구든지 그의 길에 방해가 되면, 그에게 맹렬한 경멸의 대상이 되었다. 그의 어머니는 불안정했고 비명을 지르거나 발작을 일으키고 한 번에 며칠 동안 집을 비우곤 했다. 돌아올 때면 그녀는 Tom에게 사탕을 사 주고 자신이 저지른 끔찍스러운 행동을 부인하곤 했다. 그녀는 집을 나간 것과 관련해서 어떠한 것도 결코 이야기하지 않았다. Tom은 부모님과 누이로부터 멀어졌다.

나는 Tom에게 이런 환경에서 자란 것이 그에게 어떤 영향을 미쳤다고 느꼈는지 물었다. 그는 사람들과 함께하는 방법을 모른다고 말했다. 그는 무례하고 도전적이며 모든 사람과 다투었다. 그는 “누군가가 정말 나를 다치게 하지 않고 여기까지 왔다는 게 놀랍다.”고 말했다. 그런 다음, 그는 관계 맺는 방법을 배웠다면 지금과는 다른 삶을 살았을 것이라며 한탄했다. 다시 한번, 나는 그의 성찰할 수 있는 능력에 고무되었고, 인정, 안정 또는 신뢰를 경험하지 않고 자라면 다른 사람들을 자신의 삶에 받아들이는 것이 매우 끔찍스러운 것이라고 말해 주었다. 그것이 우리에게 어떤 의미가 있을지 의아해했지만, 우리 관계가 어떤 식으로든 변할 수 있다는 희망을 품었다.

상담 회기에서 Tom은 아내와의 불화에 집중했다. Tom이 아내에게 제기하는 문제를 중심으로 이루어진 그들의 관계 패턴은 Tom을 쉽게 불안정하게 하였다. 아내는 어떤 과실도 부인하였고, Tom은 자신이 파악한 진실을 인정하도록 아내를 몰아붙였으며, 아내는 Tom이 경험한 것을 고집스럽게 부인하였다. 이것은 분노에 찬 공격으로 이어지곤 하였고, 그의 아내는 Tom이 분노 조절에 문제가 있거나, 더 나쁘게는 그가 미쳤다고 생각하곤 하였다. 그는 이 반복되는 경험을 '불공평하다'고 표현했다. 그에 대한 다른 표현들은 없었다. Tom의 세계에서 그가 똑같이 할 수 없다면, 그녀도 그것을 해서는 안 된다고 생각했다. 그는 대칭을 원했다. 나는 부모에게 뭔가 불공평하고 무시당하고 있다고 항의하는 어린아이를 그려 보았다.

나는 반응받지 못하고 거절당한 끔찍한 감정에 공감했다. 나는 그가 가족에게 이런 일이 발생했을 때, 부모의 잔인함에 의한 고통에 압도되지 않기 위해, 얼어 버리곤 했을 것으로 상상된다고 말해 주었다. 또는 다른 측면에서 보면, 그들이 가한 학대를 그가 어떻게 용감하게 견딜 수 있는지 보여 주기 위해 거는 싸움이었을 것이다. "맞아요." 그가 말했다. "하지만 저는 무엇을 해야 하죠?" Tom은 아내와의 관계적 어려움에 과거가 어떻게 영향을 미쳤는지 탐구하고 싶어하지 않았다. 그는 자신의 가족에 관한 이야기를 구성하였고, 그것은 이제 고정되어 있었다. 그는 내가 구체적으로 직접 개입하기를 원했다.

여기서 나는 그의 핵심 조직 원리 중 하나에 주의를 기울이지 않았다. 내가 마음을 열고 내 감정을 표현하면 무언가 끔찍하게 나빠질 것이다. Will Hunting을 치유하려는 나의 동경은 친밀감에 대한 Tom의 깊은 불안과 충돌했다. 분리가 발생하고 장이 바뀌었다.

그 후 몇 주 동안 나는 내 자신이 그의 몸에 있는 감정을 끌어내려는 거대한 지렛대라고 상상했다(그는 폭발적인 행위로 이어지는 많은 긴장과 근육통이 있다고 설명했다). 나는 그에게 아내에 의해 악마화되는 고통에 대해 이야기하도록 격려했다. 그녀는 지속적인 관리가 필요한 심각한 암에 걸렸다. 나는 그들의 싸움이 그녀를 상실하는 고통으로부터 거리를 두려는 방법일 수 있다고 말해 주었다. 그는 일관되게 "저는 상관하지 않아요."라고 대답했다. 나는 그의 냉담한 반응에 충격을 받았지만 해리의 가능성으로 이해했다. Tom의 모든 초기 관계 외상 외에도 그는 9 · 11의 생존자였다.

나는 Tom의 과거 외상의 징후를 알고 있었지만, 그가 자신이 소중하다고 느끼도록 도와야 한다는 강한 충동을 느꼈다. 어렸을 때 유기 위협을 받았던 내 자신의 외상 이력(나중에 그와 나누었음)은 또 다른 외상 손실을 막기 위해 Tom과 과도하게 상호작용하도록 나를 자극했다. 나는 아내와 위기에 처한 Tom과 토요일에 만나기 시작했다. 그가 헤지 펀드에서 일을 잘하고 있음에도 불구하고 상담료를 낮추기로 동의했다. 나는 그의 아내를 참여시키기 위한 구체적인 전략을 제안했고, 심지어 그와 함께 역할극을 하기까지 했다. 이러한 대화가 끝날 때마다 그는 "보세요, 저는 엔지니어예요. 어떻게 해야 할지 말씀해 주셔야지요." 내가 (적어도 마음속으로는) 그렇게 해 왔다고 시사했을 때, 그는 이 상담이 희망이 없다고 반박했다. 나는 거부당함과 분노를 느꼈다. 혼돈이 뒤따랐고, 그와 함께 이 불협화음의 세계에서 나를 신뢰하는 대신, 그것을 통제해야 할 필요성과 그것이 효과가 없다면 나 자신을 그로부터 멀리할 필요성을 느꼈고, 버림받는 것에 대한 두려움이 커지는 것을 느꼈다. 이것은 병리적인 형태를 띠게 되었다. 혼란(upheaval)을 이해하기 위해 증상들을 검토했다. 나는 Tom을 PTSD와 해리의 사례로, 또는 그가 혼란형 애착으로 고통받거나 자폐 스펙트럼에 있다고 상상했다. 심지어 '건조한 알코올 중독자'라는 표현까지 붙여 보았다.

나는 우리가 전이의 반복적 차원으로 이동했음을 인식했지만, 이러한 '통찰'에도 불구하고, 그가 또 다른 부부싸움을 피해야만 한다는 절박감을 주체할 수 없었다. 생명을 위협하는 암에 걸린 여성과 무고한 두 자녀가 자신을 회복하려는 Tom의 욕구로 인해 더 큰 피해를 입을 것이라는 불안감에 사로잡혔다. 나의 공포는 '내가 무엇을 해야 하지?' 하는 끊임없는 잡념과 그에 따르는 무능함의 압박과 결합되었다. 어린 시절 가족이 상실과 슬픔으로 인해 붕괴되는 것을 겪었던 아이로서(나의 반복적인 차원) 나는 이러한 취약한 감정과 함께 혼자 남겨질 두려움으로 인하여, 그가 기꺼이 제공한 기회를 놓치고 있었다. "내가 선생님을 좌절시키는 것 같아요." 그는 놀랍게도 자기 인식을 갖고 말했다. "아니요." 나는 그에게 소리쳤다. "저는 그저 당신을 이해하려고 하는 겁니다." 그 순간, 나의 자기 보호의 욕구로 인해 나는 Tom의 연결 요구를 보지 못했고, 우리의 분리는 더욱 견고해졌다.

Tom은 아내와 함께 낳은 아이들에게 떠나겠다고 말할 것이라고 했다. 나는 그가 그런 행동을 할 준비가 되어 있지 않다는 것을 알았고 그가 자신의 아이들을 무기로 삼고 있다는 사실이 무서웠다. 나는 이것이 그의 가족에게 얼마나 파괴적일지 말해 주었지만 그는 내 말을 듣지 않았다. 나는 그에게 내 삶의 무언가를 그와 나누어도 괜찮은지를 물었다. 그는 놀란 표정을 지으며 내가 이것을 꼭 해야 하는지 물었다. 나는 그렇다고 생각하지만 그가 동의하는 경우에만 그렇게 하겠다고 말했다. 그는 고개를 끄덕였다. 그런 다음 나는 큰아들과 같은 나이인 어린 시절에 부모님 중 한 분에 의해 버려질 위협에 처했었던 이야기를 들려주기 시작했다. 우리 부모님은 영아인 아들, 곧 나의 남동생을 막 잃었었고, 그날 그들은 매우 심하게 다투었다. 다툼이 가열되었을 때 그 스트레스에 압도된 아버지가 떠나겠다고 말했다(그는 떠나지는 않았다). 그 순간은 내 존재에 각인되어 영원히 내 일부가 되었다. 나는 이것보다 더 큰 공포를 알지 못한다고 Tom에게 말했다. 그는 아무 말도 하지 않았다.

그가 너무 취약하고 해리되었기 때문에 관계적 해석을 활용할 수 없다고 생각했음에도 불구하고, 나는 그가 다른 사람들과 상호작용하는 것과 비슷한 방식으로, 친밀한 연결의 가능성을 차단하기 위해 도발적이고 고집스럽게, 나와 좀 더 조용한 방식으로 재연하는 중이라는 생각을 제안했다.

그에게 다가가려는 나의 절박함은 계속되었다. 나는 그가 혼란스러울 때 자신의 감정을 말로 표현할 수 없게 되며, 아내에게 이별을 위협하여 그녀의 불안을 활성화시키는 것이라고 제안했다. 그녀는 그가 어떻게 느꼈는지 알았을 것이다. 그리고 결국 나도 그랬다. Tom은 이에 공감했고 아내가 대기업을 운영하기 때문에 그들이 자주 참석해야 하는 사교 행사에 가기 전에 무언가 일이 크게 잘못될 것이라는 깊은 두려움을 느꼈다고 말했다. 이 불안을 표현하지 못하고 아내를 위로의 원천으로 삼지 못했기에, 그는 그녀를 혼자 두고 떠나겠다고 위협했다. 나는 그 순간에 그에게 가장 필요한 것은 분리가 아니라 연결인 것 같다고 말했다. 그가 아직 부드러운 손길을 믿지 않으며, 항상 자신을 보호하고, 공격받을 준비를 하고 있다는 것을 이해한다고 말했다. 이 말을 한 후, 나는 그가 내 말을 듣고 있다는 것을 느꼈고 상호주관적 장이 바뀌고 있다고 상상했다. Tom도 그것을 느꼈고, 그가 얼마나 편안하고 안락하게 느끼기를 동경했는지 말했다. 나는 우리가 연결된 순간을 경험했다고 느꼈다. 재정렬하여 우리는 계속했다.

Tom과 나 사이에서 우리가 순간적으로 보다 안정적인 상태로 전환할 수 있도록 상호작용했던 모든 힘을 알지 못한다. 내가 내려놓을 수 있게 한 것은 무엇이었을까? Tom이 진정되게 할 수 있었던 것은 무엇이었을까? 무한한 가능성이 있다. 그러나 중요한 것은 체계 정보(system-informed)에 입각한 분석가로서 우리는 열린 마음, 호기심, 유연성, 존중심을 유지하고 불확실성을 엄격하게 수용하도록 지속적으로 도전해야 한다.

논의

Tom에게 적용했던 상호주관적 자기심리학 치료의 초점은 치료사인 우리와의 치료 관계 맥락에서 환자의 주관적 경험이다. 환자와 분석가 사이의 모든 교류는 감정, 환상, 의미 등의 측면에서 이루어진다. 주관적 경험은 항상 유동적이고 모호하며 복잡하고 상황에 민감하다. 물론 이것은 이동하는 모래 위에서 치료를 수행하는 것처럼 느껴질 수 있다(Stolorow et al., 1987). 환자와 분석가는 치료 과정을 구체화하고, 이해를 체계화하며, 궁극적으로 알 수 없고 혼란스러운 주관적 현실에서 실체와 신뢰성의 느낌을 제공하는 관계적 은유를 구체화하려고 한다. 취약한 사람들은 외상의 반복을 예상하고 방지하기 위해 어린 시절에 형성된 공포스러운 패턴을 중심으로 자신의 경험을 조직화할 수 있다. 예를 들어, Tom과 같은 환자는 친밀한 관계의 두려움으로부터 보호하기 위해 '무엇을 해야 하는지 지시받기'를 원한다. 엔지니어로서 그는 '직선적이고 구체적인 개입'이 마음을 열고 재외상을 입을 위험 없이 자신의 욕구를 충족시킬 것이라고 상상했다. 반면에 분석가는 환자의 감정과 환상을 다룰 준비가 되어 있지만(아마도 동경하며), 조언자의 역할로 축소되어, 거부되었다고 느끼기까지 한다. 따라서 사례 보고서에서 보았듯이 Tom의 반응 철회는 Susanne의 치료 기능을 방해하는 반응을 촉진하여 그녀의 역전이를 활성화했다(Bacal & Thomson, 1996). 그 결과 치유에 대한 Susanne의 환상과 동경이 돌봄을 받는 것에 대한 Tom의 두려움과 충돌하여 분리가 일어났다. 전이에 대처하고 전이의 자기 부분을 가능한 활용하려는 그녀의 노력을 담은 Susanne의 보고서는 ISP 치료사가 트레일링 엣지에 참여하는 작업을 생생하게 보여준다.

이러한 유형의 분리가 해결되려면 해석에 전이와 역전이의 두 차원, 특히 둘 다 상호적으로 결정되고 상호의존적인 방식이 포함되어야 한다. 많은 노력 끝에 Susanne과 Tom은 두려움과 욕구, 재연과 해석 사이의 균형이 발견되는 인식의 순간을 만난다. Susanne은 Tom 내부에서 일어나는 연결과 이해에 대한 동경과 방어하고 거부하는 욕구를 필요로 하는 두려운 취약성 사이의 어려운 투쟁을 간결하게 표현한다. 치료사가 '되는' 방법을 찾기 위한 오랜 투쟁 끝에 Tom의 압도적인 딜레마를 분명히 표현할 수 있기 위하여, Susanne은 확인과 감정적 공명에 대한 절실한 욕구를 제쳐 둘 수 있었다. 역설적이게도 Susanne

의 해석이 옳다고 Tom이 확인한 순간은 그녀가 그토록 간절히 원했던 연결의 순간이었다. 그러나 그녀가 마침내 성공을 거둔 것은 임상적 이해를 위해 개인적인 욕구를 포기했을 때였다. 그들의 작업은 계속된다.

결론

분석가가 치료 과정에서 자신의 자기대상 욕구를 경험하는 것은 불가피하지만, 결국 환자가 충분히 혜택을 받으려면 이러한 욕구는 본질적으로 성숙해야 한다. 거울 반영, 이상화 또는 쌍둥이 경험의 만족보다, 분석가는 능숙하고 효과적인 전문 기법의 임상을 통해 성숙한 자기대상 욕구를 충족시켜야 한다. 다시 말해 충분히 좋은 분석가가 되는 경험을 가져야 한다. 그러한 역할을 수행하려면 공감, 객관적 평가 및 자기 인식을 하나로 엮는 것을 허용하는 지적이고 정서적인 자세를 배양해야 한다. Susanne이 Tom과의 작업에서 언급했듯이, 환자와 우리 사이의 이러한 유형의 교착과 분리를 인식하고 관리하려면, 우리는 방심하지 않은 채 철저하게 자기 성찰적이어야 한다. 우리의 동기는 우리에게 항상 더 복합적이고 불확실하며 심지어는 모호할 수도 있다. 그러므로 우리는 결코 우리 자신을 액면 그대로 받아들여서는 안 된다. 우리는 우리가 다루고 있는 것의 대부분이 겉보습이며 우리가 알고 있는 것보다 훨씬 더 애매하고 복잡하다는 것을 알고 있다. 우리는 우리의 이해를 부드럽게 그리고 종종 조용히 유지한다. 우리가 이해한다고 생각한 것이 실제로 틀렸거나 적어도 부분적으로만 인식할 가능성이 높기 때문에, 해석은 한동안 잠정적일 수 있다. 반면에 Susanne과 Tom의 보고서 마무리 부분에서처럼, 때로는 불확실성이 갑자기 바뀌어 우리가 명확한 이해의 진술을 하게 되고, 심지어 환자와 직면하게 될 수도 있다(아마도 절박함 속에서). 그것은 환자가 필요로 하며 우리를 활용할 수 있는 상태가 되었기를 희망하는 순간이다. 따라서 상호주관적 자기심리학 치료의 임상 과정은 계속 진화하고, 새로이 출현하고, 다양한 가능성에 열려 있다. 우리는 환자를 이해하려고 노력하지만 주어진 순간에 그들이 달성하려는 것이 무엇인지 완전히 이해하지 못할 수도 있다. 반면에 환자의 주관적 경험에 대한 관심, 호기심, 유연성 및 존중을 유지하는 것이 중요하다. 궁극적으로 우리는 그들이 의미 있고 가치 있는 자기감을 조직하고 유지하는 방식의 정당성을 인식해야 한다. 환자의 동경에 반응하는 분석가, 환자의 취약성을 인식하고 조율하는 분석가, 환자가 두려워하고 소망하는 것을 이해하는 분석가, 환자가 위험을 감수하도록 도전하는 동안에도 자기보호의 욕구를 존중하는 분석가, 환자의 고유한 강점과 풍부한 자원을 알아보고 동원하는 분석가는 환자가 신뢰할 수 있고 변화를 추구하는 과정에서 활용할 수 있는 분석가가 될 것이다.

제**7**장

리딩 엣지로 작업하기
자기대상 동맹이 온전한 경우

이 장에서 우리는 온전한 자기대상 동맹(tie)과 그것이 어떻게 상호주관적 자기심리학의 치료에서 자기발달의 리딩 엣지를 지원하고 촉진하는지 탐구한다. 온전한(intact) 자기대상 동맹이란 환자와 분석가의 자기대상 전이와 자기대상 역전이가 동조(sync) 상태를 유지하고, 공감적 조율의 실패로 인한 동맹의 붕괴가 최소화되거나 일어나지 않는 분석 관계에서의 공유된 경험을 의미한다. 치료적 관계에서 지속적이고 온전한 자기대상 동맹은 상호주관적 장을 지배하게 된 두 참여자의 리딩 엣지 노력을 표현할 수 있도록 허용한다. 마지막으로 심층 사례 토론을 통해 ISP 치료의 리딩 엣지이자 치료 주체(agent)인 온전한 자기대상 동맹을 촉진하고 유지하는 방법을 보여 줄 것이다.

자기심리학자들은 Kohut의 뒤를 이어서 환자와 분석가 사이의 온전한 자기대상 동맹의 변형적/치료적 특성을 개념화하는 것을 무시했을 뿐만 아니라, 리딩 엣지 전이 해석의 정당한 변형적 효과를 인식하지 못했다. 대신 자기심리

* Harry Paul, Peter B. Zimmermann, and George Hagman

학자들은 공감적 파열/회복 순서의 중요성과 전이의 트레일링 엣지 차원(분석가와의 관계에서 표현되는 환자의 결함, 공포 및 방어)에 대한 해석을 강조했다. 우리는 트레일링 엣지에 대한 해석 작업의 중요성을 충분히 인식하고 있지만, 자기심리학자조차도 정신병리와 붕괴(disruption)에 초점을 맞춘 결과, 진행 중인 자기대상 관계에 대한 적극적인 토론으로부터 이론화된, 온전한 리딩 엣지 해석이 제공하는 중요한 성장 촉진 역할을 적절하게 설명하지 못했다고 생각한다. 환자 또는 분석가가 시작한 토론을 추가할 수 있다. 우리는 온전한 자기대상 관계에 대한 전이 기반 해석이 치료 협력을 확대하고 심화하여 성공적인 치료에 적극적으로 이바지할 방법과 이유를 보여 줄 것이다.

Freud의 정신분석학은 무의식이었던 것을 의식화하는 해석을 강조했다. 그리고 제멋대로인 이드(Id)에 대한 이성의 힘이 치유의 근거가 된다고 주장했다. 해석은 더 큰 인식과 합리성의 확장으로 이어지는 전이 왜곡을 다루는 것으로 생각되었다. 기술적으로 분석 작업은 원시적 욕망과 환자의 방어 메커니즘, 즉 환자의 병리를 탐구하는 것이었다. 나중에, 여전히 Freud를 따르는 다른 사람들은 '치료 동맹', '작업 동맹' 또는 '현실 관계'와 같은 용어를 사용하여 분석적 관계의 비병리적 측면의 중요성을 인식했지만 이러한 측면을 해석할 필요는 없다고 생각했다. 왜냐하면 그것들은 전 분석적이고 추가 전이적이기 때문에 성장이나 구조와 관련하여 가치가 없다고 여겼기 때문이다. 전이의 이러한 긍정적인 차원은 우리가 Marianne Tolpin의 작업(2002)을 바탕으로 전이의 트레일링 엣지라고 부르는 현실 작업, 무의식적 환상의 해석, 방어 및 저항에 대한 중요한 배경 지원으로 간주되었다. 최적의 좌절이나 공감 실패 순간 이후에야 정신 구조가 형성된다는 생각과 같은 Kohut의 고유한 개념들은 고전적인 정신분석적 사고에 근거한 개념들이다. 자기대상 전이 유대와 자기대상 경험이 전체 치료 노력의 핵심으로 인식된 후에도 Kohut과 그의 추종자들은 여전히 그것들을 추가 분석적이며 효과적인 분석을 위해 필요하긴 하지만 임상적으로 중립적인 요구 사항으로 여겼다.

고전적인 분석 치료 모델과 일관되게 Kohut은 자기심리학적 치료가 두 부분 시스템에 기반을 둔다고 믿었다. 첫 번째 단계는 이해를 포함하고 두 번째 단계는 설명을 포함한다. 치료 이론에 대한 자기심리학의 기여는 성장이 일어나기 위해서는(예: 자기 구조 구축) 자기대상 전이의 형태로 방해받았던 발달적 욕구가 재활성화되어야 한다는 것이었다(Kohut, 1984, p. 100). 분석가의 역할은 자신의 해석을 통해 전달된 이해로 인하여 이러한 자기대상 동경의 출현에 대한 장애를 해결하는 것이었다. 그러나 Kohut은 자기대상 욕구의 성공적인 표현 이후에도 자기구조 구축은 오직 동원된 자기대상 욕구의 최적의 좌절을 통해서만 발생하며, 이는 변형적 내재화(transmuting internalization)로 귀결된다고 믿었다. 그는 자신의 마지막 저서에서 정신분석적 치료는 그가 **최적의 좌절**(자기대상 욕구의 비외상적 좌절)이라고 부르는 것과 함께 환자 치료사와의 연결이 끊어지고 환자가 분석가의 기능을 맡을 수 있을 때만 발생할 수 있다고 결론지었다. 이때 환자는 치유를 시작할 수 있고 궁극적으로 이 과정을 여러 번 반복한 후에 치료를 얻을 수 있다. 따라서 Kohut은 자기대상 전이를 치료 과정의 필요요소이지 충분요소가 아니라고 보았다. 그의 고전적인 정신분석 훈련과 일관되게 Kohut은 여전히 분석가의 해석을, 특히 자기대상 동맹의 붕괴에 대한 환자 경험의 해석을 충분조건으로 보았다. 이는 변형적 내재화가 일어날 것이라 생각될 때, 환자가 분석가의 해석 기능을 자신의 자기 구조의 일부로 받아들일 때 발생한다.

Marian Tolpin은 그녀의 획기적인 논문인 「Compensatory Structures: Pathways to the Restoration of the Self」(Tolpin, 1997a)와 「Doing Psychoanalysis of Normal Development: Forward Edge Transferences」(Tolpin, 2002)에서, 자기심리학자로서 교정 경험의 중요성을 인식했음에도 불구하고, 여전히 개인의 발달은 파열되었지만 최적으로 좌절된 경험에서 진행된다고 생각했다.

다른 한편으로, 정신분석에 정통한 자기심리학자들이 환자에 대한 분석가의 지속적인 정서적 이해로 정의되는 **최적의 반응**(optimal responsiveness)에 대해 말하기 시작한 것은 Howard Bacal(1985)의 주요 작업과 함께였다. Bacal은 분석가의 **최적의 반응**과 분석 관계에서 환자의 **교정적 자기대상 경험**을 연관시킴으로써, 특히 자기심리학적 관점에서 이 개념을 정교화했다(Bacal, 1990). 최적의 좌절과 변형적 내면화라는 개념을 뒤로하고 Bacal은 개인의 성장이 환자와 분석가 사이의 지속적인 정서적 동맹의 결과로 발생한다고 선언했다. 그러나 Bacal이나 Tolpin 누구도 **유지되고 파열되지 않은** 자기대상 경험 그 자체의 임상적 가치를 고려하지 않았고, 온전하고 파열되지 않은 자기대상 전이 해석의 치료적 힘을 개념화하지도 않았다.

Bacal에 동의하면서 Tolpin의 작업에 기반하여, 우리는 분석가와 환자가 역동적이고 **생성적**(generative)인 임상 작업에 참여할 수 있는 치료적 맥락을 제공하는 것은 온전한 자기대상 동맹을 지속적으로 경험하는 동안 분석가의 반응과 공감적 조율이라고 생각한다. 이 기간 동안 환자는 지속적인 안전감과 분석가와의 고조된 참여(heightened engagement)를 경험하며, 그 결과 분석가가 그에게 제공해 주는 심리적 및 실용적인 자원을 보다 효과적으로 사용할 수 있다. 이 장은 환자와 분석가 사이의 지속적이고 필수적인 협력 기간(period of collaboration)에 초점을 맞출 것이다.

요약하면, 우리는 치료적 관계의 분석이 동맹이 파열되었을 때만 일어난다는 전통적인 자기심리학적 개념에 도전하고 있다. 우리는 ISP 이론에 중요한 추가 사항을 제공하고자 한다. 자기대상 동맹(리딩 엣지)이 온전할 때 제공되는 전이 해석은 트레일링 엣지 해석과 마찬가지로 중요한 심리치료 기능을 가지며 환자와 함께 탐색하고 정교화하는 중요한 영역을 구성한다. 치료가 잘 진행되고 있다고 해서 이 긍정적인 감정 차원을 분석하고 활용하는 것이 치료 과정에 기여할 수 없는 것은 아니다. 환자와 치료사 사이의 온전한 리딩 엣지 경험에 대해 분석적 빛을 비추는 것이 정신 치료 과정에 대한 우리의 이해를 넓히고 확장시킨다는 것이 우리의 주장이다.

온전한 자기대상 동맹: 전이의 리딩 엣지

Kohut은 종종 자기대상 경험의 지탱해 주는 역할을 생존과 성장에 필요한 일종의 심리적 산소로 언급했다. 자기대상 동맹이 온전하거나 치료가 환자와 분석가의 리딩 엣지를 중심으로 조직된다는 것은 환자와 치료사 모두가 호흡할 수 있게 해 주고 나름의 방식대로 살게 해 주는 인지적/감정적 산소의 꾸준한 흐름이 있음을 의미한다. 현실적으로 이 흐름은 중단될 수 있다. 그러나 잘 기능하는 분석적 관계에서 피할 수 없는 기복과 자기대상 환경에서 이상적으로 조율되지 않은 반응의 사례는 모두 비외상적 범위에 있다. 그렇기 때문에 우리는 이러한 실패가 치료적 변화의 주된 책임이 아니라고 주장한다. 다시 말하면, 은유적 소통(metaphorical airflow)의 비외상적인 방해가 있다면 그것이 아주 적다고 해도 환자가 더 강하게 성장하지 않는다. 하지만 이러한 파열이 발생했을 때, Kohut이 보여 주었듯이 어떻게 분석되는지가 본질적으로 자기 경험의 긍정적인 변화를 가져온다. 모든 살아 있는 유기체는 중단 없이 꾸준한 산소 공급을 받을 때 최적으로 자란다. 심리적으로 거울 반영 경험, 이상화된 인물과의 융합 경험, 쌍둥이 경험은 이러한 심리적 산소의 구체적인 자원의 예다.

다시 말해, 시간이 지남에 따라 최상의 조건에서도 자기 경험은 상호주관적 장에서 지속적인 변동과 미세한 파열에 영향을 받는다. 따라서 자기대상 경험의 신뢰성은 항상 양육자의 적절한 조율에 달려 있으며, 나중에는 그 미세한 파열을 관리하고 공감적으로 해석하여 비외상적 범위 내에서 유지하도록 조정을 해 주는 분석가에 좌우된다.

자기대상 동맹이 손상되지 않으면 발달 라인이 복원되고, 깨지기 쉽거나 미약하게 확립된 자기 상태가 강화되며, 새로운 자기 상태 또는 자기 경험의 차원이 발견되고 전개된다. 그 결과, 환자는 분석가와 참여하기 시작하고 이어서 세상과 연결되기 시작하며 자신의 야망, 능력 및 이상에 따라 자기를 실현하는 조치를 취할 수 있다. 그리고 자신에 대한 새롭거나 창발하는 디자인/비전을 반영한다. 그는 건강하고 견고한 자기감의 발달에 필요한 지속적인 방식으로 욕망하고 동경했던 자기-자기대상 경험을 갖게 된다. 이는 사랑과 일, 자기 성찰과 자기 주도권을 위한 새로운 능력으로 나타난다. 이 새로운 능력은 자신을 위해 사려 깊은 행동을 취할 수 있는 능력을 의미하며, 우리 모두가 자신이 누구인지 깨닫고 그런 존재가 되기를 동경하기 위해 가져야 하는 능력이다. 우리는 이것이 지속적이고 건강한 자기감의 강화와 정신 구조의 발달로 이어진다고 생각한다.

또한 우리는 자기감의 건강한 발달과 성장에서 Kohut이 식별한 세 가지 주요 자기대상 전이의 지속적인 중요성을 강조한다. 발달 과정에서 이상화 대상인 치료사와의 신뢰할 수 있는 융합 경험은 정서 조절 능력을 향상시키고 불안과 우울증과 같은 고통스러운 정서를 감소시킨다. 거울 반영 자기대상과의 연결은 자존감과 자신감 및 활력의 향상으로 이끈다. 그리고 쌍둥이 경험은 자신에 대한 정체성과 신뢰감의 발달과 강화로 이어진다. 이러한 경우 자기대상 전이가 시간이 지나도록 지속되면 자기 경험이 안정된다. 잘 확립된 자기감, 자기주도권, 자기 및 타인에 대한 신뢰로 강화된 사람은 더 많은 자신감과 활력 및 지략을 가지고 세상과 관계를 맺으며 적극적이고 창의적으로 자신의 길을 협상하고 행동 프로그램을 실현하며, 더 나아가 자신이 유능하고, 사랑스럽고, 바람직하다는 느낌을 확고히 하는 것 등……. 결국, 리딩 엣지 작업의 경험은 환자의 자기 경험에서 불가피한 파열에 대한 최적의 또는 충분히 좋은 반응을 또한 포함한다. 어떤 사람이 좌절, 실망, 실패 경험 또는 한계를 겪는다면, 이 모든 것이 자기애적 균형, 정서적 균형 및 자기감의 붕괴를 가져오며, 그 순간 분석가의 조율은 리딩 엣지에서 작업하는 형태로 나타난다. 다시 말해, 이 말은 온전한 자기대상 유대는 파열이 발생하지 않는다는 것을 의미하지 않는다. 분석가의 조율된 반응은 사용 가능하고 일관되며 내구성이 있음을 의미한다. 이것이 자기의 성장과 변형을 가능하게 하는 치유 경험이다.

치료 상황

환자와 치료사로서 우리는 주관적 세계의 관점을 통해 치료 상황을 바라본다. 이를 통해 우리는 서로의 경험을 조직하고 관계에 개인적인 의미를 부여한다(Stolorow et al., 1987). 우리의 주관적 세계는 우리가 한 사람으로서 누구인지의 총합으로 구성된다. 그것은 인지 및 언어 능력, 지식, 경험, 기억과 같은 모든 측면을 가진 우리의 의식으로 구성된다. 환상적 삶, 꿈의 세계, 전 의식적 조직 원리, 억압되고 해리된 경험과 기억 등 모든 차원을 가진 우리의 무의식 세계도 마찬가지다. 기쁨, 슬픔, 욕망, 분노, 절망, 의기양양, 자부심, 야망, 수치심, 죄의식, 불안과 같은 감정과 정동 상태는 물론 우리의 동경과 희망, 공포와 두려움도 포함된다. 마지막으로 우리의 주관적 세계는 우리의 성격 구조, 기질, 유전적 기질, 생물학적 구성 및 신체적 구성을 포함한다. 이 모든 다양한 차원은 우리 자신과 우리가 관여하는 세계를 경험하는 수단으로 우리의 독특한 주관성을 구성한다.

치료 상황에서 환자와 치료사의 주관적 세계가 함께 모여 독특하고 복잡한 '상호주관적 장(Atwood & Stolorow, 1984)'을 생성하며, 치료 관계에 대한 참가자 각자의 경험은 이 상호작용의 고유한 역동에 의해 형성된다.

그러니 주관적 세계가 독특하고 특이한지에 관계없이, 우리가 주관적 세계에 따라 구성하는 의미들은 직면하는 현실에 공정함(justice)을 갖추어야 한다. 이 부분에서 Stolorow의 상호주관성 이론과 우리의 견해가 달라진다. 그는 주관적 세계와 당면한 현실 세계 사이에 필연적인 대응이 없다고 보는 관점을 가졌기 때문이다(Stolorow et al., 1999). 반면에 우리는 이해되고 인식되어야 하는 객관적 세계가 있다고 주장한다. 우리의 주관적 세계는 세상을 성공적으로 항해할 수 있도록 외부 현실에 대한 우리의 경험과 그 안에서의 우리 위치에 대한 경험을 적절하게 포착하고 구성해야 한다. 그렇지 않았으면, 속담에 있듯이 이미 오래전에 검치호랑이(검모양의 송곳니를 가진 호랑이)가 우리를 삼켜 버렸을 것이다. 달리 말하면, 그 세계관이 치명적인 것으로 판명되기 전에, 우리는 호랑이가 그저 귀여운 동물이라고만 생각하는 한계가 있다. 주관적 세계의 '대상-적합성(object-adequacy)' 정도가 높을수록 대인관계의 세계를 포함하는 현실을 성공적으로 관리할 수 있는 능력이 향상된다.

다시 말해, 객관성을 희생시키면서 주관성에 특혜를 주는 포스트모던 경향에 맞서 우리는 주관적 세계가 객관적 세계와 상응해야 한다는 주장을—그 주장이 아무리 복잡하고 잠정적인 것으로 판명되더라도—내려놓지 않는다. 이것은 우리가 사랑과 일을 추구하면서, 생존하고 삶을 영위하기 위해서는, 우리와 환자들의 주관성이 당면한 현실을 정당하게 평가할 수 있는 방식으로 조직되어야 함을 의미한다.

이 연결이 끊어지고 우리가 직면한 세계가 현실에 근거하지 않은 주관적인 세계뿐이라면, 더 이상 사실과 진실 및 객관성에 대해 말할 수 없다. 임상 지식과 관련하여, 환자가 정신병적 세계관에 더 가까이 이동하고 있는지 아니면 자신이 살고 있는 세계에 상응하는 대상 적합한(object-adeguate) 적응으로 더 가까이 나아가고 있는지 더 이상 확신할 수 없다.

따라서 치료의 작업은 환자의 주관적 세계를 변형하고 발달시켜 우리가 살고 있는 현실을 정당하게 평가하여, 환자가 세상을 보다 성공적으로 항해할 수 있도록 하는 것이다. 이 관점은 원칙적으로 치료사의 주관적 세계가 환자의 주관적 세계보다 더 높은 수준의 대상 적합성을 가질 것을 필연적으로 요구한다. 어떤 순간에는 그 반대의 경우가 될지라도 그러하다. 환자와 치료사 사이의 치료적 대화에서 우리는 항상 이 딜레마에 직면하는데, 그런 이유에서 우리는 환자와 우리 자신의 '중심 조직 원리(the central organizing principles)'(Stolorow et al., 1987)에서 탈중심화할 수 있는 능력을 창조하는 것을 목표로 한다. 이를 통해 우리는 주관적 세계를 구성하는 방법과 그에 따른 경험을 알 수 있다. 분명히 알 수 있듯이 우리의 주관적 세계로부터 탈중심화한다는 생각 자체가 객관적 세계의 존재를 함축하고 있다. 사실, 우리의 경험에서 '탈중심화'될 때 우리는 일시적으로 우리 자신의 주관성을 객관적 세계의 일부로 취급하고, 그것의 의미를 해독하고 관리하는 것을 중요한 현상으로 취급한다. 환자가 자신의 경험에서 탈중심화하고 반성하는 능력을 발달시키는 것은 심리치료의 주요 성과 중 하나이며, 이는 치료사 기법의 핵심이기도 하다.

ISP에서 우리는 환자의 주관적 세계를 변형하고 발전시키는 치료 과정을 환자의 주관적 세계의 트레일링 엣지와 함께 작업하는 것과 리딩 엣지와 함께 작업하는 것으로 구분했다. 리딩 엣지는 환자의 희망과 동경으로 구성되며 환자가 자기 발달을 완성하기 위해 필요한 환자와 치료사의 유대, 곧 환자의 생성적 전이를 구성한다. 트레일링 엣지는 환자의 공포와 두려움으로 구성되고, 환자의 방어적이고 자기보호적인 적응과 성격 구조에서 나타나는 환자의 반복적 전이를 구성하며, 이는 자기 발달을 회복하기 위해 훈습되고 변형되어야 한다.

환자는 리딩 엣지 희망과 트레일링 엣지 두려움을 치료 관계에 가져온다. 그리고 환자에게 진실인 것은 치료사인 우리에게도 진실이다. 우리 역시 우리의 리딩 엣지인 동경과 희망, 그리고 트레일링 엣지인 공포와 두려움을 치료 상황에 가져온다. 그리고 환자와 치료사의 리딩 엣지와 트레일링 엣지의 교차점이 임상적 상호주관적 장의 핵심을 구성한다. 왜냐하면 환자의 두려움 및 동경이 우리의 두려움 및 동경과의 상호작용 속에서 전개될 때, 우리는 환자의 두려움을 훈습하고 변형시키며 건강한 동경의 출현을 환영하는 치료 상황 내에 있을 수 있기 때문이다.

이는 물이 산에서 바다로 흘러가는 것처럼 저절로 일어나지 않는다. 오히려 그러한 노력에는 능동적인 치료사가 필요한데, 그는 자신의 리딩 엣지 동경과 트레일링 엣지 두려움을 인식한 채 환자와 참여한다. 치료사 자신은 환자와 관련하여 진화하는 두려움과 공포를 이해하고 훈습하기 위해 노력하며, 환자의 리딩 엣지가 펼쳐지도록 촉진하기 위하여 치료 과정을 안내한다. 우리의 모든 치료적 개입과 제안은 이 목표를 위해 제공된다. 이 목표는 노력이나 갈등 없이는 이루어지지 않는다. 트레일링 엣지의 두려움과 공포를 훈습하는 것은 리딩 엣지의 동경과 희망으로 작업하고 이를 촉진하는 것과 마찬가지로 노력과 기술을 필요로 한다.

반복적인 트레일링 엣지 전이를 훈습하고 해결하기 위한 치료적 도구는 해석이다. 최상의 경우, 이는 환자의 주관적 세계의 변형을 가져온다. 우리는 환자에게 부적응적인 것으로 입증된 것을 조명하고 변형시키기 위해 해석을 제공한다. 우리는 다음과 같이 말할 수 있다.

> 당신과 당신의 여자 친구의 관계에 대한 나의 질문이 당신을 비하하고 관계에 대한 당신 아버지의 비판을 상기시켜 주었다는 점을 고려해 볼 때, 나는 당신이 나로부터 자신을 보호하고 싶은 욕구를 느꼈기 때문에 나로부터 물러나고 싶어 한다는 것을 이해한다.

트레일링 엣지에 대한 이러한 해석은 환자의 주관적 세계에서 중요하고 비판을 두려워하여 사람들과 관계를 맺는 능력을 제한했던 방어적 적응을 해체하는 것을 목표로 한다. 우리의 해석은 이러한 특별한 기존의 자기 경험 구조를 변형시키는 것을 목표로 한다. 이 기존의 자기 경험 구조가 활성화되면, 리딩 엣지의 동경과 희망을 표현하는 데 방해가 되기 때문이다.

반면에 리딩 엣지로 작업하는 치료적 도구는 **최적의 반응**(Bacal, 1985) 또는 우리가 **조율된 참여**(attuned engagement)라고 부르기로 한 것이다. 최적의 반응이 있을 때 치료사는 환자의 자기대상의 욕구를 정확하게 이해하고 반응함으로써, 환자에게 이러한 욕구를 충족시킬 기회를 제공하여, 그 결과 환자의 발달적 성장을 촉진하는 방식으로 환자에 적극적으로 관여한다. 다시 말해, 치료사로서 우리는 반응할 뿐만 아니라 환자의 현저한 자기대상 전이 동경을 이해하기 위해 상호주관적 장에 적극적으로 참여하고 있다. 우리는 환자의 동경과 욕구에 관여하는 자기대상 전이를 위해 모습을 나타낸다. 이는 리딩 엣지의 활성화 및 전개를 허용하는 것이다.

최적 및 단계적으로 적합한 조율된 참여를 통한 리딩 엣지의 재생, 전개 및 유지는 진화하는 환자의 주관적 세계의 구조화, 통합 및 응집을 초래한다. 따라서 우리가 환자의 리딩 엣지에 관여할 때 모든 노력은 그것을 심화시키고 유지하는 것을 목표로 한다. 트레일링 엣지에 대한 해석이 반복적 전이를 해소하고 기존 자기 경험의 구조적 변형을 가져오는 것을 목표로 한다면, 리딩 엣지에 대한 조율된 참여는 발달을 촉진하고 새로운 자기 경험의 강화(consolidation)를 촉진하는 정서적 환경을 조성하기 위해 확립된 자기대상 전이를 심화시키는 것을 목표로 한다. 따라서 모든 심리치료의 성공 여부는 다음 두 단계에 달려 있다. ① 트레일링 엣지 전이의 훈습과 ② 리딩 엣지 전이의 전개를 촉진하는 것이다. 트레일링 엣지의 훈습이 종종 필요조건을 구성하지만, ISP의 치료적 작업을 위해서는 결코 충분하지 않다. ISP에서 치료를 위한 충분조건은 리딩 엣지의 전개다(제3장 참조).

이에 비추어 우리는 다음과 같은 해석 지침을 제공한다.

1. 트레일링 엣지 해석: 트레일링 엣지가 전경에 있을 때 환자는 치료와 치료사를 자기 경험에 대한 위협으로 경험한다. 환자는 도움받기를 기대하기보다 치료 관계의 지금 여기에서 과거의 트라우마가 반복되는 것을 두려워한다. 그 결과, 외상 경험의 두려운 반복에 대한 보호로서 방어 형태의 자기보호 조치가 활성화된다. 따라서 트레일링 엣지의 출현은 환자가 치료사와의 경험을 지배하는 반복 전이의 지배를 받고 있으므로, 항상 해석이 필요하다. 트레일링 엣지가 해석되지 않은 상태로 남아 있으면 반복 전이가 재연되고 방어가 구축된다. 최선의 경우에도 어떠한 변형이나 치유가 일어나지 않을 것이며, 최악의 경우에는 치료사와의 동맹이 파열되어 치료가 위협받을 수 있다.

트레일링 엣지는 치료사에 대한 불평, 저항, 비난, 분노 및 격노를 동반하는 화려한 재연 및 반복적 패턴의 형태로 시끄럽게 나타날 수 있으며, 더 나쁜 경우에는 병리적인 순응의 형태로 미묘하게 나타날 수 있다. 두 적응 모두 방어적이기 때문에 진정한 치료적 참여를 배제한다. 따라서 치료사는 이러한 트레일링 엣지 공포들을 해석하고 반복적 전이를 해결하기 위해 노력해야 한다. 이러한 훈습 과정은 자기 경험에 구조적 변형과 리딩 엣지가 출현하기 위한 조건을 생기게 한다.

더욱이 트레일링 엣지의 훈습은 이어서 진짜 자기대상 동경을 출현시키고, 자기대상 전이에 대한 동경을 확립하며 발달시킬 것이다. 그때에야 리딩 엣지가 전경으로 옮겨 갈 수 있다.

이 시점에서 환자는 치료와 치료사와의 관계 유대를 갈망하는 자기대상 전이 또는 생성적 전이를 확립하는 기회로 경험하기 시작하며, 이로써 새로운 구조의 획득을 촉진하고 자기의 성장과 발달을 가져온다. 이 과정에는 치료사의 리딩 엣지와의 조율된 참여가 요청된다.

2. 리딩 엣지와의 조율된 참여: 리딩 엣지가 치료의 중심 무대에 올랐을 때 그 결과는 치료사가 반드시 등장하여 '희망의 덩굴손'을 펼치는 것으로 나타난다(Tolpin, 2002). 이것은 환자가 자신의 자기대상 동경이 치료사로부터 받아야 할 최적의 참여로 충족되는 경험을 했음을 의미한다. 환자의 리딩 엣지 전이 동경의 지속적인 충족 경험은 새로운 자기 구조의 획득과 자기 경험의 강화를 촉진한다.

리딩 엣지 치료 작업은 무엇으로 구성되는가? 리딩 엣지가 관여되면 환자는 정서적 성장, 심리적 발달 및 자기 강화(self-consolidation)에 필요한 정서적 영양분을 받고 있다고 느낀다. 따라서 우리의 모든 치료 반응과 참여 방식은 환자에게 필요한 리딩 엣지 경험을 유지하는 것을 목표로 한다. 리딩 엣지 유대에 대한 해석은 트레일링 엣지의 해석과 달리 유대 자체의 경험이 치유적이므로 요구 사항이 아니다. 이는 환자가 치료사와의 관계를 스스로 의식하게 만드는 경향이 있으므로 치료 초기에는 권장되지 않는다. 사실, 리딩 엣지에 대한 성급한 해석은 다음과 같다. "당신이 생기 넘치게 자신의 잠재력을 펼치는 것을 내가 기뻐하기 때문에, 당신은 오늘 살아 있다고 느끼고 있어요."와 같은 해석은 환자로 하여금 자의식이나 심지어 수치심을 느끼게 할 수 있고, 이로써 자기대상 욕구의 출현과 관련된 불안과 공포를 유발하며, 따라서 역설적이게도 자기대상 동맹을 약화시킨다. 그러므로 리딩 엣지 해석 시기에 관한 결정은 자기대상 욕구의 활성화 대 반복적인 공포에 대한 환자의 취약성을 인식하여 이루어져야 한다. 필요한 것은 치료사가 각 환자의 리딩 엣지 전이가 무엇인지 이해하는 것이다. 치료사와의 상호작용에서 펼쳐지는 환자의 리딩 엣지 전이를 특징짓는 자기대상 동경과 취약성을 이해해야만, 우리는 최적으로 조율된 참여로 대응하는 방법을 알 수 있다. 이러한 인식은 치료 상황에서 환자의 치유 및 성장 생성(growth-producing) 경험을 보호하고 촉진한다.

그러나 리딩 엣지에 대한 해석은 특히 치료의 중간 및 후기 단계에서 나타난다. 그 이유는 종종 치료사의 조율된 참여에 대한 환자의 경험을 강화하여 생성적인 상호주관적 장을 강화하기 때문이다. 일단 적극적으로 참여하게 되면 생성적 전이는 심리적 성장과 새로운 자기 구조의 구축 및 통합을 촉진하는 정서적 맥락을 구성한다. 잘 확립된 치료의 환자와 치료사 간 상호주관적 장에서 견고하고 공유된 리딩 엣지 전이/역전이가 지속되는 경우, 리딩 엣지에 대한 해석은 자기대상 동맹을 더욱 강화하는 데 도움이 될 수 있다. 이는 그러한 해석이 치료사가 환자의 자기대상 욕구에 대해 참여하려고 헌신했음을 전달하기 때문이다. 마지막으로, 종종 환자는 리딩 엣지에 대한 토론을 주도하는데, 이는 더 많은 참여, 증가된 자기 인식, 자신과 타인에 대한 더 큰 공감, 수치심과 굴욕에 대한 취약성 감소의 표시일 수 있다.

요약하면, 해석은 리딩 엣지의 확립 및/또는 유지를 지원하거나 치료 관계에서 그 표현을 촉진하는 경우에 시행된다. 리딩 엣지에 대한 해석이 자기대상 동맹 욕구에 대한 자의식과 수치심을 유발한다면 시행하지 않는다. 이는 리딩 엣지에서 그 동경에 적극적으로 초점을 맞추고 명확하게 표현하는 결정은 임상적인 것임을 의미한다. 그것은 우리 치료와 관련된 모든 질문과 마찬가지로 특정 시점에 환자의 잠재적인 반응에 의해 결정된다.

다음 임상 보고서는 자기대상 동맹이 손상되지 않은 상태에서 리딩 엣지로 작업한 예다.

Michael

Michael은 5년 동안 치료를 받아 온 70세 남성이다. 그는 성인 생활의 대부분을 비임상적 우울증으로 고생했다. 그는 5년 전 아내가 알코올 중독 합병증으로 사망하기까지 45년 동안 결혼 생활을 했다. 이 시점에서 그는 일주일에 세 번 치료를 시작했다.

그의 아내는 성인이 된 후 대부분의 시간 동안 알코올 중독으로 고생했지만, 그녀와 Michael은 서로에게 깊이 헌신된 부부였다. 그는 자신의 사업과 법률 사무소를 운영했다. Michael은 한 명의 직원만 두고 일했는데, 그가 압도적으로 어렵다고 인식했던 역할인 '보스'가 되는 것을 많이 두려워했기 때문이다. 그는 종종 주중에 출장을 떠나 고객을 방문하고 주말에 집에 돌아와 아내가 술에 취해 있는 상황을 발견했다. 결혼 초기에 그녀는 짧은 성적 연애를 가졌었다. Michael은 결혼 전이나 결혼한 후에도 성행위를 할 수 없었다.

Michael은 5피트 8인치(약 172cm)이고 치료 시작 시 체중은 220파운드(약 100kg)였다. 현재 그의 몸무게는 200파운드(약 90kg)다. 1969년 아이비리그 대학과 로스쿨을 졸업했을 때 몸무게는 180파운드(약 81kg) 미만이었다. 그는 모든 기준에서 매우 성공적이었다. 업무를 위해 여행할 때 Michael은 유능한 전문가였으며 매우 친절하고 특별하게 유능했다. 그는 자신의 사회 생활에 자부심을 느끼고 있었다. 예를 들어, 그는 업무로 출장 시나 집에 있을 때 자주 동일한 레스토랑을 선택하여 모든 웨이터와 주인을 알고 지냈다. 그러나 지난 50년 동안 사귄 친구를 나열해 보라고 하면 몇몇 고객과 개인 은행원을 제외하고는 어려움을 겪곤 하였다. 그가 여태 자각하지 못했지만, 이제 그는 여성들에게 덜 매력적으로 보이기 위해 수년에 걸쳐 체중을 늘렸다는 것을 이해하게 되었다. 그는 성적 행위를 할 수 없었고 어떤 상황에서든 자신을 단호하게 주장해야 하는 상황을 원하지 않았다. 예나 아니요를 말하는 것은, 여성에게 아니요라고 말하는 것을 포함하여 어떤 개인적인 상황에서도 극도로 괴로운 일이었다. 따라서 그는 업무적인 관계의 경우가 아닌 한, 남성 또는 여성과의 거의 모든 관계를 거부했다. 사업 파트너, 웨이터 또는 식당 주인은 자신을 '밖'으로 표현할 수 있는 유일하게 안전한 사람들이었다.

그는 자신의 비즈니스 생활의 한 상황을 묘사하였는데, 그때 자신의 모습이 개인적 삶에서 그렇게 될 수 있기를 소원한 인물이었다고 생각한다. 잠재적인 고객과 케네디 공항으로 함께 가는 동안 그와 고객은 아직 계약을 체결하지 못한 상태였다. 공항에 도착하여 고객이 샌프란시스코로 가는 다음 여행에 관해 이야기하고 있을 때, Michael은 아주 즉흥적으로 "나도 같이 비행기를 타고 샌프란시스코에 가서 저녁을 먹으며 이야기를 계속할 수 있다."라고 말했다. 거래는 성사되었다. 그러나 그보다 중요한 것은 그가 살아 있고 활력이 넘치는 자신을 느낀 것이다. 그가 되고 싶었던 사람이었다.

Michael은 아내가 세상을 떠난 직후 치료를 시작했다. 그 당시 그는 우울하고 기진맥진했으며 에너지가 거의 없다고 불평했고 회기에서 종종 눈물을 흘렸다. Michael의 아내는 그의 삶의 거의 모든 부분을 관리했는데, 그가 전문적인 부분 이외의 영역에서는 상처, 수치심, 불안 및 탈진 등에 극도로 취약했기 때문이었다. 그녀가 세상을 떠났을 때 그는 움직일 수 없었다. 치료의 초기 몇 달은 종종 자신을 비판하고 그녀의 생명을 구하지 못한 것에 대한 자기 경멸로 이어졌다. 그는 자신의 삶에서 어떤 일이 잘못되었다면 그것은 틀림없이 자신의 잘못일 것이라는 인식을 하고 있었다. 그는 아내의 알코올 중독과 관련해 그녀를 더 도울 수 있어야 했다. 계속해서 드는 생각은 '왜 내가 충분히 중요하지 못했거나, 아내가 술을 끊을 만큼 그녀에게 중요하지 않았을까?'였다.

이 두 가지 생각이 올라올 때마다 그는 '이런 감정을 느끼지 않아야 한다는 것을 알지만'이라는 말로 이야기를 시작했다. 그의 염려는 내가 어떤 식으로든 그의 자기비판에 참여할 것이라는 점이었다. 치료의 초기 단계에서 나는 그가 아내의 알코올 중독에 책임이 있다고 생각하지 않았을 뿐만 아니라 그의 감정도 타당하다고 느꼈다는 것을 알도록 그를 도왔다. 그리고 우리는 그가 왜 그렇게 느꼈는지 이해해야 했다. 나는 그의 자기 비난이 역사적 뿌리를 가지고 있음을 제시했다. 그가 스스로에 대해 공감할 수 있다면(그가 인정했던 것이 부족했다), 잘못했다는 느낌을 덜 갖게 될 것이고 그 느낌 때문에 갖게 된 죄책감을 덜 느낄 것이다.

자기 의심과 자기 성찰에 대한 질문은 충분히 이해할 수 있지만 자기 비판의 그물에 갇히는 것은 공정하지 않으며 그에게 도움이 되지도 않는다고 말했다. Michael은 내가 비슷한 감정과 질문을 나눌 때 도움이 되었다고 말했다. 그런 다음 그는 더 정상적으로 느껴졌다고 했다. 나는 이 순간에 전이의 쌍둥이 차원이 펼쳐지기 시작한다고 생각한다. 그러나 대부분의 경우, 이상화 자기대상 전이 환상의 생성적 리딩 엣지가 전경에 있었다.

나는 마지막 단락에서 '우리는 이해해야 했다'라고 썼다는 것을 알아차렸다. 상호주관적 맥락에서 작업할 때 나는 종종 '우리'가 함께 작업하고 있음을 환자에게 전달하기 위하여 '우리' 같은 단어를 사용한다.

치료 초기 몇 달 동안 Michael은 너무 피곤하다고 말하면서, 열 번 회기 중 한 번 정도 못 오는 경우가 많았다. 이것은 고갈되었다는 느낌이 들었다는, 그래서 잠을 자는 것이 더 나을 것이라는 그의 코드였다. 그는 또한 아내의 죽음에 대한 죄책감과 자책감에 압도되었다. 우리는 보통 오전 8시에 만났다. 그는 침대에 머물면서 삶에서 도피하려고 하였다. 침대에서 식사하느라 신문, 피자 상자 및 기타 잔해가 침대와 그의 주변에 어지럽혀 있었다. 나는 이것이 긴장을 풀기 위해 가끔 침대에서 휴식을 취하는 것이 아니라, 삶과 그의 감정에서 체계적으로 탈출하는 것을 의미한다고 보았다. 그것은 위태로운 자기 응집력을 유지하려는 자기보호의 한 형태였다. 누군가와의 상호작용은 심리적으로 위험했다. 그는 성인이 되어서 거의 대부분의 시간 동안 이 전략에 의존해 왔다.

그가 처음 회기를 빠지기 시작했을 때, 나는 내가 무엇을 했거나 하지 않았었는지를 자신에게 질문했다. 그가 회기를 빠지는 것은 공감 실패로 인한 상호주관적 장의 파열을 반영한 것이며, 그래서 우리로부터 자신을 거리 두려고 한 것이었을까? 회기에서 내가 말했거나 말하지 않은 것으로 인해 상처를 받았을까? 나는 내 역전이의 힘을 인식하게 되었다. 내 취약성과 강렬한 불안이 그가 회기를 빠졌을 때 그를 추적하거나 비판하곤 했던 것일까? 그러나 나는 이러한 실패가 거의 항상 공감의 실패로 인한 것이 아니라 나를 포함하여, 아내 없이 모든 관계를 처리하는 Michael의 어려움을 반영한다는 것을 금방 인식하였다. 내 자존감이 안정을 유지하게 되었을 때, 나는 그가 왜 그렇게 느꼈는지, 그리고 왜 그가 잠자리로 들어가야 하는지 이해하도록 도울 수 있었다. 내가 Michael이 나를 반영해 주기를 원하는 나의 트레일링 엣지로 물러나지 않았기 때문에, 상호주관적 초점은 그의 트레일링 엣지와 그가 무엇을 두려워하는지 이해하는 데로 모아졌다. Michael은 자신이 무엇으로부터 탈출하고 있는지 전혀 몰랐고, 자신이 무엇을 느끼는지도 몰랐다. 그의 생각은 그저 철수하여 혼자 있으면서 위로와 위안을 찾아야 한다는 것뿐이었다. 그는 “그냥 피곤해요.”라고 말하곤 하였다. 나는 그가 끔찍한 악순환에 사로잡힌 느낌이 든다는 것을 이해한다고 말했고, 그가 자신의 행동에 대해 비판하고 격노하여 더욱 고갈되고 물러났음에도 불구하고 거기에서 탈출해야 할 필요성을 이해하지 못했다고 말했다. 나는 이것이 그에게 공정하지도 않고 공감적이지도 않지만, ‘우리’가 이해할 수 있는 것임을 강조하였다.

나는 Michael이 치료와 우리 관계에 깊이 몰두한다고 확실히 믿었다. 트레일링 엣지의 힘을 분명하게 인식하면서, 나는 그가 왜 회기를 빠져야만 했는지, 그리고 자신을 고립시켜야만 했는지 이해한다고 Michael에게 말했다. 나는 그가 자신을 너무나 나쁘고 취약하게 느끼기에 나를 포함한 모든 사람을 피해야 했음을 이해한다고 그에게 말했다. 그는 우리의 대화가 자신에 대해 느끼는 안 좋은 감정만을 반영할 뿐이며, 그렇게 되면 기분이 더 나빠질 것이라고 확신했기 때문에, 스스로를 나를 포함한 사람들로부터 소외시켜야 했다. 결국, 나 역시 Michael 자신에 대한 그의 절망을 공유하게 될까 봐 두려워했다. 어떻게 내가 그것 외의 다른 것을 느낄 수 있었을까? 그는 자신이 무가치하다고 느꼈고 우리가 말을 하면 그가 이미 느꼈던 것을 내가 단지 확인할 수 있을 뿐이거나, 아마도 내가 자신을 더 나쁘게 말을 할까 봐 두려워하였다. 이 모든 것을 염두에 두면서 나는 그가 왜 뒤로 철수해야 하는지 이해하게 되었다고 설명했다.

그는 점차 내가 홀로 있고 싶어 하는 그의 욕구를 수용한다는 것을 이해하게 되었고, 내가 그에게 화를 내지 않은 것에 안도했다. 처음에 그는 잠자리에 들고 싶은 자신의 욕구가 남에게, 심지어 나에게조차 보여지는 것에 대한 불안과 관련이 있다는 것을 부인했다. 그럴 리가 없다고 처음에는 반박했지만, 그는 누군가와 맺는 관계 형태가 과거 아버지와의 관계에 뿌리를 두고 있다는 것을 이해하게 되었다. 다시 한번, 나는 그의 두려움은 타당하게 생긴 것이며 그가 나를 비롯한 다른 사람들로부터 격리되어야 하는 이유를 이해한다고 말했다. 그는 자신의 감정이 논리적이지는 않지만, 나에 대한 그의 두려움이 아버지의 학대와 거의 항상 아버지 앞에서 느꼈던 공포 및 혼란과 직접적인 관련이 있다는 것을 이해하게 되었다. 이 모든 것은 치료 첫해에 종종 전경에 있었던 Michael의 트레일링 엣지를 구성했다. Michael은 아버지를 자신에게 비판만 했던 분으로 경험했다. Michael이 어떤 식으로든 감히 자신을 주장하면 아버지는 무자비하게 그를 처벌하였다. 어머니는 그를 보호해 주지 않았다. 세 아이를 키우는 일로 지쳐 있었던 어머니는 아버지의 적대성 앞에서 수동적으로 반응했다.

그가 자신의 행동을 이해하도록 돕고, '우리'가 함께 그것을 이해할 수 있다는 것을 알려 주자 그는 크게 안도하였다. 나는 그가 혼자서는 결코 자신을 이해할 수 없었지만, 나와 함께 위험을 감수하면서 치료에 감히 마음을 열었을 때, 그가 다르게 느낄 수 있는 기회를 얻게 되었다고 말했다. 그는 거의 모든 회기 후에 기분이 좋아졌다고 말하기 시작했다.

회기 사이에, 그가 이해할 수 없는 외부 사건에 의해 촉발된 자기 경멸과 심리적 마비 상태로 되돌아가곤 하였을 때, 두 가지 입장의 해석이 그에게 가장 도움이 되었다. 첫째, 그의 감정이 아주 깊이 자리 잡고 있어서 벗어날 수 없다고 느끼기에, 그렇게 느끼는 그의 감정은 일리가 있다고 해석해 주었다. 둘째, 그가 회기를 떠날 때 거의 항상 기분이 좋았지만, 우리가 새롭게 공유한 이해력은 아직 그의 예전의 '침대' 감정을 상쇄시킬 만큼 충분한 힘이 없다고 말했다. 하지만 이 힘을 곧 갖게 될 것이며, '우리'가 참여하는 과정이 유기적으로 전개되길 희망한다고 해석해 주었다.

'주체로서의 우리(we)'와 '대상으로서의 우리(us)'는 리딩 엣지의 힘이다. 이 사례에서 생성적 이상화 자기대상 전이가 Michael의 심리적 경험 안에 점점 더 많은 공간을 차지하였다. 때때로 '우리'는 형과의 쌍둥이 관계를 반영한다는 생각도 들었다. Michael은 그가 자신의 감정을 실제로 이해하기 시작할 수 있다는 사실에 놀랐고, 내가 그에게 무언가를 말한 후에는 자주 다음과 같이 말했다. "오, 저는 그것에 대해서 그런 식으로 생각해 본 적이 없어요." 또는 "그게 그렇게 말할 수 있는 좋은 방법이네요." 아니면 "아, 정말로 딱 맞는 말씀이에요." 물론 이것은 나 스스로 유능한 치료사로 인식하고 있음과 나의 리딩 엣지를 반영하였고, 우리 사이의 지배적인 차원이었던 이상화 자기대상 전이 환상을 점점 더 확증했다.

이러한 논의의 맥락에서, Michael은 외할아버지가 가졌던 꿈과 그의 연민, 그리고 한 인간이자 전문가로서의 Michael을 향해 외할아버지가 보였던 신뢰를 보고했다. Michael과 나는 그의 할아버지와의 관계에 대해 이야기했다.

Michael의 할아버지는 그에게 생명의 은인이었고 그가 진전시켜야 했던 성공적인 비즈니스 연결망을 위한 본보기였다. 나는 또한 그에게 그의 할아버지가 우리와 함께 상담실에 같이 계셨고, 그것이 그와 내가 키워 가고 있었던 관계의 기초라고 해석했다. Michael은 동의했다.

Michael은 부끄러움이나 굴욕 없이 우리의 관계에 대한 논의를 받아들였다. 그는 자신에 대한 감정을 관리하는 데 도움이 되는 '우리'가 필요하다고 인정했다. 나는 그가 느끼는 것을 이해할 수 있는 '우리'의 편안함에 대해 그에게 말했다. 그는 아내가 술을 마시지 않을 때 아내와의 편안한 관계 가운데 종종 이런 감정을 느꼈음을 연상하면서, 우리가 같은 지점을 찾을 수 있다는 사실이 그에게 위안이 된다고 말했다.

논의

치료 첫해 동안, Michael이 상담에 오기는 했지만, 나는 5분, 10분 정도 후에 그가 지치고 고군분투하고 있음을 느낄 수 있었다. 나는 그에게 피곤해서 그만하고 싶은지 여러 번 물었다. 한 번 이상 그는 회기를 중단하고 종료하겠다는 내 제안을 수락했다. 이러한 순간에 대한 추가 대화에서, Michael은 회기가 시작되기 전에는 자신이 그렇게 피곤한지 몰랐다고 설명하거나 뭔가를 말해야 할 것처럼 자신을 몰아갔다고 설명하곤 했다. 우리가 회기를 중단할 때마다 그는 회기를 중단해 주는 것에 대한 감사를 먼저 표했다. 우리의 대화에서 그가 자신을 주장하는 것, 즉 우리가 말할 때 '평등한 관계에서' 대화하는 것이 그에게 매우 어렵다는 것을 보여 주었다. 다시 말해, 그는 자기 자신과 자신이 느끼는 것을 신뢰하는 것과 그것을 나 또는 다른 사람들에게 자신을 주장하는 것이 어렵다는 것을 보여 주었다. Michael이 자기주장을 한다고 말할 때 '평등한 관계에서'라는 말은 우리끼리 사용하는 언어의 일부가 되었다. '평등한 관계에서'라는 말은 발전해 가고 있는 리딩 엣지의 '우리'를 반영한다.

초기에 빠졌던 회기들은 Michael의 두려움과 불안인 트레일링 엣지를 예시하였다. 그러나 지난 몇 년 동안 Michael이 회기에 오지 않았을 때 나는 이것이 트레일링 엣지가 아니라 리딩 엣지를 예시한다고 생각하게 되었다. Michael은 자신이 회기에 오지 않기를 원한다면, 자유로이 그렇게 하였고, 그것에 내가 동의할 것을 알고 있음을 약간의 안도감과 자부심을 갖고 말하곤 하였다. 가장 최근의 오지 않은 회기들에 대해, 자신이 회기에 오지 않은 것은 이제 그가 좀 더 우리 관계에서 '우리'가 반영된 '평등한 관계에 있음'을 보여 주는 것이며, 이것이 자신을 주장하는 예시라고 선언하였다(나는 그것을 수용하였다). 리딩 또는 트레일링 엣지가 전경 또는 배경에 있다는 것을 인정한다면, 이 예시에서 Michael이 자신을 주장하고 회기에 오지 않는 것은 대부분 이상화된 자기대상으로서 나를 신뢰하고 있다는 것과 리딩 엣지가 전경으로 이동하는 것을 보여 준다. 그는 내가 이해할 것이며, 그의 자기주장을 완전히 받아들일 것을 알았다.

전개되는 이상화된 자기대상 전이의 일부로서 Michael은 자신이 느끼고 욕구했던 것을 내가 이해할 수 있다는 것에 놀랐다고 말했다. 그는 나와 그에 대한 나의 이해를 의지하게 되었다. 그는 또한 자신이 느끼고 있는 것이나 자신이 직면하고 있는 상황에 대한 나의 다른 관점을 고마워한다고 말했다. 우리 대화의 '우리' 안에서 위로의 대화는 아내나 할아버지와의 관계에서의 '우리'와 연결되는 경우가 많았다. 나는 그가 우리 관계를 포함한 모든 관계에서 '우리'를 느꼈을 때 그가 최선을 다하고 있으며 더 자유로이 자신을 표현하고 주장한다는 것을 느꼈다고 말했다. 이는 리딩 엣지에 대한 해석이 리딩 엣지의 견고화로 귀결된 사례를 구성하며, 이는 그의 발달하는 주체의식으로 드러났다.

이상화하는 자기대상 전이에 대한 이 모든 논의에서, 그 논의를 내가 시작한 것이든 그가 시작한 것이든, Michael은 점점 더 편안해지고 자기 확신을 느끼게 되었다. 우리 관계에 관한 논의는 그가 느꼈던 편안함과 안전이 진짜라는 것을 그에게 확인시켜 주었다. 우리 둘 다 이것을 느꼈고 이것에 관해 이야기하면서 그의 경험을 구체화하고 확인했다. 우리는 이제 우리의 관계가 그의 안녕에 얼마나 중요한지를 이해하는 환상을 공유했다. 이상화하는 자기대상 전이의 중요성에 대한 공유된 환상은 치료의 초석이 되었다.

나에게 이해를 받는 것이 얼마나 좋게 느껴지는지 이야기하는 과정에서 Michael은 자신이 30세 때 치료를 시도했지만 성공적이지 못했다고 말했다. 분석가는 그를 소파에 눕혀서 일주일에 한 번 치료했고, 이에 대한 Michael의 경험은 치료사가 거의 한마디도 하지 않았다는 것이다. 사실 그는 치료사가 한 번 이상의 회기에서 잠들었다고 생각했다. 이 논의의 과정에서, Michael은 내가 활발하게 대화하고 참여적인 것에 대해 고맙게 생각한다고 말했다. 다시 이 대화에서, 나는 그가 다른 의미 있는 사람과 연결되어 있다고 느낄 때 그가 최선을 다하고 있다고 생각하며 이전 치료에는 '우리'가 없었다고 대답했다. 나는 환자가 좋은 작업 관계를 형성하도록 돕는 데 치료사가 얼마나 책임이 있는지 언급했다. 그는 항상 이전의 치료 실패에 대해 자신을 비난했었는데, 아내의 알코올 중독이 자신의 책임이 아닌 것처럼 모든 것이 자신의 잘못 때문만은 아니라는 생각에 안도했다.

치료 3년 차에, 그가 자신의 외로움과 섹스 파트너를 전혀 만나지 못할 것이라는 두려움을 한탄하고 있을 때, 나는 그에게 아마도 적합한 파트너—적합한 '우리'—와 함께라면 그의 성적 문제가—그가 항상 그럴 것이라고 느꼈던—장애가 되지 않을 것이라고 말했다. 다시 한번 그는 "그렇게 생각해 본 적이 없었다."고 말하면서, '적합한 사람과 함께라면', '장애들'이 해소될 것이라고 생각하기 시작했다. 이것에는 여전히 장애와 관련된 엄청난 공포와 수치심이 있었지만, 그것에 대해 말할 수 있게 되면서 그는 Match.com에 가입할 수 있게 되었고 심지어 여성들과 몇 번의 데이트를 하였다.

현재, 그가 누군가를 대면할 준비가 되어 있지 않거나 남자 또는 여자와의 상호작용에 대해 좋게 느끼지 않는다면, 나는 무슨 일이 일어나고 있는지 우리가 이해할 수 있을 것이라고 그를 안심시킨다. 나는 그의 자존감이 올바른 위치에 있을 때, 그가 하고 싶은 일을 할 수 있다고 느낄 것이며, 이것이 유기적으로 전개될 것이라고 거듭 반복해서 말해 왔다. 이것은 그가 때때로 확신이 없거나 다른 사람에게 접근할 수 없다고 느꼈을 때 자신을 공격하는 대신 자신에게 공감하도록 도움을 주었다.

최근 Michael은 비행기에서 좌석 뒤에 있는 사람들의 이야기를 듣게 되었다. 그는 그들 중 한 명이 밴드의 뮤지션임을 알아봤고 이들의 음악이 유튜브에 있는 것을 발견하였다. 그 순간 그가 정말로 하고 싶었던 것은 유튜브에서 뮤지션의 음악을 틀고 그와의 대화를 시도해 보는 것이었다. Michael은 음악가의 음악을 들으면 음악가가 그에게 관심을 보일 것이라고 생각했다. 그 순간 그는 피곤함을 느끼기 시작했고 유튜브를 열지 않았으며, 음악도 틀지 않았고, 뮤지션과 대화도 하지 않았다. 그날 늦게 상담 약속 시간에 오기도 전에, Michael은 뮤지션과 대화하지 못했지만, 그 사건이 굴욕과 비판적인 자기 공격으로 이어지지는 않았다는 것을 깨달았다. 더 적극적으로 나설 수 없었던 것은 아쉬웠지만, 자신이 압도적인 수치심의 홍수에 휩쓸리지 않았음을 깨달았다. 이제 회기에서, 그 상황에 대해 생각하면서 과거에는 일어난 일을 처리하는 것은 고사하고 무슨 일이 일어났는지도 결코 기억할 수 없었던 점을 깨닫게 되었다. 그는 뮤지션과 대화하지 않았음에도 불구하고, 우리 대화의 맥락과 촉진자로서의 치료 덕분에, 이제 자신과 자신의 감정 및 동기를 성찰할 수 있게 되어 기쁘다고 말했다.

더 최근에 Michael은 자신의 좋은 느낌과 지난 3~4일 동안 하고 싶었던 일을 성취한 것에 관해 이야기하면서 회기를 시작했다. 그는 병원에 가서 예방 심장 프로그램에 등록할 수 있었다. 그는 트레이너와 함께 운동을 했고(그는 일주일에 세 번 운동을 위해 트레이너를 고용했다) 새 운동화를 샀다. 그 후 그는 즐거운 점심을 먹었다. 점심시간에 그는 이전에는 자신을 잘 대해 주지 않는 식당의 주인/친구 때문에 짜증이 난다고 말했다. 그에게 가장 중요한 것은 자신이 자기주장을 내세우고, 하고 싶은 말을 하는 것인데, 그것이 이제는 저절로 된다고 말했다. Michael에게 이것은 그와 내가 이야기했던 것, 즉 그가 자신을 주장할 준비가 되었을 때 그렇게 할 것이라는 것을 완전히 확인해 주는 것이었다. 자신을 주장할 수 없을 때 자신에 대해 공감하는 입장을 취함으로써 그는 자신이 원하는 희망적인 결과를 얻었다. 그는 이제 '평등한 관계의 자리'에 있을 수 있었다. 이 인식은 리딩 엣지와 이상화 자기대상 전이를 심화시켰다.

이 치료는 나에게 특히 방해받지 않을 때, 리딩 엣지에 적극적으로 참여하는 힘을 입증해 주었다. 자기심리학은 항상 전이의 해석이 공감 실패와 전이의 파열 후에 치료사에 의해서만 시작된다고 주장해 왔다. 이 사례는 치료사나 환자에 의해 시작된 동맹에 대한 논의가 작업과 자기 발달의 리딩 엣지를 향상시켰음을 보여 준다. 심지어 리딩 엣지, 이 사례에서는 이상화 전이가 확고하게 자리를 잡은 경우에도 마찬가지다. Michael은, 비록 처음에는 무의식적으로만 이해했지만, 신뢰할 수 있는 다른 사람과 연결되어 있다고 느낄 때 자신이 최선에 있음을 알았고, 깊이 느낀 관계의 힘을 의식적으로 이해하게 되었다. 치료적 논의에 리딩 엣지 해석을 포함함으로써 치료사와 환자는 둘 다 분석 작업의 상호주관적 차원에 닻을 내렸고 우리 둘 모두의 관계를 넓히고 심화시켰다.

제2부

임상적 적용

제**8**장

멜랑콜리아 다시 만나 보기

상호주관적 자기심리학 관점에서 본 우울증과 그 치료법

나는 이 장을 상호주관적 자기심리학의 관점에서 멜랑콜리아(또는 우울증)[1]와 그 치료를 검토하는 것으로 시작할 것이다. Freud의 1917년 주요 논문인 「Mourning and Melancholia」에 대한 논의부터 시작하겠다. 이 초기 이론을 기반으로 ISP의 관점에서 멜랑콜리아의 재개념화를 제안할 것이다.

나는 우울증이 자기 상실감(felt loss)에 대한 감정적 반응이라는 것을 보이고자 한다. 중요한 타자의 상실이나 세상과의 중요한 관계에 직면했을 때, 상실했다고 느껴지는 것은 그 사람이나 활동이 우울한 사람의 자기 경험을 유지하게 했던 자기대상 기능이다. 필요했던 자기대상 기능의 상실감은 자기의 상실로 귀결된다. 자기의 상실은 절망을 초래한다. 이어서 나는 우울증의 개념화

1 멜랑콜리아와 우울증이라는 두 용어 모두 가장 중요한 임상 증상이 동일하기 때문에 상호 교환적으로 사용하겠다. 둘 다 부정적인 감정 상태, 반추, 자살 충동 및 무쾌감증을 특징으로 하는 기분장애다.

* Peter B. Zimmermann

에 따른 치료 지침에 대해 설명하겠다. 나는 내 경력 초기에 분석했던 심하게 우울하여 자살하려던 청년 Adam의 치료에 대해 논의함으로써 내 논지를 설명할 것이다. Adam은 나에게 우울증과 그 치료에 관한 가장 중요한 교훈 중 하나를 가르쳐 주었다. 우울한 환자는 자신의 절망이 이해되기를 동경하며, 임상적 맥락에서 가장 중요한 것은 그의 절망이 치료사인 나에게 의미가 있다는 점이다. 우울증이 이해받고 받아들여지는 경험은 치료사와의 조율된 참여의 맥락을 제공하여 우울증 환자가 애도 과정을 시작할 수 있게 한다.

나의 이론적 출발점은 Freud(1917)의 논문 「Mourning and Melancholia」다. 그 중요한 연구에서 Freud는 애도자와 멜랑콜리 환자의 경험 차이를 검토하여 애도자는 사람의 상실을 슬퍼하고 있는 반면, 멜랑콜리 환자는 자아(ego) 상실로 고통받는다고 결론지었다. Freud가 멜랑콜리아와 애도를 가장 명료하게 구분하는 하나의 요소는 그가 '자기 존중 장애(disturbance of self-regard)'라고 명명한 것이다. 그는 이 장애를 애도에는 없는 멜랑콜리아의 특징으로 간주한다. 그는 이렇게 말한다. '애도에는 세상이 빈약하고 공허해진다. 멜랑콜리아에는 자아 자체가 빈약하고 공허해진다.'(SE, XIV, p. 246) 그러고 나서 그는 다음의 중요한 문장을 추가한다. '애도하는 환자는 대상 상실로 인해 고통받고 있다는 결론에 이르게 한다면, 멜랑콜리 환자는 자아 상실로 인해 고통받는다고 우리에게 말해 준다.'(p. 247) Freud는 이것이 사실이라면 정신분석은 '해결하기 어려운 문제를 제시하는 모순에 직면하게 될 것'이라고 결론지었다(p. 247). 물론 그의 중요한 논문은 이 난제를 해결하려는 시도로서 다음과 같은 잊히지 않는 문장으로 끝을 맺는다. '따라서 대상의 그림자가 자아 위에 드리워지고 자아는 마치 버림받은 대상처럼 특별한 행위주체(agency)에 의해 판단될 수 있었다.'[2](p. 249)

2 이 개념은 자아를 판단하는 특별한 행위주체가 되었고, 초자아 개념의 기초가 되었다.

임상적으로 가장 중요한 것은 Freud가 치료사들에게 우울한 사람의 자아 상실감 경험의 진실성에 의문을 제기해서는 안 된다고 조언했다는 점이다. 이와는 반대로 '우리는 …… [환자의] 진술을 확인해야 한다. 왜냐하면 환자는 확실히 어떤 면에서 옳을 것이고 그에게 보이는 대로 무언가를 설명하고 있음이 분명하기 때문이다'(p. 246). 몇 문단 뒤에 Freud는 계속해서 다음과 같이 말한다.

> 그러므로 멜랑콜리 환자의 자기-비판이 다른 사람들의 의견과 일치한다는 점에서 그의 고통스러운 자기 비하(self-denigration)가 올바른지 아닌지는 본질적인 물음이 아니다. 요점은 오히려 그가 자신의 심리적 상황에 대해 정확하게 설명하고 있다는 점이다. 그는 자기 존중감(self-respect)을 잃었으며, **이에 대한 분명한 이유를 갖고 있을 것이다.**
>
> (p. 247, 강조한 부분은 추가된 것임)

Freud는 환자의 멜랑콜리아를 이해하기 위해서는 환자의 경험적 세계 내에서 이해해야 한다고 말한다. 우리는 환자의 우울한 기분에 이유가 있음(make sense)을 받아들여야 한다. 이 말은 환자가 우울한 기분에 빠지는 데는 '충분한 이유'가 있다는 의미다. 곧 치료사와 환자가 이해할 수 있게 된 이유들이다.

따라서 Freud는 **공감의 내성적 관점**이라고 하는 것을 강력히 옹호하고 있으며, Kohut(1959)은 이를 정신분석의 관찰적 입장으로 식별하여 자기애 연구에서 그것의 적절한 위치를 복원했다. 이것은 환자의 우울 반응이 부적절하거나 상황에 맞지 않고 의미가 없으며 뇌의 생화학적 불균형의 결과라고 선언하는 생물학적 정신의학의 외향적 관점과 대비된다. Freud는 우리가 환자 자신의 참조 틀 내에서 일어나는 우울 반응을 이해할 필요가 있으며, 이 참조 틀 내에서 그들의 경험이 의미가 있다고 분명히 말한다. 이것이 우리가 환자의 우울증을 이해하게 되는 방법이다.

우울증 환자에 대한 Freud의 설명은 Kohut이 그의 자기심리학에서 자기애적 환자에 대해 표현한 중심 개념과 묘한 유사성을 가지고 있다. Kohut은 자기애적 환자들을 이해하려면 그들 자신의 참조 틀 내에서 일어나는 그들의 경험을 탐구해야 한다고 주장한다.

이러한 맥락에서 Freud가 「On Narcissism」(1914)을 쓴 직후인 1917년에 「Mourning and Melancholia」를 썼다는 점을 주목할 필요가 있다. 이것은 자기애와 우울증 사이의 관계에 대한 프로이트의 발전해 가는 인식을 말해 준다. Freud는 「Mourning and Melancholia」에서 비록 그 이론이 아직 '관찰에 의해 확증되지는 않았지만, 멜랑콜리아로 병에 걸리는 기질은 자기애적 유형의 대상 선택으로 편중(preponderance)된다.'라고 하였다(p. 250).

자기애와 멜랑콜리아가 관계가 있으므로 ISP의 틀 내에서 이 연결과 '대상 선택의 자기애적 유형의 편중'을 재고하는 것이 이치에 맞다.

나는 자기심리학으로 시작한다. 우울증 이론은 Kohut(1977)의 『자기의 회복(Restoration of the Self)』에 포함되어 있다. 이 책에서 Kohut은 **공허한 우울증**(empty depression)이란 용어를 사용했는데, 이것은 수치심과 굴욕을 지배적인 정서로 담고 있다.[3] Kohut은 다음과 같이 기술하였다.

> 한편으로는 신경증적 증상이 없음에도 불구하고 억제하거나 갈등하며 즐거움과 결실이 없는 삶을 살면서, 그들의 존재 자체를 저주하는 사람들이 있다. 반면에 심각한 신경증적 문제에 시달리면서도 의미 있는 삶을 영위하고 삶에서 행복감과 충족감을 얻는 사람들이 있다.
>
> (pp. 242-243)

그는 이러한 차이를 설명하는 것은 자기의 상태, 즉 자기의 응집력(cohesion),

3 Kohut의 공허한 우울증이 수치심과 굴욕을 담고 있다면, Freud의 죄책감의 우울증은 죄책감과 자기 비난을 담고 있다.

구조적 안정성 그리고 정서적 활력이라고 주장했다. 분석이 신경증적 증상과 억제를 근절하는 데 성공할 수 있지만, Kohut은 자기 병리가 해결되지 않은 상태로 남아 있으면 환자에게 충족감이 없고 기쁨과 활력이 없으며[4] 삶은 의미와 방향 감각이 부족할 것이라고 주장했다. 요약하면, 자기병리적인 사람은 우울한 채로 남겨질 것이다.

인간 조건에 대한 우리의 이해를 위해 이바지한 Kohut의 가장 중요한 공헌은, 이는 Freud의 발견인데, 사람들이 타자를 사랑과 증오의 대상으로 볼 뿐만 아니라 자기대상으로도 본다는 그의 통찰이다. 우리는 자기의 발달과 유지를 위해 자기대상의 공감적 반응을 필요로 한다. 우리는 자기대상을 우리 자신의 일부로 경험한다. 자기대상으로서의 대상은 그 사람이 아직 스스로 수행할 수 없는 정신적 기능을 제공하지만, 응집력 있고 긍정적으로 채색되고 힘이 부여된 자기감(sense of self)의 발달과 유지를 위해 필수적이다. Kohut(1984)은 사람이 확고하고 회복력 있는 자기를 갖기 위해서는 공감적 자기대상 환경이 필수적이라고 말했다. 그 환경은

> 첫째, 부모의 기쁨의 빛과 눈의 반짝임을 통해 자기가 확인받고 싶은 욕구에 반응한다(거울 반영 욕구). 둘째, 힘 있는 성인의 안심을 주는 안전과 힘에 융합하려는 그의 욕구에 반응한다(이상화 욕구). 셋째, 인간들 사이에서 인간으로서 느끼고자 하는 본질적인 유사성의 경험에 대한 그의 욕구에 반응한다(쌍둥이 욕구). (p. 194)

Kohut은 자기 발달에 필수적인 것으로 세 가지 자기대상 경험을 발견했다.

4 Andrew Solomon은 자신의 우울증에서 회복한 것을 내용으로 한 글에서 이렇게 썼다. '우울증의 반대는 행복이 아니라 활력이다. 지금 이 글을 쓰는 순간, 내 삶은 슬픔을 느끼는 순간조차도 활력으로 가득하다.'

이러한 자기대상 경험이 누락되거나 부적절하면 개인의 자기 조직은 자기애적 상처와 파편화로 인하여 깨지기 쉽고 취약한 상태로 남게 된다.

우울한 사람은 정서적 균형과 행위 주체감(sense of agency)을 조절할 수 있는 능력이 근본적으로 손상되어 있다. 또한 자신이 느끼는 방식을 바꾸거나 자신의 삶에 어떤 변화를 가져오는 데 완전히 무력하다고 깊이 느낀다.

발달 과정에서 자기대상 환경이 비공감적이었고, 거울 반영, 이상화와 쌍둥이 욕구들이 적절하게 충족되지 않았거나 양육자에 의해 외상적으로 거부된 정도만큼, 우리는 자기 경험을 조절하는 데 필요한 자기 구조를 점진적으로 획득하기 위해서 요구되는 경험을 갖지 못하게 된다. 그 결과 우리는 자기 경험과 정서적 균형을 조절하기 위해 외부 자원에 계속 의존하게 된다. 우리는 Kohut(1984)이 '지속적인 자기감과 동기를 부여하는 야망, 지침을 제공하는 내적 이상과의 지속적인 관계, 자신의 재능 및 기술과의 지속적인 관계'로 설명한 것에서 부족을 경험할 것이다(p. 203). 이로써 중요한 자기대상 기능의 외부 제공에 의존하는 깨지기 쉽고 파편화되기 쉬운 자기가 초래된다.

이것이 우울한 사람의 핵자기(core self) 경험이다. 이는 그 사람이나 활동이 돌이킬 수 없이 상실된 것으로 느껴짐에도, 자기, 특별히 행위 주체감을 유지하기 위해 절박하게 필요한 자기대상 경험을 제공하는 사람이나 활동을 향한 깊은 의존감이다. 우울한 사람은 자기의 중요한 차원이 빠져 있다고 경험한다. 이것이 Freud가 발견했던 애도와 멜랑콜리아의 차이다.

애도에서 자기 존중감은 회복될 수 있다고 느낀다. 하지만 멜랑콜리아에서 자기 존중감은 돌이킬 수 없는 상실로 경험된다. 자기심리학의 관점에서 이것은 멜랑콜리아에서 자기감이 애도의 경우와는 다른 방식으로 깊이 영향을 받는다는 것을 의미한다. 이를 어떻게 설명할 수 있을까? 나는 가장 간결한 형태로 다음의 이론을 제안한다.

애도는 대상으로서의 대상 상실에 대한 정서적 반응이다. 멜랑콜리아는 자기대상으로서의 대상 상실에 대한 정서적 반응이다.[5] 그리고 자기대상으로서의 대상 상실은 자기 상실을 초래하기 때문에, 멜랑콜리아는 자기 상실에 대한 정서적 반응이다. 그러므로 우리는 이렇게 말할 수 있다. 애도는 대상 상실에 대한 정서적 반응인 반면, 멜랑콜리아는 자기 상실에 대한 정서적 반응이다.

애도할 때 사람은 타자로서 타자의 상실을 경험한다. 멜랑콜리아에서 사람은 타자의 상실을 자기 자신의 차원 상실로 경험한다. 애도에서 비탄과 슬픔은 상실되었다고 느끼는 대상을 상실한 것이므로 세상이 텅 빈 것처럼 느껴진다. 멜랑콜리아에서는 필요했던 자기대상 동맹의 상실과 함께 자기를 돌이킬 수 없게 상실했다고 느끼기 때문에, 비탄과 슬픔은 절망과 굴욕이 된다. 따라서 자기가 텅 빈 것처럼 느껴진다. 무력감이 자기 경험으로 스며들기 때문에 수치심과 굴욕감으로 이어진다. 고갈되고 공허한 자기는 그 사람에게 수치스러운 것이다.

보다 근본적으로 상실한 대상이 상실과 씨름하는 그 사람에게 본질적인 자기대상 기능, 곧 환자의 자기 경험을 구성하는 역할을 했던 만큼, 자기 상실의 경험과 그에 따른 절망감, 수치심, 굴욕감 때문에 우울 반응은 더 강해진다. 순수한 애도가 존재한다면, 티자를 타사로만 상실하게 된다. 그러나 다른 사람과의 모든 중요한 관계는 자기대상 차원을 수반하기 때문에 그 타자의 상실은 또한 항상 절망을 수반하게 된다. 이것은 사랑 대상이 항상 본질적인 자기대상 경험을 제공하기 때문에, 사랑 대상을 위해서도 아주 절묘할 정도로 사실이다. 이것은 사랑 대상의 상실과 함께 그 사람의 자기 경험 또한 필연적으로 심오하게 영향을 받게 되며, 우울 반응은 사랑 대상을 애도하는 경험에서 피할 수 없는 부분이 된다는 것을 의미한다. 우울 반응의 심각성은 사랑 대상이 그 사람의 자기 경험을 유지하는 데 역할을 했던 자기대상 기능 중요도에 대한 함수(function)다. 달리 말하면, 자기의 유지를 위해 사랑하는 사람과의 동맹에

5 대상과 자기대상의 차이에 관한 것은 Tolpin(1986)을 참고하라. 아동의 애도 과정에서 자기대상의 역할에 대해서는 Shane과 Shane(1990)을 참고하라.

의존할수록, 사랑하는 사람의 상실 앞에서 우울 반응이 더 강해진다.

최적의 상황에서 사람은 애도 과정을 통해 점차 자기를 회복할 수 있는데, 이는 애도 과정을 거치면서 응집력 있는 자기 경험을 회복하는 것을 의미한다. 최적의 상황은 상실로 인해 발생한 슬픔, 무기력, 절망을 받아 줄 수 있는 사람(receiver)이 있는 상황이다. 공감적인 수용자를 경험하는 것은 애도 과정을 가능하게 한다. 본질적인 자기대상 기능을 회복하고 새로운 가능성의 감각으로 자기 경험을 제공하는 활동이나 다른 사람과의 관계를 통해 궁극적으로 새로운 형태의 자기대상 참여가 가능한 상황이다.

길어지는 애도에서 이것이 어려운 이유는 상실된 자기대상이 애도자의 자기 경험에 중심적이고 구성적(constitutive)이었기 때문이다. 종종 상실하여 애도하게 되는 그 사람은 애도자에게 필요한 자기대상 경험뿐만 아니라 상실의 경험과 상실로 인해 생겨난 감정을 이해하고 받아 주는 수용자로서 가장 중요했던 사람이기 때문이다. 다시 말하지만 이것은 사랑 대상에게 가장 결정적인 진실이다.

취미 활동, 스포츠, 예술, 음악, 문학 등에 참여하는 것과 같이 개인의 자기 경험을 구성할 수 있는 것은 타자들과의 관계뿐만 아니라, 자연이나 사상 또는 원인과 상호작용하는 일이나 놀이 같은 활동과의 관계다. 이러한 활동 중 어느 것도 중요한 자기대상 기능을 할 수 있다. 이러한 관계의 상실은—자기대상 경험이 더 이상 사용 가능하지 않거나 그 사람이 그것에 참여할 수 없기 때문에—또한 자기 상실의 경험을 초래할 수 있으며 절망, 수치심, 희망 없음, 무력감 및 굴욕감으로 이어질 수 있다.

무력감의 경험은 우울증의 주요 특징이다. 그것은 스스로 행동을 취할 수 있는 능력인 행위 주체감의 상실을 반영한다. 우울증의 특징 중 하나는 그 사람이 참을 수 없을 정도로 고통스럽고 굴욕적인 곤경, 즉 우울증 자체에 빠져 아무것도 할 수 없다는 사실이다. 우울증 자체는 행위 주체감의 결여, 따라서 우울증의 특징인 굴욕감과 수치심으로 사람을 대면한다.

행위 주체감은 주도권의 독립적인 중심으로서 자기 자신을 위하여 행동을 취할 수 있는 경험에서 비롯된다. 사람이 자신의 야망, 이상, 재능과 기술에 따라 자신의 삶을 형성하고 원하는 의미를 부여할 수 있다는 믿음은 행복감과 활력을 가져다준다. 이는 반응적 자기대상 환경(milieu)의 가장 이른 초기 경험에서 비롯된다.

아기는 자신의 욕구가 반응받을 수 있을 때 자신이 환경에 영향을 미친다고 느낄 것이다. 처음에는 울음의 형태로 또는 나중에는 말로 표현하는 형태로 자신의 욕구를 명확하게 표현할 때, 그리고 주변의 양육 환경이 반응적인 것으로 판명될 때, 아기의 행위 주체감이 점차 발달하면서 자기 자신을 대신하여 스스로 조치를 취할 수 있다는 느낌이 들게 된다. 반대로, 아기가 반응하지 않는 자기대상 환경으로 인해 환경에서 필요한 반응을 끌어낼 수 없다고 느낀다면, 반응하지 않는 자기대상 환경으로 인하여 아기의 행위 주체감은 제대로 발달하지 않게 된다. 그녀는 지속적으로 자신을 대신하여 행동을 주도할 수 있는 다른 사람들에게 전적으로 의존한다고 느끼게 된다. 삶의 후반기에 이 중요한 자기대상 기능을 수행하는 타자가 부재하거나 상실되었을 때, 그 사람은 대상의 상실을 경험하는 것이 아니라 필요했던 자기대상 경험의 상실을 경험하는 것이다. 더 원초적인(arcahic) 자기대상 욕구뿐만 아니라 파편화와 해체 불안의 위험과 수반되는 공포와 절망의 정서도 함께 나타나게 된다. 절망, 희망 없음, 무력감이 멜랑콜리아와 관계된다면, 비탄과 슬픔은 애도와 관계된다.[6]

모든 관계에서 사랑 대상과의 유대는 대상 차원뿐만 아니라 자기대상 차원을 가지고 있으며, 전경-배경(figure-ground) 관계에서 공존한다. 우울증 성향이 있는 사람에게 자기대상 유대는 타자와의 일차적인 동맹이며 따라서 '전경

6 일상 언어에서는 슬픔과 우울을 동일시하는 것이 관습화되었지만 동일하지 않다. 슬픔은 애도를 수반하는 정서이며, 멜랑콜리아를 특징짓는 정서는 절망, 희망 없음, 무력감, 그리고 궁극적으로 어떠한 정서도 없는 공허한 상태, 긴장된(catatonic) 상태다.

(figure)'이다. 이는 자기대상 유대가 타자와의 관계에서 가장 두드러진 차원임을 의미한다. 그 타자를 상실하게 되면 자기대상 유대가 상실된 것으로 느껴져, 그 결과 자기 상실과 우울증에 빠진다. 애도에서 대상 차원은 일차적이고 전경이며, 자기대상 차원은 배경이고 배후에서 더 조용히 작동한다. 대상 상실의 경우, 경험의 자기대상 차원에서 떨림(tremor)이 느껴지지만, 자기대상 유대의 외상적 붕괴가 발생했던 것으로 느껴지지 않게 된다. 자기 경험의 파편화는 뒤따르지 않을 것이고 장기적인 자기 상실은 일어나지 않게 된다. 정서적 반응은 애도 과정의 개념화에서 George Hagman(1995, 2017)이 설명한 대로 비탄과 슬픔이 될 것이다.

우울증의 치료

ISP의 체계에서 이론화된 우울증 치료는 주요 두 단계로 구성된다. 첫 번째 단계는 환자가 자신의 상실 경험을 이해받는다고 느끼는 치료 상황의 맥락을 제공하는 것이다. 우울증 환자는 자신의 상실감이 이치에 맞고 치료사가 자신의 우울증을 이해할 수 있다고 느끼기를 동경한다. 멜랑콜리아 환자는 자신의 우울이 그에게 의미하는 맥락에서 이해되기를 동경한다. 이는 ISP의 틀에서 우리가 환자의 전이 동경의 리딩 엣지로 정의했던 것을 구성한다.

우울증 환자들은 자신의 우울증의 원인이 무엇인지 또는 그것이 어디에서 오는지 아직 스스로 알지 못하는 경우가 많으며, 절망의 경험을 치료사가 적극적으로 수용해 주지 못할까 봐 두려워한다. 달리 말하면, 그들 자신이 도움이 될 수 없을 뿐만 아니라 치료사도 자신이 왜 이런 감정을 느끼는지 이해하지 못하고, 그들 자신을 부담으로 여길 수 있다는 점을 두려워한다. 이 두려움은 이전의 실패한 치료 또는 환자의 우울증으로 지친 가족과 친구의 반응들 때문에, 환자의 관점에서 확인되었을 수 있다. 그 두려움은 그들이 희망 없고 치료사에게 부담이 된다는 것이다. 비록 묻혀 있고 미약하지만, 그 희망과 동경은 치료사에게서 환자가 잘못 느끼는 것을 이해하게 되거나 환자와 함께 그것을 발견하게 되는 조율하고 참여하는 수용자를 발견했다는 것이다.

일단 우울한 환자가 자신의 우울증에 대한 이유를 이해받고 있다고 느끼고 자신의 경험을 조율해 주고 참여하는, 즉 상호주관적 맥락에서 반응해 주는 수용자가 있다고 느끼면, 그들은 슬픔과 절망을 표현하고 자신들이 받게 될 신뢰를 동경한다. 이것이 애도 과정을 가능하게 할 수 있다. 우울증 환자가 치료실에서 처음으로 눈물로 그들의 눈을 적시면 이는 애도 과정이 시작되었고 우울증 치료가 시작되었음을 뜻한다. 치료사로서 우리는 환자에게 안전한 환경을 제공한다. 이를 통해 절망의 깊이가 드러나고 환자가 자신의 감정 전체를 위한 정서적 고향이 있다고 느낄 수 있다.

두 번째 단계는 몇 달 또는 심지어 몇 년 후에, 환자가 '건강의 덩굴손(tendrils of health)'(Tolpin, 2009)의 출현과 자기 발달의 강화를 허용하는 등, 자기대상 경험을 제공하는 치료사와의 관계를 추구하려는 새로운 욕망(desire)을 보일 때 나타난다. 이것은 원래의 상실이 발생했을 때 중단된 자기의 활성화를 가능하게 하는 조율된 참여의 맥락을 설정하는 것으로 구성된다.

가치 있고 유능하며 스스로 행동을 취할 수 있는 사람의 자기감이 '조율된 반응의 맥락'(Stolorow & Atwood, 1992), 또는 우리가 말하는 것처럼 '조율된 참여의 맥락'에서 발달하고 강화되는 경우, 우울증 환자를 치료하는 데 있어 가장 중요한 단 하나의 과제는 치료 상황에서 조율된 반응의 맥락을 확립하는 것이다. 이는 환자의 자기 경험 회복을 허용하고 행위 주체감의 발달을 초래한다. 이것은 우울증 치료의 두 번째 단계에서 환자가 동경하는 것이다. 이것은 치료사로부터 겉보기에 모순되는 두 가지 책임(commitment)을 포함한다. 첫째, 환자가 자기를 되찾기 위해 필요한 자기대상 경험 관여를 위해 치료사가 거기 있어 주어야 하는 책임이다. 둘째, 환자가 스스로 조처를 할 수 없다고 느끼는 경우 치료사는 이해와 인내를 보여 주어야 하는 책임이다.

치료에서 치료사가 먼저 해결해야 하는 것은 두 번째 단계다. 환자의 우울한 정서와 조율된 참여의 맥락을 제공하는 것이다. 이러한 조율된 참여의 맥락은 우울증의 훈습 과정을 촉진한다. 우울한 환자가 자신의 절망을 인정받고 치료사가 자신의 우울증 원인을 이해할 수 있다는 맥락을 제시하고 자신의 경험과 그에 수반되는 정서가 이해받는다고 느껴지면 애도 과정이 시작된다. 조율하는 수용자를 경험하는 것을 통해 애도 과정의 시작이 허용된다. 이 단계에서 치료사는, 환자가 상실했다고 느끼는 것을 고려하게 되면서, 환자의 절망 경험을 이해할 수 있고 타당하다는 것을 환자에게 전달한다. 이런 경우에만 우울증 환자는 자신이 경험한 상실을 받아들이기 시작할 수 있으며, 그래야만 궁극적으로 자신의 삶을 다시 의미 있고 가치 있게 만드는 것을 찾을 수 있거나, 기존의 삶을 새롭고 의미 있는 방식으로 가져오는 것이 가능하다. 이는 우울증에서 환자의 회복 과정을 촉진하는 조율된 참여의 맥락을 확립한다는 의미다.

다음은 환자의 우울증 이유와 함께 나에게 이해받고자 하는 우울증 환자의 절박한 욕구에 대한 나 자신의 임상에서 나온 극적인 예다. 정신분석 경력 초기에 20세의 청년 Adam이 자살 시도로 병원에 입원했다가 퇴원한 지 1년 후에 나를 찾아왔다. 그가 나를 보러 왔을 때 그는 다시 심하게 우울해했고 자살 생각에 사로잡혀 있었다. 몇 주 동안 그는 죽느냐 사느냐의 갈림길에서 시달렸다. 깊은 걱정과 불안을 느끼면서, 그가 계속 살아야 할 이유를 찾으려고 나는 필사적인 노력을 하고 있었다. 내가 노력할수록 Adam은 더 절망적이 되어 자살 충동을 느꼈다. 나는 그가 아직 젊고 인생에서 무엇을 하고 싶은지 발견할 기회가 있을 것이라고 주장했다. 나는 그가 부모에 대한 분노를 어떻게 자신에게로 돌렸는지 해석해 주었다. 나는 그가 자살하면 부모가 애석해하겠지만 그는 죽을 것이라고 말했다. 하지만 이 모든 노력이 허사였다. Adam은 완전한 절망에 빠졌는데, 분명한 이유는 내가 그의 삶이 그에게 얼마나 무의미하게 느껴지는지 이해하지 못했기 때문이었다. 회기가 끝날 때마다(나는 그를 일주일에 여러 번 보았다) Adam은 더 많은 자살 충동과 절망을 느끼며—내가 그랬던 것처럼—떠났다. 그는 결국 응급실에 가게 되었고 거기서 정신과 병동에 입원하게 되었다. 그는 다시 나의 치료를 받기 전까지 약을 먹고 몇 주 동안 입원을 하였다.

Adam이 치료를 재개했을 때, 나는 마침내 그의 말을 실제로 경청할 수 있었고 우울증의 이유를 진정으로 이해할 수 있을 만큼 충분히 침착해졌다. 어렸을 때부터 그는 프로 야구 선수가 되고 싶었지만, 그의 부모는 그가 8세가 되었을 때부터 리틀 리그에 데려가는 것을 중단했다. 그는 부모가 자신이 야구에서 프로 경력을 쌓을 기회를 망쳤다고 느꼈다. 그 이후로 그는 배트를 휘두르지 않았고 지금은 야구 선수가 되려는 그의 꿈이 결코 이루어질 수 없다는 것을 극도로 고통스럽게 인식하고 있다. 그는 절망감과 굴욕감에 휩싸였다. 왜냐하면 이것은 또한 그가 인생에서 자신의 처지를 극복하지 못할 것이며, 사람들 사이에서 인간적이라고 느낄 수 없고, 동료들과 동등하다고 느낄 수 없다는 것을 의미하기 때문이었다.

일단 내가 나의 치료적 입장을 인식하고 다음과 같이 과감하게 말해 주었을 때, Adam의 우울증은 처음으로 다소 누그러졌고 그의 극심한 자살에 대한 집착은 거의 즉시 사라졌다.

> 항상 야구 선수가 되고 싶었지만 이제 당신이 스무 살이 된 것을 고려하면, 당신은 더 이상 야구 선수가 될 수 없을 것이라는 사실을 받아들여야만 했고, 당신이 품을 수 있는 미래에 대한 모든 희망은 산산조각이 났다. 나는 당신이 인생을 살 가치가 없다고 느끼는 것을 이해한다.

나는 이것이 그가 자살해도 된다는 의미가 아니었기 때문에 몹시 겁을 먹은 채 매우 절박한 심정으로 그렇게 말했다. 그러나 놀랍게도 정반대의 일이 일어났다. Adam은 처음으로 자살 충동이 덜해진 것 같았다. 왜 그랬을까? Adam은 나에게 진정으로 이해받고 있다고 느꼈기 때문이다.

돌이켜 보면 매우 단순해 보이지만 그것이 모든 것을 바꾸어 놓았다. 프로야구 선수가 되겠다는 생각은 그의 박탈당한 어린 시절 내내 중요한 자기대상 기능으로 작용했다. 그것이 그가 평범한 미국인 남자가 되는 방법이었다. 이 목표가 실현되지 않을 것이 분명해지자 Adam은 자살 충동의 우울증에 빠졌다. 일단 Adam이 우울하고 살고 싶지 않은 이유를 내가 이해한다고 느꼈을 때 우리는 처음으로 진정한 연결을 이루었다. Adam은 이제 자신의 경험을 수용해 줄 수 있는 사람이 있다고 느꼈다. 이를 통해 그는 자신이 느끼고 있는 절망을 충분히 표현할 수 있었고 내가 그것을 이해했다고 믿게 되었다.

그 후 5년간 치료를 이어 가면서, 우리는 삶에 대한 Adam의 절망과 계속 씨름하였고 우리 관계에도 상당한 기복이 있었다. 그러나 Adam의 자살 충동은 영원히 사라졌다. 우리는 이제 서로 동의하고 있었다. 이해받고 있다는 느낌과 그의 절망에 대해 내가 조율된 수신기를 가지고 있다는 느낌을 통해 점차 Adam이 깊은 상실감을 받아들이고 그의 슬픔과 절망을 공유함으로써 나와 함께 애도하는 과정을 시작할 수 있었다. 우울증의 이유에 대해 이해받기를 원하는 그의 동경은 생성적 전이로 발현되었고 Adam과 나의 관계에서 리딩 엣지를 구성했다.

일단 우울증 환자가 절망의 이유를 이해받았다고 느끼면, 그는 자신 안에 벽을 치고 있는 우울한 정서에 조율된 참여(attuned engagement)를 열망할 것이다. 첫 번째 단계는 우울증에 대한 이해에 도달하는 것이다. 두 번째 단계는 우울증 환자에게 불쾌감을 주는 정서에 조율된 안식처(attuned home)를 제공하는 것이다. 환자의 절망에 대해 압도되거나 조바심 내지 않는 수용자를 갖는 것은 우울증 치료의 핵심적인 치료 경험을 구성한다. 우울증 환자는 우울한 정서에 대해 꾸준하면서도 정서적으로 사용할 수 있는 수용자를 간절히 열망한다. 이것은 애도 과정이 전개되기 위해 환자에게 필요한 새로운 경험이다. 그것은 새로운 희망이 나타나기까지 몇 달 동안 지속될 수 있으며 환자가 이미 자기를 통합하거나 실현할 새로운 길을 찾았더라도 좌절이 발생할 때마다 다시 나타날 수 있다.

다음은 환자가 자신의 우울한 기분과 관계하는 조율하는 수용자(attuned receiver)를 찾았다고 느꼈기 때문에 우울증을 해소하고 애도의 여지를 만들었던 사례다.

Sandy는 45세 여성으로 갑작스러운 충격적 경험으로 심각한 우울증에 빠진 상태에서 나에게 전화를 하였다. 그녀의 15세 딸은 약물 과다복용으로 입원했다. 처음 진료를 받으러 왔을 때, 그녀는 어머니로서 자신이 얼마나 실패했다는 느낌이 드는지 매우 부끄러워하며 말했다. 이번에는 나에게 요구되는 것이 무엇인지 확신했다. 나는 이해한다고 대답했다. "우리 자녀들이 잘못된다면, 우리는 부모로서 우리가 실패했다고 느끼지 않을 수 없다." 이에 수문이 열리듯이, Sandy는 계속 울고 또 울었다. 그 후 많은 후속 회기에서, 내가 조용히 그리고 참을성 있게 경청하는 동안, Sandy는 엄마로서 자신이 실패했던 이야기와 그녀가 느꼈던 수치심과 죄책감에 관해 이야기했다.

나는 Sandy가 일찍이 10년 전에 남편과 이혼한 후 자살을 시도했었고, 그로 인해 부분적으로 몸이 마비되었다는 사실을 알게 되었다. 그 이후로 인생은 처절한 투쟁이었다. 이러한 정보를 바탕으로 나는 그녀가 절망적인 상황을 많이 느끼는 것처럼 보이며, 그녀의 고충을 함께 나누기 위해 거기에 함께 있겠다고 반응했다. 나는 그녀의 수치심과 고뇌를 이해하고 그녀의 모든 절망을 알고 이해하고 싶다고 다시 덧붙였다. 이로 인해 몇 주에 걸친 치료 기간 동안 계속해서 더 많은 눈물과 슬픔으로 이어졌다. 점차적으로 그리고 점점 더 Sandy는 내가 그녀를 판단하지 않고 있고, 그녀의 우울증이 나에게 너무 부담스럽지 않으며, 내가 그녀에게 계속 나아가거나 '그것을 극복하라'고 요구하지 않음을 믿게 되었다. 내가 얼마나 오래 그녀와 함께 있을지에 관계없이, 그녀는 내가 그녀와 그녀의 우울증과 함께 있을 것이라는 믿음을 가지게 되었다. 이것이 Sandy의 리딩 엣지 동경이었다. 그녀는 깊은 슬픔, 비탄, 절망과 함께 인정받고 받아들여졌다고 느끼는 지속적인 경험을 갖고 싶어 했다.

Adam과 마찬가지로 Sandy를 만난 수년 동안, 그녀는 삶, 자기 상태 및 치료에서 심오한 정서적 격변을 겪었다. 그러나 그녀의 아픔과 우울한 상태를 조율하는 수용자인 나와의 연결 경험으로 인해 그녀는 자신을 붙잡고 자신의 삶을 살 수 있었다. 그녀의 투쟁에 차질이 생기거나 어떤 갈등이 생기면 심각한 우울 반응을 촉발하곤 하였다. 그 시점에서 Sandy는 자신의 우울증에 조율하고 있는 수용자인 나를 잃지 않았는지를 확인하기 위해 응급 회기나 연락을 요청하곤 하였다. 내가 그녀를 치료해 온 몇 년 동안 이런 일이 여러 번 일어났기 때문에, 그녀의 우울증이 재발하면 이제는 그녀가 나에게 짐이 되었을지, 내가 역겨워하고 질려서 그녀를 떨쳐 버리고 싶어 하는 것은 아닐지에 대한 그녀의 두려움이 되살아나곤 하였다.

나는 수년 동안 이것에 대해 다음과 같이 해석하는 법을 배웠다. 내가 당신과 당신의 우울증에 대한 인내심을 잃어버렸을까 봐 당신이 두려워하고 더 이상 내가 당신에 의해 방해받기를 원하지 않을까 봐 두려워한다는 것을 이해한다. 더 최근에 발생한 어려움 동안에, 그녀의 새로운 연애 관계가 실패한 것처럼 보였을 때, 나에게 연락이 왔다. 그녀는 심한 우울증을 느끼며 동시에 나의 반응을 무서워했다. 그녀는 다시 한번 더 절망하고 희망이 없다는 것을 드러내기를 두려워했다.

나는 그녀에게 걱정할 필요가 없다고, 나는 압도되지 않았으며, 질리지도 않았고, 인내심을 잃지 않았다고 침착하게 말하면서, 오히려 그녀에게 이야기할 것을 요청했다. Sandy는 자신이 겪고 있는 일을 나에게 말하면서 다시 흐느껴 울기 시작했다. 회기가 끝나 갈 무렵, 조율하는 수용자를 갖게 된 경험이 우리의 연결을 강화했다는 확신이 들었다. 나는 Sandy가 관계가 잘 풀리지 않아 매우 슬퍼하고 있지만, 그녀의 삶을 다시 살아갈 수 있다고 확실히 느꼈다. Sandy에게 재현된 외상 경험의 의미에 대한 분석은 후속 회기에서 이어졌다.

Sandy가 자신의 우울증에 대해 신뢰할 수 있는 수용자가 있다고 느끼면서 자신이 실패했다고 느꼈던 모든 방식을 애도하게 되자, 치료의 초점은 점차 나와 필요한 자기대상 경험을 확립하는 것으로 옮겨 갔다. 이 동맹을 통해 그녀는 행위 주체감을 키울 수 있었다. 그녀는 점점 더 딸이 그녀에게 제기하는 어려움에 대처할 수 있었고, 따라서 자신이 '충분히 좋은' 엄마라고 느꼈다.

치료적 맥락에서는 발달 과정이 회복되어 궁극적으로, 내가 이전에 수행했던 달래 주고 진정시키는 기능의 내면화로 이어져서, 자기 조절 능력과 가치 있고 독립적인 주도권의 중심으로서 자신에 대한 감각을 회복하는 데로 이어졌다.

환자가 자신을 위하여 조처할 수 있다는 느낌이 들면 다시 한번 자신의 삶에 원하는 의미를 부여하고 자신의 목표를 적극적으로 추구할 수 있다. 그러면 우울증이 해소될 것이다. 자신을 위하여 행동할 수 있다는 개인의 감각은 반응적 자기대상 환경의 경험에서 파생되기 때문에, 치료 상황은 욕구했던 경험의 재생에 완벽하게 어울리는 맥락을 표상한다. 환자는 치료사와의 자기대상 전이 관계에서 자신의 발달적 욕구에 어울리는 필요한 반응을 끌어낼 수 있다.

환자의 리딩 엣지 동경이 자기대상 전이 관계에서 실현됨에 따라 치료적 상황은 자기 경험의 변화와 성장을 초래하는 생성적 상호주관적 장이 된다. 그렇게 되면 우울증은 사라지고 자기를 통합할 수 있는 여지가 생길 것이다. 그러나 환자가 이 유대가 깨지는 것을 경험하면, 우울증이 재발하거나 더 심해질 것이다. 조율된 참여의 맥락에서 이러한 파열은 치료에서 불가피하게 동반된다. 치료사와 온전한 연결의 지속적인 경험과 함께 이러한 파열에 대한 훈습은 우울증을 회복하고 자기를 회복하는 데 필수적이다.

Stolorow, Atwood 및 Brandchaft(1987)가 지적한 바와 같이,

> 분석가의 과제는 불가피한 탈선을 포함하여 분석 과정에서의 기복(ups and downs)을 환자 경험의 관점에서 분석하고 탈선과 기복이 환자의 자기감에 미치는 영향과 그들이 되살려 내는 초기 외상 경험을 탐색하는 것이다.
>
> (pp. 13-14)

달리 말해 치료사는 환자가 전이에서 치료사를 어떻게 경험하는지, 이러한 경험이 환자에게 어떤 의미를 부여하는지, 그리고 과거로부터 무엇을 되살리는지에 수반하여, 치료 중에 환자의 우울증이 얼마나 심해지는지 혹은 감소하는지를 분명히 할 필요가 있다.

조율된 참여의 맥락에서 탈선은 불가피하고 피할 수 없다. 치료사의 책임은 환자의 관점에서 이러한 경험을 분석하고 탐색하는 것이다. 이와 같은 분석을 통해 치료사는 전이 유대를 회복하고 애도 과정과 자기 발달 회복을 허용하는 조율된 반응의 맥락을 확립한다. 치료사가 이해하지 못하는 조율된 반응의 맥락이 장기간 파열되면 환자의 우울증이 심해지고 자살 위험이 크게 증가한다. 우울증 환자가 전이에서 느끼는 두려움은 자신이 원하는 방식으로 받아들여지고 반응받아야 하는 자신의 욕구가 원래의 양육 환경에서 받았던 것과 동일한 부적절한 반응으로 이루어져서, 강력한 저항과 우울증의 심화로 이어지는 것이다. 이러한 저항은 치료 경험에서 치료사의 관여와 가용성이 부족하다는 신호가 우울증 환자에게 보내지기 때문에 유발된다. 이미 무가치하고 부끄러움을 느끼는 우울증 환자는 치료사가 자신의 최악의 두려움을 확인하게 만드는 사소한 말이나 몸짓, 즉 치료사가 자신의 절망감에 동의한다는 신호를 잘 알아차리는 경향이 있다. 이것은 절망과 굴욕감으로 이어진다. 특히 치료사 측에서 조바심을 내는 것은 무엇이든 우울증 환자에게 치료사가 지쳤다는 '증거'가 되어, 환자가 더 물러나 우울해질 수 있게 한다.

우울증 환자의 치료에서, 환자의 무력감과 절망감에 대한 치료사의 역전이 반응에 기인하는 위험한 역-치료적(counter-therapeutic) 악순환이 있을 수 있다. 그 악순환은 다음과 같은 방식으로 나타난다. 환자는 희망 없음과 절망감을 느끼고는 치료사에게 의지한다. 치료사는 환자의 고통을 경감시키려는 소망과 자신의 무력감에서 벗어나기 위한 절실한 욕구로 인해 어떻게 환자가 스스로를 도울 수 있는지에 대해 제안한다. 환자는 차례로 이러한 '선의의' 제안을 처음에는 자신이 하고 싶지 않은 일을 하라는 추가 압력으로 경험한다. 결과적으로 그녀는 치료사를 실망하게 하고 치료사가 그녀를 포기할까 봐 걱정되어 더욱 우울해진다. 이러한 우울증의 심화는 치료사에게 훨씬 더 큰 무력감으로 이어질 수 있으며, 치료사는 이에 더욱 적극적으로 대처함으로써 환자가 마침내 극적인 자살 몸짓을 취하거나 이것이 너무 힘들다고 표현하는 다른 방법으로 표현할 때까지 악순환을 지속시킨다.

심각한 우울증 상태에 있는 환자와 마주했을 때 치료적 입장은 환자와 함께 그녀의 경험에 참여하며, 환자의 관점에서 잃어버린 것을 경청하고 탐구한 다음에, 우리가 배운 것을 바탕으로 환자의 절망이 이해할 만하며, 이치에 맞음을 전달하는 것이다. 과제는 환자가 경험하고 있는 것을 변화시키려는 시도에서 무언가를 하는 것이 아니라 환자가 경험하고 있는 것에 함께 참여하는 것이다. 이러한 공감적 이해는 전이 유대, 연결, 조율된 반응의 맥락을 확립하는 데 도움이 되며, 여기서 환자는 자신의 경험과 함께 자신이 이해받으며 수용되고 있음을 경험한다. 이 유대는 우울증 치료의 생명줄이다. 생명줄이 손상되지 않는 한, 우울증 환자의 치료는 진행될 수 있고 자살의 위험도 억제된다. 우울증 환자를 치료하는 동안 어느 시점에서든 치료사가 유대가 깨졌거나 상실되었다고 느낀다면, 혹은 치료사가 특정 회기 이후에 정서적 유대를 형성할 수 없다고 느낀다면, 그는 무언가를 해야 한다. 그런 다음 그는 개입해야 한다. 왜냐하면 자살의 위험이 크기 때문이다. 그 개입은 환자에게 응급 회기에 오라고 조언하는 것부터 파트너, 친구 또는 가족에게 연락하거나 환자에게 응급실로 가라고 조언하거나 911에 전화하도록 조언하는 것까지 다양할 수 있다.

우울증을 다룰 때 가장 어려운 역전이 문제는 환자의 우울증에 직면한 치료사 자신의 무력감, 희망 없음, 무익함, 절망감, 그리고 이에 따른 무언가 하려는 충동이다. 역전이 반응을 다루는 특징인 우리 자신의 정서적 반응을 주의깊게 탐구하는 것 외에도, 나는 이 특정 문제에 추가 조항이 필요하다고 생각한다. 우리는 자신의 삶에서 우리의 열망과 욕구에 상응하는 지속적인 자기대상 환경을 가질 필요가 있다. 그러한 조율되고 반응이 좋은 정서적 안식처가 없다면—각각의 치료사에게 그것이 무엇이든 간에—우리가 우울증 환자들에게 리딩 엣지 경험을 제공할 수 있는 자격이 없다고 생각해야 한다.

제9장

중독

상호주관적 자기심리학 관점[1]

정신분석은 중독 치료에 있어서 오랫동안 성공적이지 못한 역사를 갖고 있다. 이는 모든 중독이 초기 자위 고착(masturbation fixation)에서 진화했다고 주장한 고전 이론의 신조에 의한 영향을 받았고, 역사적 이해의 중요성에 초점을 맞춘 고전 기법으로 수련받아 중독자를 효과적으로 치료할 수 있는 도구를 갖추지 못하였기 때문이다.

환자들은 너무 자주 장기간의 치료 과정에서 자활하도록 버려진 채, 치료 과정 내내 중독 상태를 유지했기 때문에 치료 과정을 시작하기 전보다 상황이 악화되는 경우가 많았다. Rado(1933)와 같은 초기 정신분석 선구자들은 중독을 '인위적으로 자기 존중을 유지하는 자기애적 장애'라고 설명했고 Simmel(1948)은 중독이 환상에 뿌리를 두고 있다고 설명했다. 그리고 둘 다 중

1 Peter Zimmermann의 우정과 협력적인 지원에 감사드린다. 우리는 보람 있는 관계로 함께 활동하는 생성적 리딩 엣지의 예다. 특히 그의 사려 깊음은 이러한 개념과 중독에 대한 적용을 더욱 발전시키는 데 촉매제가 되었으며, 우리의 관계는 항상 나를 더 나은 사람과 더 나은 임상가로 만들었다.

* Harry Paul

독자의 경험을 이해하기 시작했지만, 자기애 환자는 '진정한' 전이를 일으키지 않는다고 생각했기 때문에 중독자를 치료할 수 없거나 치료하기가 매우 어렵다고 낙인찍는 치료 원칙에 여전히 얽매여 있었다. 더욱이 가장 중요한 것은 중독자들이 ISP가 말하는 트레일링 엣지에 초점을 맞춘 치료를 견디었는데, 마치 그것만으로도 금주로 이끄는 절제를 가져오고 유지하는 데 충분한 것처럼 여겨졌다. 즉, 중독자들은 ISP 모델이 제공하는 희망찬 리딩 엣지 전이 경험에 참여할 기회를 얻지 못했다. 우리의 모델은 생성적 전이, 정신적 성장 촉진자로서의 리딩 엣지와 희망에 초점을 둔다. 치료사와 함께 필요한 리딩 엣지 전이를 확립하고 유지하는 것은 중독에 의해 연료를 공급받는 환각적 환상을 대신한다.

중독자에게 이것은 중독에서 해방된 삶을 살아갈 수 있는 능력을 의미한다. 일단 치료와 치료 과정에 참여하고 공유된 자기대상의 힘을 통해 필요한 치료 영양분을 제공하는 리딩 엣지 관계를 경험하면, 중독자는 변형적인 성공적 치료 경험을 가질 수 있다. 리딩 엣지 전이를 통해 재도입된 발달 과정은 중독자가 자신이 선택한 물질로써 반복적으로 대체하려고 시도했던 잃어버린 정신 구조를 획득하는 결과를 낳는다. 환자와 치료사는 '리딩 엣지 삶(living in the leading edge)'의 경험을 제공하는 성공적인 치료를 유지하기 위해 노력한다. 자기애적 환상 대신에 갈망하고 욕구하는 생성적 자기대상 전이의 지속적인 참여는 누락된 구조를 제공하는 치료사와의 치료적 유대를 구성한다. 이것은 환자가 치료에서 '만족'되고 있다는 고전적 개념과 극명한 대조를 이룬다. 대신에 환자는 자기대상 리딩 엣지 전이를 통해 원래 부모의 자기대상 맥락에서 잃었던 필요한 심리적 구조를 받아들인다.

Richard Ulman과 공동 집필한 2006년의 책에서 우리는 중독의 중심에 '자기애 콤플렉스(Narcissus Complex)'가 있다고 제안했다. 그리스 신화에 따르면 나르시스는 자신의 이미지에 사로잡혀 굶어 죽었다. 나르시스의 신화를 Lewis Carroll의 『이상한 나라의 앨리스(Alice in Wonderland)』(1865)와 결합하여 중독자가 중독적인 원더랜드 또는 자기애적 환상에서 길을 잃었으며, 이 환상이 너무 강력해서 중독자들은 나르시스처럼 해리되고 그의 신체적, 심리적 안녕을 깨닫지 못한다는 가설을 세웠다. 나르시스 신화와 중독을 이해하는 데 중요한 점은 나르시스가 무생물 대상인 물웅덩이에서 자신을 잃어버렸듯이, 중독자들이 약을 선택할 때 이 물웅덩이를 사용하고 남용한다는 것이다.

이러한 도취적인 환상의 영향으로 중독자들은 자신이 타인과 사물을 과대망상적으로 통제한다고 확신하지만, 나중에서야 자신을 파괴하고 있음을 깨닫는다. 마법사 수련생(Sorcerer's Apprentice) 미키 마우스 이야기는 미키가 마법사 빗자루의 마법에 유혹되어 마치 중독자처럼 과대망상적 환상에 빠져, 문자 그대로 그리고 비유적으로 자기 힘의 환영에 빠져드는 경고적인 중독성 이야기를 묘사한다.

이 중독 모델은 네 부분으로 구성되어 있는데, 첫째는 '무엇'이 중독 또는 중독의 현상인지, 둘째는 중독의 병인 및 발병기전, 셋째는 중독의 유형학(typology), 즉 중독적 성격을 가진 다양한 유형의 중독자가 있다는 것이며, 그리고 마지막으로 중독을 치료하는 방법이다. 나는 중독의 유형학을 제외한 모든 것을 논의하고자 한다. 관심 있는 독자는 우리의 저서, 『이상한 나라의 나르시스(Narcissus in Wonderland)』로 펼쳐지는 매우 상세한 논의를 참조할 수 있다.

앞서 언급한 바와 같이, 이 이론과 중독 치료의 모든 측면은 ISP의 신조와 기본적인 이해를 공유한다. 그러나 ISP는 이러한 생각을 뛰어넘어, 특히 생성적 전이의 더 넓은 개념, 치료 과정에서 리딩 엣지의 중요성, 전이의 리딩 엣지에서 성장이 촉진된다는 점에 초점을 맞춘다. 원래 Kohut이 제안했듯이, ISP는 파열에 대한 분석에만 초점을 맞추지 않는다.

중독은 우리(Ulman & Paul, 2006)가 중독 유발 메커니즘(addictive trigger mechanism), 혹은 ATM이라고 부르는, 알코올, 마약, 음식, 성 등의 사용과 남용에 뿌리를 두고 있다. 이러한 메커니즘은 중독자에게 대용품(ersatz)이나 가짜(fake) 자기대상 경험을 제공하는데, 이는 중독자가 어릴 때 전혀 소화하지 못했던 심리구조를 대신한다. 이는 양육자가 충분한 실제 인간 자기대상 경험을 제공하지 못했기 때문이다. 아이를 중독에 빠지기 쉽게 만드는 것은 사람을 자기대상 경험으로 사용하는 데 있어서, 제한적으로 사용 불가능했기 때문이다. 내부에서 자존감을 조절할 수 없고, 심리적 구조로 이어지는 자기대상 경험을 제공하는 양육자와의 충분한 경험이 없는 중독자는 ATM을 사용하여 이러한 가짜 자기대상 환상을 활성화한다. 가짜 자기대상 환상의 활성화는 일시적으로만 좀 더 응집되고 온전하게 느끼게 할 뿐이며, 불행하게도 더 많은 ATM 남용으로 이어질 뿐이다. ATM은 가짜 자기대상 환상이며, 구조 구축을 일으킬 수 없다. 자기애적 평형감각을 확립하기 위해 그들에게 무한정 의존해야 한다. 그러면 모든 중독은 원초적인 자기애적 환상에 대한 고착(fixation)을 포함한다. ATM, 동물적이거나 무생물적인 것들과 활동의 사용 및 남용은 이러한 어린 시절 환상의 무의식적 재현을 포함하며, 트랜스(trance) 또는 푸가(fugue)와 같은 상태의 일부로 불쾌한 인지 및 영향의 상태로부터 해리 및 마취 상태(anesthetization)를 제공한다. 이상화, 거울 반영, 쌍둥이를 포함하는 이러한 유사 자기대상 환상(selfobject-like fantasy)은 중독자가 동경하는 실제 자기대상 경험에 일시적인 해결책을 제공할 뿐이다.

ATM은, 첫째, 원초적 자기애적 환상, 이상화, 거울 반영, 쌍둥이 자기애적 행복 기분이 반 불안(anti anxiety), 항우울제, 인간화된 자기대상 경험을 모방하기 때문에 이러한 불쾌감 정서 상태를 일시적으로 완화한다. 둘째, 중독자가 특정 ATM을 선택하여 사용하고 남용하는 것은, 각 ATM의 특정 향정신성 효과에 의존하게 한다. 초기 발달 실패가 주로 이상화 영역에 있었던 중독자는 항불안 기능을 제공하는 차분하고 부드러운 진정 경험과의 융합을 찾는다. 양육자로부터 충분한 거울 반영 자기대상 경험과 필요한 정신 구조를 제공받지 못한 중독자는 항우울제를 찾고 있으며 이러한 중독 경험은 가짜 거울 반영 자기대상 앞에서 고양된 노출증(exhibitionism)을 유발한다. 셋째, ATM에 기대어서 쌍둥이 자기대상 경험을 위해 행동하는 중독자는 자신이 동료와 함께 있다고 느끼는 분신 쌍둥이(alter ego twin)와의 경험을 무의식적으로 상상하는데, 이는 더 인간적으로 느껴지는 경험 또는 인간화를 제공한다. 마지막으로, ATM의 사용은 중독자가 환경을 완전히 통제하고 있다는 환각인 과대망상적 환상을 촉발한다. 즉, 무언가를 섭취하거나 무언가 또는 누군가를 사용함으로써 주변의 모든 것과 모든 사람을 통제할 수 있다는 환상을 유지한다. 약을 먹고, 술을 마시고, 사람을 이용하는 등 중독자는 자신이 우주의 주인이라고 믿는다. 치료 과정의 중요한 부분은 치료사가 환경을 창조하는 것을 포함한다. 그 환경은 환자가 선택했던 ATM을 사용하는 동안의 통제 경험을 모방하여, 환자가 치료 과정을 통제하는 환상을 갖는 환경이다. 그 과정에서 치료사는 중독자가 위험을 무릅쓰고 도전하고 갈망하는 자기대상 경험을 되살리며 영구적인 자기 구조를 획득하여 더 이상 망상과 환상에 의존하지 않는 신뢰할 수 있는 자기대상 인물로 나타난다.

진짜(real) 자기대상, 즉 생성적 전이와 가짜 혹은 대용품인 자기대상을 구별하는 네 가지 기준이 있다. 첫째, 진짜 자기대상은 변형적이어서 일생 자기의 건강한 전개를 계속 지원한다. 대용품 자기대상은 자기의 통합을 위협하는 파괴적이고 치명적인 경험으로 이어지도록 일그러뜨린다. 둘째, 진짜 자기대상은 어린 시절의 형태에서 성숙한 자기대상 관계로 발전한다는 점에서 진화적이다. 대용품 자기대상은 퇴보적이며 원시적 경험에서는 발육이 저해된 상태로 남아 있다. 셋째, 진짜 자기대상은 생명 유지 경험을 제공하는 반면, ATM은 퇴행적이다. 그리고 마지막으로 진짜 자기대상 경험은 재활적이며 건강한 자기감을 회복시키는 반면, 가짜 자기대상 경험은 자기감을 쇠약하게 하고 자기를 약화시킬 뿐이다.

다음으로, 중독의 병인에 대한 우리(Ulman & Paul, 2006)의 이해는 세 가지 구체적인 발달 단계로 전개된다. 1단계에서 중독 전의 아동은 다른 모든 아동과 마찬가지로 건강하고 필수적인 생명 유지 자기대상 욕구를 양육자에게 투자한다. 2단계에서 아동은 양육자와 관련된 자기대상 경험의 일부를 담요와 같은 마술적으로 부여된 사물과 활동인 비인간적 자기대상 경험에 투자한다. 아동이 성장함에 따라 양육자가 모든 필수적인 건강한 자기대상 경험을 더 이상 제공하지 못하게 되면, 이러한 역할은 비인간적 세계로 넘어간다. 아이는 사물과 활동을 의인화하며, 준 인간적인(semi-human) 특성을 부여하여 건강한 과도기적(transitional) 자기대상을 만들어 간다. 다음으로, 건강한 환경에서 아동은 과도기적 자기대상과의 연결성을 유지하면서 동시에 점점 더 정서적으로 친밀한 관계에 계속 참여하여, 다른 사람들과 건강한 (정의상 건강하지 않은 ATM과 달리) 과도기적 자기대상의 지원을 받으며, 풍부하고 창조적인 삶을 사는 데 필요한 심리구조를 발달시킨다. 중독자들은 다른 사람들과 정서적으로 친밀한 자기대상 경험에 참여하는 데 있어, 제한된 능력을 지닌 발달 정지로 고통받으며, 이 모든 것은 어린 시절 양육자와의 건강한 자기대상 경험이 제한된 결과다.

ISP의 관점으로 볼 때, 자신의 트레일링 엣지에서 정서적으로 부담을 느끼는 양육자는 자녀가 필연적인 심리적 구조를 만드는 데 필요한 리딩 엣지 경험을 제공할 수 없다. 중독과 관련된 발달 정지는 중독 전 아동을 더 건강한 아동의 리딩 엣지 경험으로부터 멀리 떨어진 방어적인 자리(constellation)로 밀어낸다. 성장에 필요한 이러한 리딩 엣지 경험은, 신뢰할 수 있는 자기대상과 지속적인 자기대상 경험이 충분히 제공되지 않기 때문에, 매장되어 심리적 성장을 희망할 수 없게 한다.

중독자가 되어 더 이상 주로 인간 양육자에게 의존하지 않는 아이는 인간 세계에서 멀어져 사물과 활동에 지나치게 투자하고 의존하기 시작한다. 그런 아이는 너무나 자주 양육자에 의해 한 사람으로서의 인격적인 관계보다 더 많이 남용되거나 무시당한다고 느끼고 비인간 세계에 발달적으로 묶이게 된다. 이는 이후 정신병리의 결정점(crystallization point)이 된다. 인간의 자기대상 경험은 점점 더 사용할 수 없고, 경험했을 때 점점 더 신뢰할 수 없는 것으로 여겨져, 아이를 더 희망 없고 절망적인 채로 남겨 놓는다. 사물과 활동의 남용 및 어린 시절에 충분히 대우받지 못하고 충분한 진짜 자기대상 경험을 겪지 못한 것이 결합되면, 장차 중독에 빠지기 쉬운 사람이 된다.

마약 중독과 알코올 중독자가 된 Mark는 어렸을 때 자신의 성기에 진공청소기를 부착하여 자위를 자극하고 인간이 아닌 기계에 의존하여, 잃어버렸던 믿을 만한 인간 자기대상 경험을 구체화(concretization)하였음을 기억하였는데, 이는 중독자들에게 드문 경험이 아니다. 알코올 중독자인 Joe는 어렸을 때 손가락을 다쳤다. 의사로부터 손가락을 고치는 데 드는 비용에 관해 들었을 때, Joe의 아버지는 아들의 손가락을 고치는 것과 자르는 것 중에서 어느 쪽이 더 저렴한지 의사에게 물었다. 공감 대신에 아버지는 그를 비인간적인 존재로 취급하였고, 어린 시절에 대한 Joe의 이 기억은 인간으로 온전히 존중받지 못했던 그의 경험을 되새긴다.

마지막으로 중독 치료는 정신분석 과정의 본질을 촉진하는 환상에 초점을 맞추고 있다. 치료의 첫 번째 단계는 금욕을 목표로 삼아 중독자가 선택한 ATM에서 벗어나서 치료에서의 건강한 자기대상 환상, 생성적인 리딩 엣지 전이 경험이 최종적으로 환자의 ATM 기능을 대체할 수 있도록 하는 것이다. 중독자가 자신이 선택한 ATM에 계속 중독되어 있고 그에 상응하는 환상이 일시적으로 제공된다면 치료사의 자기대상 영양분은 ATM의 기능을 대체할 기회가 없으며 전이의 리딩 엣지가 환사의 심리에 영향을 미칠 기회도 없다. 이는 절제(abstinence)를 중요한 목표로 삼지 않은 초기 정신분석가들의 실수였다. 분석가들은 환자가 자신과 자신의 과거에 대해 더 많이 알게 되는 것이 치료의 진전을 끌어낼 것이라고 잘못 생각했었다. ISP와 나르시스 모델의 초점은 환자와 치료사 사이에서 지속해서 발생하는 불가피한 파열과 재발이 환자를 비난하지 않고 훈습되는 신뢰할 수 있고 지속적인 거울 반영, 이상화 또는 인간화 경험을 제공하는 공유하는 환상에 있다. 그러한 경험에서 중독자는 먼저 과도기적 자기대상과 인간 자기대상 조합의 전이 버전으로서 치료사에 대한 환상을 갖게 된다. ISP는 Kohut이 우리보다 앞서 했던 것처럼, 파열에만 초점을 맞추는 것이 아니라 진행 중인 생성적 전이 환상과 치료사의 조율된 참여의 중요성에 초점을 맞추었는데, 그 둘 모두는 건강한 자존감을 끌어낸다. 리딩 엣지 전이 경험의 힘은 중독 환자에게 과거의 끔찍한 경험으로부터 희망을 얻게 해 준다.

중독자가 더 많이 중독되고 해리될수록 치료사와의 초기 전이는 과도기적 자기대상의 복기(recapitulation) 때문에 더 많이 구성되고 과거의 인간 자기대상 경험에 의해 덜 구성된다. 그러나 중독자가 경험하는 초기 리딩 엣지 전이는 대부분 분석가의 인간성과 리딩 엣지에 대한 그의 조율 때문에 구조화되어 중독자에게 그가 놓친 형성적 심리 영양분을 제공한다. 이는 『이상한 나라의 나르시스(Narcissus in Wonderland)』에서 처음으로 제안했던 초기 이론과 치료 접근법에 대한 중대한 변화다. 중독자가 처음으로 치료에서 경험하는 것은 과도기적 자기대상의 리딩 엣지 인간적 자질의 힘이며, 이후로 완전한 인간 자기대상 경험으로 진행된다. 이는 파열/회복 주기의 과정과 생성적 리딩 엣지 전이의 감지된 존재감의 조합으로 치료 과정을 진전시키며, 치료사는 점차 더욱 신뢰할 수 있는 인간으로 경험된다. 이러한 전이 경험은 항불안 또는 평화로운 이상화, 항우울제 거울 반영 또는 수치심 완화, 쌍둥이 동반 등을 수반한다. 이는 건강한 치료적 해리를 유도하고 그러한 환상 속에서 치료와 치료사는 환상 속의 진료소가 된다. 이 리딩 엣지 전이는 중독 환자에게 새로운 삶과 가짜 대안 없이 살 수 있는 능력을 제공하고 더욱 친밀한 인간관계의 문을 열어 준다.[2]

37세 여성인 Roberta는 거의 3년 동안 치료를 받아 왔다. 치료는 부부 치료로 시작되었고 Roberta와 그녀의 아내 Sharon은 그들의 친구이기도 한 동료

2 동료 중 한 명인 Peter Zimmermann과 나는 중독자의 초기 자기대상 전이의 본질에 대해 수년 동안 계속 논의해 왔다. 그는 치료사가 중독을 자기대상 전이로 흡수할 수 있으려면 거의 초인간적이어야 한다고 생각하는 반면, 나는 전이의 일부 측면이 처음에는 비인간적인 사물과 활동에 대한 중독의 복기로서 비인간적이어야 한다고 생각한다.

로부터 나에게 의뢰되었다. 둘 다 이전에 치료를 받은 적이 없었고 결혼한 지 10년이 되었다. 그들은 치료를 시작하기 불과 1년 전에 캘리포니아에서 뉴욕으로 이사했다. 그들은 수년에 걸쳐 그들의 관계를 뒤덮는 논쟁이 점점 더 길어지고 두 사람 모두 좋은 관계라고 느꼈던 것을 방해했기 때문에 도움을 구했다. 이러한 논쟁에 대한 Roberta의 대응은 논쟁이 있을 때마다 물러나서 며칠 동안 Sharon과 대화하지 않는 것이었다.

관계 초기에 그들은 정서적 연결이 없이 공개적이고 정직하게 행해지는 한, 다른 파트너와의 성관계를 허용하는 '개방된' 관계에 있었다. 그러나 그들이 결혼하기로 결정했을 때, 그들은 결혼 관계 밖에서 이루어지는 연애와 섹스를 중단하겠다고 서로에게 맹세했다. 지난 5년 동안 두 번, Roberta의 밀회는 Sharon에 의해 발각되었다. 그들은 이것이 계속되어 가족의 해체로 이어질 것을 우려했다. 그들은 놀랍도록 아름답고 우아한 커플이었다. 그들이 첫 약속을 위해 치료실에 왔을 때, 나는 각자의 외모와 좋은 외양이 두 사람 모두에게 매우 중요하다는 것을 알았다. 그들은 명문 아이비리그 학교 출신의 변호사로서, 훌륭한 경력과 두 자녀를 잘 키우고 있는, 전문직 부부의 성공을 기사화한 잡지 표지에 등장할 수 있을 것 같았다.

Roberta[3]는 또한 이전에 전국적인 순위에 올랐던 대학 운동 선수였으며, 단지 부상으로 인해 더 이상 선수 생활을 할 수 없었기에, 그녀의 전문 스포츠 분야에서 미국 국가 대표 팀에 합류할 자격을 잃었다. 운동은 항상 그녀와 그녀의 웰빙에 아주 중요했다. 자신이 선택한 스포츠에 대한 그녀의 숙달은 한편으로는 그녀의 자존감과 전반적인 행복감에 크게 기여했지만, 다른 한편으로는 그녀의 과대성에도 기여하여 그녀의 중독과 과대망상을 부채질했다. 그리고 이 치료에 크게 기여한 요인은 운동 선수로서의 자신에 대한 그녀의 비전과

3 환자의 신원 보호를 위해 이름, 신원 및 국가적 인지도가 있는 스포츠를 변경하거나 제거했다.

내게 있어 운동의 역할에 대한 나 스스로의 인식이 공유된 환상을 불러일으켰다는 점이고, 이는 내가 더 자세히 논의할 치료의 리딩 엣지의 필수적인 부분을 구성했다는 점이다. 학교를 졸업한 직후 젊은 여성으로서 Roberta의 법조인 경력은 상승 궤도를 그리고 있었다. 그녀는 27세에 연예계 관련 사업을 시작했다가 몇 백만 달러를 벌고서 떠났다. 그런 다음 그녀는 새로운 사업을 시작했고 이는 성공적이기는 했지만 매주 4~5일 동안 출장을 다녀야 했다. 성장하는 가족과 떨어져 있는 것이 점점 더 고통스러워짐에 따라 그녀는 직장과 그 회사의 지분을 포기했다. 그녀는 또한 이 사업에서 성공적인 게이 여성이 되는 것이 Sharon과의 관계에 엄청난 압력을 가한다는 것을 잘 알고 있었다. 처음 그들이 내 치료실에 온 이유 중 하나는 과거에 두 사람의 연애놀이(flirtation)와 관련된 신뢰 문제 때문이었다. 내가 알게 된 것은, 자녀들과의 관계가 그녀에게는 매우 중요하며, 그렇게 자주 떨어져 있는 것은 어린 시절 그녀의 아버지가 자주 부재했던 것을 생각나게 했다. 이러한 부재 경험을 특별히 장애를 가진 막내 아이에게 되물려 주고 싶지 않았다.

한 번에 며칠 동안 이 아이를 돌볼 수 없다는 것을 견딜 수 없었기에 그녀는 사업을 그만두고 막내아들을 더 많이 돌보기 위해 몇 년 동안 집에 있었다. Roberta는 또한 아내나 아이들과 떨어져 있는 시간이 다른 여성들과 수많은 만남으로 이어졌고 그중 일부는 성관계로 이어졌지만, 종종 이러한 만남은 몇 시간 동안 포도주를 마시고 식사를 하며, 연애놀이로 연결되는 긴 저녁 식사로 이어졌다고 보고하였다. 성관계가 있었다 하더라도, 그 후 그 여자를 서너 차례 보는 것으로 끝이었다.

그녀에게 설렘은 낯선 도시에서 일을 마친 후 술집에서 임의의 여자를 만나 그녀를 끌어들이는 경험에 있었다.

그녀는 자신이 불장난하고 있다는 것을 알았지만, 스스로 어쩔 수가 없었고 그 이유도 몰랐다. 그녀는 그들을 끌어들이면 자신이 특별하다고 느꼈고, 순간적으로 기분이 좋아졌다고 말했다. 치료 후반에 그녀는 그것을 격렬한 운동

후에 경험하는 황홀감(runner's high)에 비유했다. 그리고 치료가 진행되면서 그녀는 자신이 사랑받는 느낌을 갈망한다는 사실을 인정하게 되었다. 막내아들에게 더 많은 시간을 할애할 수 있는 것 외에도 그녀가 직장을 그만둔 또 다른 이유는 다른 여성들과의 관계를 줄이기 위해서라고 생각했다. 그녀가 이해해야 했던 대로, 여성과 관계하는 그녀의 관심은 그녀가 일을 그만둔 지 몇 달 만에 곧 다시 돌아왔기 때문에 이것은 장소를 옮긴 치료법에 불과했다.

지난 8년 동안 Roberta는 연쇄 창업가였다. 변호사로서 그녀는 초기 성공의 원동력이 된 일부 거래에 계속 관여할 수 있었지만 대부분 활동하지 않았다. 이 사업 중 두 개는 실패했고 나머지 하나는 어느 정도 성공했지만, 그녀는 이것을 성취로 여기지 않는다. 반면에 그녀의 아내는 지난 10년 동안 두 개의 로펌에서 근무했으며 최근에 파트너가 되었다. Roberta는 아내를 대단히 자랑스러워하고 크게 지지하지만, 자신을 Sharon과 비교할 때 실패자처럼 느낀다. 지난 5년 동안 아내가 아침 8시 직장에 가면, Roberta는 책임지고 자녀들에게 옷을 입히고, 먹이고, 학교나 어린이집에 데려다주었다. 여기에는 장애가 있는 막내아들을 집에서 30분 거리에 있는 특수학교에 데려다주는 일도 포함되었다. 그녀는 개인적으로나 직업적으로 어려움을 겪었지만, 모든 면에서 훌륭한 엄마이며, Roberta는 미소와 큰 기쁨으로 자녀를 돌본다. Roberta와 Sharon 사이 갈등의 일부는 Sharon이 Roberta 자신이 하는 일을 당연한 것으로 여기지 않기를 바란다는 점이다. Roberta는 직장에서 받는 Sharon의 압박을 이해하고 그녀를 지지하지만, Sharon이 가족을 부양하기 위해 자신이 하는 일에 더 감사하기를 원한다. 우리가 이해하게 된 것처럼, 그녀는 가치 있는 사람으로 보이고 반영되고 확인되기를 절박하게 원한다.

이 모든 것, 사업 실패, 자신이 엄마일 뿐이라는 인식으로 인해 그녀는 정서적으로 점점 고갈되었고 파트너에 대한 관용도 거의 없게 되었다. 파트너는 낮에 그녀에게 전화하는 것을 잊거나 일 때문에 밤에 데리러 가지 못할 수 있다. 그러면 Roberta는 토라지고, 화를 내며 Sharon에게서 물러나곤 하였다. 그들 사이의 논쟁은 종종 다음과 같은 과정을 거친다. Roberta는 Sharon에게 무시당했다는 감정에 기분이 상하고 상처를 받는다. 그런 다음 그녀와 대화를 중단하고 물러나거나 밤새도록 토론하지만 문제를 해결하지 못한다. Roberta의 관점에서 볼 때 문제는 해결책 없이 계속 지속되었다. Sharon은 너무 자주 그녀가 Roberta를 실망하게 한다고 느꼈고, Roberta가 항상 실망했기 때문에 종종 자신이 충분히 좋은 아내가 아니라고 느꼈다.

초기 회기 중 한 회기에서 우리가 그녀의 역사에 대해 논의하고 있었을 때, 그녀는 이야기 하나를 들려주었고, 그 논의는 치료에 중요한 변화를 가져왔다. Roberta는 캘리포니아에서 특권층의 가정생활을 하며 자랐다. 6세였던 어느 날 오후, Roberta는 어머니와 함께 차를 타고 가고 있었는데 어머니가 갑자기 차를 세우고는 그녀에게 내리라고 요구했다. Roberta는 차 안에서 불평을 하고 있었고 화를 내며 어머니의 말을 듣지 않았다. Roberta는 길가에 버려졌다. 그녀는 자신이 어디에 있는지, 무엇을 해야 하는지 전혀 몰랐던 것을 회상한다. 5분 후, 그녀의 어머니는 차를 몰고 돌아와서 그녀를 차에 태우고는 그녀에게 깨우침을 주려고 한 것이었다고 말했다. 어머니는 이제부터 어머니에게 거역해서는 안 될 것이라고 그녀에게 말했다. Roberta는 시골에서 매일 차를 타던 일상에 관해 말하듯이 이야기를 했다. 그녀는 어머니가 그녀에게 말을 걸었고 그녀가 말을 듣지 않았던 것 같고, 그 결과 그녀는 품행이 바르지 못하다는 이유로 차에서 쫓겨났다고 말했다. Roberta가 이야기를 하는 방식은 6세 소녀가 길가에 버려져 어머니에게 버림받은 후 느꼈을 공포와는 완전히 다른 느낌이었다. 그녀는 실제 사건을 기억했지만, 그녀가 더 기억하는 것은 그녀의 어머니와 아버지가 가족 설화의 일부로 재미있는 이야기 중 하나라고 하면서 여러 번 이 이야기를 반복한 것이었다. 나는 그녀에게 그 이야기에 대해 어떻게 느꼈는지 물었고, 그녀가 이야기를 말할 때 주는 어감이 그 아이가 느꼈을 정서와 일치하지 않는다는 점을 더 강조하여 반영해 주었다.

Roberta는 매우 사려 깊었으며 내 질문에 열려 있었다. 이어서 그녀는 그 이야기에 관해 그리고 부모님이 그 일을 기억나게 할 때마다 자신이 왜 웃고 있었는지 몰라서 얼마나 기분이 나빴는지에 관해 말하기 시작했다. 그녀는 내가 그녀의 이야기와 그것에 대해 어떻게 느꼈는지 질문하는 것에 깊은 영향을 받았다. 처음에 그녀는 아무것도 느끼지 못했다고 부인했지만, 회기가 끝날 무렵 그녀는 상당히 화가 나 있었다. 그녀는 다음 회기를 기다리는 중간에 전화를 걸어 그녀와 그녀의 아내가 이것에 대해 논의했다고 말했고, 내가 몇 회기 동안 그녀를 혼자 만나는 것이 괜찮은지를 물었다. Roberta는 그들이 진전을 이루려면 먼저 개인적으로 나를 만나야 할 필요가 있음을 Sharon에게 설명했다. 나는 동의했고 이후 거의 3년이 지나도록 Sharon을 보지 못했다. Sharon은 자신의 개인 치료사를 찾았고 Roberta와 나는 일주일에 두 번 만난다. Roberta는 자동차 사건과 그녀가 실제로 느꼈던 것과는 너무 다른 감정을 느껴야 했던 더 많은 가족 모임 순간에 대해 매우 말하고 싶어 하며 다음 회기에 왔다. 그 순간들을 다시 생각하면서 그녀는 종종 자신이 느꼈던 것을 감추곤 했다는 것을 깨달았다. 공포에 떨거나 무서워하는 것은 그녀의 가족에게 용납되지 않았다. 그녀의 보고에 따르면 어머니는 거의 부재하였고, 정서적으로 더 쉽게 접근할 수 있었던 아버지는 그녀의 진실을 수용할 수 없었다. 그녀는 어머니가 자녀, 형제 또는 자신에게 공감적이지 않았다고 묘사하였다.

나는 종종 치료 초기 몇 달 동안 음악의 언어를 이용하면 스타카토 주법을 사용하는 것처럼, Roberta가 종종 다소 단절된 단어들을 파열하듯이 끊어진 채로 말하는 것을 느꼈다. 치료 초기 몇 달 동안 나는 내가 그녀를 따라갈 수 있을지 또는 그녀를 이해할 수 있을지 궁금했다. 몇 달 후 단어와 문장에 등장했던 이러한 점과 대시(dots and dashes)는 그녀의 말에서 점점 더 연속성을 갖게 되었다(음악 용어를 사용하면 레가토). 그녀의 문장은 더 연결되어 있었고 그녀를 따라가고 이해하기가 훨씬 더 쉬워졌다.

그녀가 나와 의사소통하는 방식의 이러한 변화는 치료 초기 몇 달 동안 발생한 수치심을 없애는 과정의 결과였으며 이상화 자기대상 전이 환상에 대한 그녀의 소망으로, Roberta와 내가 리딩 엣지에 참여한 결과였다. 이상화 전이 환상의 맥락에서 Roberta는 그녀와 Sharon이 행복했지만, 관계가 거짓말로 시작되었다고 밝혔다. 그녀는 그들의 관계 처음 6개월 동안에 그녀와 미래를 기대했던 많은 여성과도 데이트했다고 설명했다. 그런 다음 그녀는 이런 일이 한 번 이상 있었다고 밝혔다. 즉, 아내를 만나기 10년 전에 한 번에 한 명 이상의 여성들과 데이트를 했다고 밝혔다. 그런 상황에서 두 여자는 각자가 Roberta가 만나고 있는 유일한 사람이라고 믿었다. Roberta는 자신의 연애사에 대해 자유롭게 연상하며, 중학생 이후로 여자 친구가 없었던 경우가 거의 없었다고 자신과 나에게 드러냈다. 앞서 말했듯이 그녀는 결혼 이후 다른 여성들과 잠깐 바람을 피운 적도 있었다고 밝혔다. 그녀는 장난삼아 연애하고 여성이 그녀에 관심 갖는 것을 느끼는 것을 좋아한다고 보고했다. 그녀는 연애놀이를 즐기는 것이 대부분의 경우, 성적 관계보다 더 중요하다고 보고했다. 섹스 경험의 가장 중요한 부분은 그 여성이 자신을 위대하고 특별하다고 생각하며, 위대한 연인으로 경험하는 부분이었다. 그녀와 그녀의 아내는 적극적인 성생활을 하였고 그녀는 그것을 즐겼다. 그녀는 섹스를 위한 섹스에는 거의 관심이 없었고 과도한 자위행위나 음란물에도 관심이 없었다고 보고했다. 이 시점에서 나는 Roberta의 중독이 섹스가 아니라 사랑, 그녀에게 강력한 관심을 보인 여성들의 무리가 불러일으키는 환상에 있다는 것을 이해하게 되었다. 그들의 관심을 얻음으로써 그녀는 자신의 고갈을 상쇄하고 자신에 대한 과대 환상을 갖게 되었다. 그녀에게 가장 중요한 것은 자신이 특별하고 중요하며 사랑받고 있다는 느낌이었다. 이것은 나의 '전지성(omniscience)'에 의해 그리고 그녀가 버림받은 것에 대해 그녀가 어떻게 느꼈을지 내가 알았던 것으로 시작된 이상화 전이 환상이 펼쳐지면서 점점 더 분명해졌다. 나는 그녀를 실망하게 한 수동적이고 부재한 아버지가 아니라, 그녀의 감정에 관심을 두고 있는 아버지였다.

여자 친구에 대한 그녀의 계속되는 욕구에 관해 이야기하는 과정에서 나는 항상 여자가 옆에 있어야 하는 그녀의 욕구와 그녀가 자신에 대해 어떻게 느끼는지 언급하면서 '수치심에 얽매인(shame bound)'이라는 언어를 사용했다. 그녀는 다음 회기에 왔고 뭔가 분위기가 달랐다. 지난 몇 주 동안 나는 그녀와 점점 더 연결되어 있다고 느꼈다. 그녀의 말에는 더 많은 연속성이 있었고 나는 점점 더 그녀와 연결되어 있다고 느꼈다. 무언가 변화가 있었다. 나는 그녀가 불편하다는 것을 느낄 수 있었기 때문에 그녀에게 무슨 일이 있느냐고 물었지만, 나는 그 이유를 확신할 수 없었다. 처음에는 자신이 느낀 바를 자유롭게 이야기할 수 없었지만, 그 회기가 천천히 진행되면서 Roberta는 내가 그녀를 묘사할 때 '수치심에 얽매인'이라는 표현을 사용했기 때문에 나에게 화가 났다고 말했다. 그녀가 무엇을 느꼈는지를 탐색하면서 그녀는 먼저 나에게 화가 났다고 말했다. 하지만 그녀가 차츰 깨닫게 된 것은 그녀에게 수치심이라는 단어가 나약함을 의미하였고 그녀는 나약하게 보이고 싶지 않았기 때문에 내가 그녀를 두고 수치심이란 단어를 사용한 것에 화가 난 것이었다. 문제는 내가 '수치심'이라는 단어를 사용하는 데 있는 것이 아니라 내가 그녀를 어떻게 생각하는지에 대한 것이라고 말했다. 트레일링 엣지에 대해 논의해야 한다는 것이 명백해졌고 우리는 그렇게 했다. Roberta는 자신의 수치심이나 취약성에 관해 이야기하는 것이 나에게 약점으로 보일까 봐 두려워했다. 그녀가 자신의 아버지와 달리 내가 그녀가 느끼는 것에 관심이 있고, 그녀와 어린 소녀로서의 경험에 공감한다고 느꼈을 때, 이상화 전이 경험에 대한 열망, 즉 리딩 엣지에 대한 열망이 실현되었다. 우리는 그녀가 여성에 대한 자신의 욕구를 보는 것에 느끼는 수치심을 더 이야기했고, 나는 그녀 자신의 인간성을 보고 이러한 문제에 관해 이야기하는 데 필요한 용기를 이야기했다. 수치심을 없애고 그녀의 취약성을 더 많이 인식하는 것은 이상화 전이 환상과 함께 진행되어 리딩 엣지의 초기 가닥을 형성했다.

Roberta의 말하고 자신을 드러낼 수 있는 능력의 향상은 발달하는 이상화 전이 환상인 리딩 엣지를 지원하는 상호주관적 맥락에서 발생했다. 이상화 전이는 또한 내가 그녀와 함께 탐색했을 때 특정 순간의 맥락에서 계속 반복되는 특정 행동을 발전시켰다. 예를 들어, 바쁜 주말에 4코스 식사를 요리하는 그녀의 헌신과 같이, 시간 사용에 대해 질문하면 그녀는 생각에 잠기고 자신이 할 수 있기 때문만이 아니라 아내로부터 슈퍼 주부이자 요리사로 여겨지기를 원해서 이런 프로젝트를 하고 있음을 깨닫곤 하였다. 그러나 예술적으로 준비된 식사를 요리한 후에 충분한 칭찬을 결코 받은 적이 없었고, 오히려 Sharon으로부터 더 거리감을 느꼈으며, 그들은 더욱더 논쟁에 휘말리곤 했다. Roberta는 로스쿨 졸업 후 일류 요리 학교를 거친 뛰어난 셰프였다. 그녀가 독신이었을 때 요리 기술을 사용하는 것은 관심과 칭찬을 받기 위한 효과적인 도구였지만, 어머니로서는 이러한 초인적인 식사로 의도된 효과를 얻지 못했다. 내가 이런 사실들을 그녀에게 설명할 수 있었을 때, 그녀는 이를 감사히 여겼고, 이는 다시 이상화를 강화하는 데 도움을 주었다. 또는 어떤 때는 슈퍼 엄마가 되기 위해 저녁을 요리하고, 모두가 즐길 수 있을 것으로 생각하는 수많은 야간 활동을 계획했지만, 저녁이 끝날 무렵이 되면 자신은 다시 매우 고갈되어 있었다. 그녀는 내가 이러한 활동에 대해 의문을 제기해서 그것들이 자신을 더 기분 좋게 하는 데 실패하고 있음을 깨닫도록 도와준 것에 고마워했다. 우리는 또한 그녀가 충분히 이해하지 않았던 생각으로, 가족을 위해 뭔가를 하는 것이 중요한 것이 아니라 그녀가 가족과 함께 있는 것이 가장 중요하다는 점을 함께 탐색했다. 이런 대화 후에 그녀는 한 번 이상 '우리의 대화가 도움이 되었다'고 말했다. 이러한 순간 모두는 전개되는 이상화 자기대상 전이를 함축하고 있다. 이상화 전이가 더 많이 전개될수록 수치심이 줄어들고 대화에서 톡톡 끊어짐이 줄어들었다.

처음 치료를 시작한 지 6개월이 안 되었을 때 Roberta는 휴가 계획에 대해 논의하고 있었고 계획하는 휴가가 이전에 다녀온 휴가들과는 매우 다르다고 언급했다. 나는 그녀에게 무슨 뜻인지 물었고 그녀는 자신이 겪었던 몇 가지 모험에 관해 이야기했다. 지금 생각에 그때 그 모든 것이 중요하고 스릴이 넘쳤지만, 이제 와서 이해해 보니 그것들은 지나치게 과도했다. 그녀의 뛰어난 운동 능력을 바탕으로 하는 모험 가득한 휴가로서, 스카이다이빙과 비행기에서 뛰어내리기, 패러글라이딩 등은 그녀에게 매우 중요했고 그녀의 탁월한 운동 능력을 측정하는 방법이었다. 그녀가 올림픽 수준에서 경쟁했던 스포츠 활동들 또한 이제는 잠재적으로 너무 위험하다고 생각해서 포기했다. 그녀는 당시 요즈음이라면 더 이상 시도하지 않았을 모험을 감행했었고, 그 모험이 주는 전율은 그녀가 멀어지거나 해리되는 방법이었음을 인정한다. 그러나 둘째 아이가 태어난 후 그녀는 너무 위험하다고 판단하여 이러한 활동에 참여하는 것을 멈췄다.

그녀는 종종 체육관에서 운동하거나 뉴욕의 센트럴 파크에서 빠른 달리기를 하고 약속된 상담에 왔다. 치료의 처음 3개월 동안 그녀가 때때로 달리기를 포함한 자신의 운동에 관해 이야기하면 나는 달리기에 대한 나의 관심을 그녀에게 말할 수 있을지 생각하곤 했지만 적절한 시기가 아닌 것 같았다. 나는 달리기에 관해 이야기하는 것을 꺼렸는데, 사실 나 자신이 달리기를 너무 좋아하기 때문에 쌍둥이 경험을 제공하는 대신, 달리기에 대한 나의 좋은 느낌을 그녀에게 강요할까 봐 염려가 되어 주저하였다.

나 자신의 달리기 일정에는 보통 일주일에 세 번, 일요일에는 장거리 달리기, 주중에는 종종 일하기 전, 두 번의 비교적 짧은 달리기가 포함된다. 공원에서 달리는 그녀를 만날지도 모른다는 생각이 들었다. 어느 날 아침, 센트럴 파크에서 달리고 있는데 갑자기 Roberta가 내 옆을 지나치며 달리고 있었다. 우리는 예상치 못한 만남에 얼굴에 미소를 머금은 채 서로를 바라보았다. 몇 분 동안 우리는 이야기를 나눴고, 그녀는 계속해서 달렸으며, 각자 운동에 전념했다. 다음 날, 그녀가 치료에 와서 나 역시 달리기하는 것을 몰랐다고 하면서 달리기와 운동 일정에 관해 물어보길 원하였다. 그래서 나는 우리의 공통 관심사에 관해 이야기할 수 있었다. 그녀에게 달리기는 인생 초기의 대단한 열정이었으며, 나에게는 엄청난 자기만족과 즐거움을 가져다주는 취미였다. Roberta는 내 달리기에 대한 모든 것을 알고 싶어 했다. 또 예전에 나에게 물어보고 내가 운동을 안 한다고 대답했더라면 실망했을지도 몰랐기 때문에, 지금 부담 없이 물어보는 것 같다고 생각하였다. 그러나 이제, 내가 달리는 것을 보았고 그런 위험을 감수할 필요가 없어졌다. 그러나 또한 나의 대답이 '아니요'인 경우여도 치료는 올바른 방향으로 충분히 진행될 수 있을 것으로 생각했다. 나는 달리기를 하며, 일주일에 세 번 뛰는 것이 나의 운동 규칙이라고 말했다. 나는 또한 지난 두 번의 뉴욕시 마라톤에 참가했다고 말했고, 요즘도 계속하고 있는 달리기와 운동에 관한 대화를 시작했다.

우리는 달리기 기술, 전략, 의복, 내 생각에 이상화된 아버지 인물인 나와 함께 전개되는 쌍둥이 전이 환상이었음을 확인하고 견고히 하는 모든 달리기에 관해 이야기한다. 그녀는 수상 경력이 있는 운동 선수였지만, 그녀의 아버지는 그녀와 함께하는 데는 관심이 없었다. 하지만 단지 그렇게 높은 수준에서 경쟁하는 딸이 있다는 개인적인 만족 때문에 그녀의 운동을 즐겼을 뿐이었다. 경쟁은 그녀의 것이 아니라 그의 것이 되었고 그는 그녀와 함께 즐거움에 동참하는 데 관심이 없었다. 지난 5년 동안 나는 지난 다섯 번의 NYC 마라톤 중 네 번을 계속해서 달렸는데, 그동안 그녀는 나의 진행 상황을 따랐으며, 경주 당일에는 좋은 시간뿐만 아니라 부상과 실망에 관해서도 이야기를 나누었다. 부끄러움 없이 나 자신의 취약성을 인정하고, 부상 후 자신을 돌보고, 건강할 때까지 다시 달리기할 수 있기를 기다리고, 나이가 들어 감에 따라 더 느려지는 시간을 받아들이는 것 등이 대화의 중요한 부분이 되었다. 그리고 두 번, 우리 둘 다 일요일에 공원에서 뛰기 위해 나갔을 때, 센트럴 파크에서 몇 분 동안 이야기하기 위해 멈춘 적이 있었다. 그리고 최근에 내가 상담시간 사이에 산책하고 있을 때, 우연히 길을 걷던 Roberta가 나에게 다가왔다. 그녀는 내가 알고 있는 엘리트 선수와 동행하고 있었다. 놀랍게도 그녀는 나를 그녀의 치료사이자 동료 주자로 소개했는데, 이 모든 것은 리딩 엣지의 견고함과 수치심과 취약성을 둘러싼 문제가 어떻게 해결되었는지를 반영한다.

최근 회기에서 Roberta는 왜 내가 달리는지 물으면서, 그녀가 그랬던 것처럼 나도 감정에서 도망치는 것인지, 아니면 개인적인 삶에서 번번이 태양에 너무 가까이 다가가, 위험을 무서워하지 않는 기질 때문에 결국 실패로 끝나는 사업을 했던 그녀의 아버지와 같은지를 물었다. 의사인 그녀의 아버지는 나쁜 사업 거래에 연이어 참여했었다. Roberta와 달리기에 대해 이야기하는 과정에서 나는 한계를 뛰어넘는 것을 이야기했고 이에 대한 나의 인식과 동시에 나는 나이가 들었고 3시간 30분 내에 마라톤을 완주하지는 않지만, 내가 전에 그녀에게 말했듯이 트럭이 나를 태우기 전 완주를 끝내는 것에 만족한다고 말했다. 너무 많은 것을 기대하지 않고 내가 성취할 수 있는 것에 만족하면서, 그저 다른 사람과는 상관없이 나 자신과 경쟁하고 참가하는 즐거움과 만족감에 대해 이야기하면서, 나의 균형 잡힌 과대감(measured grandiosity)을 그녀에게 보여 주었다. 그녀의 아버지가 의료 행위를 하는 것을 지켜보는 동안 그녀는 그가 많은 돈을 낭비하는 것을 보았고 동시에 십대로서 그녀는 아버지가 바람을 피웠을 가능성과, 지나치게 성에 노출되었음을 알고 있었다고 생각했다. 치료 과정에서 Roberta의 어머니도 20년간 불륜 관계에 있었다는 사실이 밝혀졌다. 이것은 그녀의 아버지가 Roberta에게 공개한 것이었고 그녀의 어머니와는 이에 대하여 이야기한 적이 전혀 없었다. 삶 가운데 어머니의 부재를 경험했던 Roberta에게 이것은 놀라운 일이 아니었다. 나는 그녀나 내가 누구든지 운동에 대한 대화를 시작할 때, 이러한 활동에 대한 우리의 공통 관심사가 쌍둥이 리딩 엣지의 일부이며, 그런 대화들이 이러한 활동을 생각하고 공통 관심사와 감정이 있음을 구체화하는 것으로 이해했다. 이 모든 것은 행복감과 우리 자신에 대한 더 큰 감각으로 이어졌는데, 이는 그녀 아버지의 걷잡을 수 없는 과대감과 어머니의 부재에 대해 해독제가 되는 경험이었다.

나는 이 3년간의 치료 과정에서 우리 사이의 상호주관적 장이 성애화된 적이 없었다는 것을 알고 있다. 그녀에 대한 성적인 감정을 부정하거나 억누르고 있는 것은 아닌지 자문해 보았지만, 이는 우리 사이에서 활성화되거나 어려운 문제가 아니라는 결론을 내렸다. Roberta는 부모와 친구들이 그녀를 빠르게 받아 주었기 때문에 갈등과 어려움이 거의 없이 어린 십대일 때 커밍아웃했으며, 점점 더 자신이 레즈비언이라는 사실을 확신하였다. 나는 그녀를 중독으로 고군분투하는 여성으로 경험하고 있으며, 그녀를 정말 좋아하지만 이러한 감정이 성적으로 나타나지는 않았다.

Roberta는 치료를 받은 첫 2년 동안 고갈된 감정에서 벗어나 두 차례 여성과 관계를 맺고 싶은 유혹을 느꼈던 것에 대해 나에게 이야기했다. 한 번은 출장 갔을 때였고 다른 한 번은 딸 친구의 어머니와 함께 있을 때였다. 두 상황 모두에서 그녀는 회기에 와서 현재 일어나고 있는 일에서 느끼는 취약감과 우리 관계가 자신의 감정을 관리하는 데 어떻게 도움이 되었는지에 대해 이야기했다. 한 상황에서 그녀는 2주간의 출장 중에 Sharon과 그녀의 가족들로부터 느끼는 외로움과 거리감에 관해 이야기했지만, 우리가 여행을 준비하는 중에 이야기하면서 내가 제안했던 대로, 여행 중에 실제로 대화했던 것은 그녀가 덜 외롭게 느끼도록 도와주었고, 이상적인 인물인 나와의 융합이 그녀를 지탱할 수 있을 만큼 충분히 강했다. 또한 우리가 이해하게 된 것처럼, Roberta는 무릎 부상에 대처해 왔는데, 무릎 부상으로 인해 신체 활동이 심각하게 제한되었다. 종종 건강한 자존감의 원천인 운동을 할 수 없게 되면, 이 또한 그녀의 고갈에 기여했다.

Roberta는 내가 대화를 제안한 것은, 자신이 의심했듯이 아내와 가족에게서 떨어져 여행 중일 때 외로움을 느낄 수 있는 취약성을 지닌 그녀에게 내가 관심이 있었기 때문이라고 말했다. 그녀는 거들먹거리며, 자기 도취적이거나 그녀의 초기 운동 능력에 지나치게 관여했던 아버지와 달리 자신의 웰빙에 관심을 보이며, 보상적 자기대상 경험을 주는 아버지로 나를 경험했다. 여성 편력은 Roberta가 자주 느끼는 고갈을 상쇄하기 위해 유용할 수 있었지만, 물론 이것은 건강한 자존감으로 이어지지 않는 방어적인 책략에 불과했다. Roberta는 자신이 강해져서 여성들이 마음에 떠오르지 않을 때, 그녀는 자신이 구축하고 있었던 '코어 강화(core strength)'라고 부르는 개념을 이해하였다. 이는 내면에서 더욱 강해지는 것을 의미하는 것으로 그녀가 자신에 대해 더 나은 기분을 느끼도록 도와주었다. 이런 식으로 나는 그녀의 초기 운동 경력에 관련된 측근이자 그녀의 운동 팀의 일원이었던 운동 트레이너를 상기시켰다. 4, 5년 동안 그녀의 팀 코치로 그녀와 함께 보냈던 트레이너는 그녀를 한 인간으로서 돌봐 주었고 그녀는 그의 주목을 받는다는 느낌을 받았었다. 나는 제안을 했고 그녀는 이 트레이너와의 초기 관계가 우리 관계의 전조였다는 데 동의했으며, 두 경우 모두에서 우리가 모두 그녀를 배려하고 한 인간으로 본다고 느꼈다. '코어 강화'라는 개념은 또한 그녀가 자신에 대해 얼마나 좋은 감정을 느끼는지 논의할 때 계속 반복해서 사용하는 표현이기도 하다.

최근 Sharon과 Roberta가 고용한 가사도우미가 불편하다고 느꼈지만 환영할 만하다는 관심을 보이기 시작했다. 그녀는 이것이 의미하는 바를 이해했고 그녀와 함께 이 위험한 게임을 하고 싶은 유혹을 느꼈다. 치료 초기에 나는 그녀가 충동적인 욕구를 다룰 때 직면하게 될 어려운 순간들을 쭉 생각하면서 누군가와 행동화(acting out)하면서, 자신이 느끼는 감정, 그것이 어떤 모습일지 마음속으로 연기해 볼 것을 제안했었다. 그녀는 이 아이디어를 사용하는 것이 어떻게 나를 떠올리게 했는지, 그리고 만약 가정부의 초대를 수락한다면 어떤 기분일지 생각했을 때, 그것은 빛과 환상을 잃었고, 그것이 주는 힘을 잃었다고 말했다. 그녀는 저항했고 이후 그녀가 느낀 점을 Sharon에게 이야기했으며 그들은 이 직원을 해고했다. 이런 시으로 Roberta는 그녀의 리딩 엣지 전이 경험인, 나와의 이상화 융합 경험 속에서 위안을 얻었다.

이 순간들을 이야기하는 과정에서 Roberta는 자신에게 절실했던 것은 섹스가 아니라 자신에게 관심을 두는 여성의 느낌이었으며, 이것이 자신에게 매우 중요했기에 그녀와 함께할 수 있는 거의 모든 것을 하였던 것이라고 밝혔다. 그녀는 이것이 성적으로 표현될 수 있었지만 가장 중요하게 그녀가 원했던 것은 자신이 특별하게 중요하며 항상 여성의 마음에 있다고 느끼는 것이라고 말했다. 그녀는 그 순간에 자유 연상으로 캘리포니아에 있는 어린 시절의 집에서 멀지 않은 해변에 갔던 것을 기억했다. 당시 그녀는 그녀가 좋아하고 있다고 믿었던 여자 친구와 함께 해변에 앉아 있었다. 그러나 그날 오후 동안 그녀는 다른 많은 소녀들을 응시하고 있는 자신을 발견했고, 자신이 아끼는 누군가와 함께 앉아 있었기 때문에, 왜 이런 짓을 하고 있는지를 자문했던 것을 기억했다. 그녀는 당시에 이해하지 못했지만, 무엇인가 더 필요했다는 것을 깨달았다. 그녀는 때때로 여러 명의 여성과 동시에 데이트했지만, 그 이유를 이해하지 못했고, 자신에게 끔찍한 문제가 있음을 느꼈다. 이 여성들은 서로 교체 가능한 존재가 되었고, 자신이 결코 진정으로 사랑에 빠질 수 없을 것 같아 두려워했다.

리딩 엣지가 퇴행하여 치료적 분리가 발생했던 두 가지 중요한 순간이 있었다. 첫 번째 상황에서 Roberta는 업무상 서해안으로 여행하려는 중이었다. 그녀가 떠날 준비를 하면서 우리는 그녀가 여자와 '교제'하고 싶은 유혹을 받게 될 어려운 순간에 관해 이야기했다. 이 상황은 치료 6개월 또는 7개월 후에 발생했다. 특별한 여행에서 그녀는 과거에 자주 우려러보았던 옛 여자 친구가 근처에 사는 도시로 가고 있었다. 우리는 그녀가 어떻게 이 여성과 '교제'하고 싶은 유혹을 받을 수 있는지, 그리고 그녀와 함께 있는 것이 매우 현실적으로 느껴지지만 본질적으로 환상이 그녀에게 말하는 것일 뿐이라고 분명하게 말했다. 나는 우리가 이 상황에 관해 이야기하고 있지만, 그녀에게 전화하고 싶은 유혹이 여전히 강력할 수 있다는 것을 분명히 했다.

Roberta는 처음에는 여행이 순조롭게 진행되었으며 이전 여자 친구에게 전화하고 싶은 유혹을 받지 않았다고 말했다. 우리는 몇 번 만났고, 그녀가 돌아온 후 두 번째 회기가 끝날 때, 그녀는 나에게 할 말이 있다고 말했고, 나는 그녀를 바라보면서 그녀가 출장 중에 이전 여자 친구를 만났었는지 물었다. 그 회기가 진행되는 동안 점점 더 나는 그녀의 말투 패턴에서 스타카토를 다시 느끼기 시작했고, 그녀와 나의 관계에서 거리감과 주저함을 재경험했으며, 그것을 그녀의 근본적인 수치심을 나타내는 것으로 이해했다. 나는 그녀가 나에게 말하고 싶어 하는 것을 이해한다고 말했고, 또한 치료 초기 몇 달 동안 그랬던 것처럼 그녀와 거리감을 느끼기 시작했다고 말했다. 우리는 그녀가 이전 여자 친구를 만났다고 말하면서 겪는 수치심과 판단에 대한 두려움을 이야기했다. 그런 다음 그녀는 이 여성과 잠시 결혼생활을 했었고 Sharon조차도 이 관계에 대해 알지 못한다고 밝혔다. 우리가 이번 여행에서 일어난 일에 대해 더 많이 이야기하면서 그녀는 다음 여행을 떠나기 전에 이러한 상황에 관해 이야기하는 것이 도움이 되는지 아니면 우리가 그것에 관해 이야기하지 말아야 하는지 내가 그녀에게 물어볼 것으로 생각했다. 그녀는 우리가 그 가능성에 관해 이야기했고 그녀가 어쨌든 행동화했지만, 내가 그녀를 경계하면서 금욕을 유지하기 어려울 상황을 함께 예상하는 것이 그녀에게 중요하다는 것을 내가 알기 원했다고 말했다. 그녀는 또한 이번 여행을 떠났을 때 그녀와 Sharon이 좋은 상태에 있지 않았고, 이로 인해 그녀는 더 갈급했고 고갈되었을 가능성이 있었으며, 이 모든 것이 그녀의 이전 파트너를 만나는 데 기여했음을 보고하였다. Roberta는 전 부인과의 저녁 식사 도중에 그녀를 만나는 것은 환상이었고 그녀와 섹스를 하면 감정이 더 고갈되고 쓸모없게 될 뿐임을 밝혔다. 그녀는 성관계를 하지 않은 채, 저녁 시간을 짧게 보냈다. 그러나 처음에 만남에 대해 이야기하는 것에 직면했을 때 그녀는 여전히 너무 부끄러웠고 내가 그녀를 판단할까 봐 걱정했다. 회기가 끝날 즈음 내게 말하는 중에, 그녀는 계속 만나면서 일어난 일에 대해 이야기하지 않는 것이 무의미하다는 것을 알고 있었다고 말했다. 우리가 말하지 않으면 잃을 것이 더 많다고 느꼈기 때문에, 그녀는 마침내 일어난 일에 관해 이야기해야 했다. 그녀가 실제로 ISP의 언어로 말한 것은 '우리(us)'를 잃고 싶지 않았다는 것과 우리는 그녀의 두려움을 극복할 수 있을 만큼 충분히 신뢰할 수 있는 파트너가 되었다는 것이다. 그녀의 관심사에 대해 이야기함으로써 그녀는 내가 그녀의 욕구가 얼마나 강력한지를 이해하고 있는지 확인하고 싶어 했다. 그렇지 않았으면 쌍둥이와 이상화는 모두 줄어들었을 것이고 자기대상 전이는 더 이상 효과적이지 않았을 것이다.

두 번째 치료적 단절에서 Roberta가 Sharon과 가지고 있는 불일치와 그녀가 어떻게 오해를 받았는지에 대해 말했을 때 나는 Roberta가 받아들이기 어렵다고 생각한 관점에서 반응하였다. 그녀는 Sharon이 가족과 Roberta에게 불편을 끼침에도 불구하고 마을에 왔던 한 친구를 만나기를 원했다고 말하면서, 자신과 Sharon 사이의 불일치를 설명했다. Roberta는 Sharon이 그녀의 친구를 만나는 것은 다른 사람을 기쁘게 하려는 Sharon의 욕구에 대한 항복이며, Sharon이 자신의 가족과 Roberta의 욕구를 간과하는 것이라고 생각했다. 이는 Roberta가 Sharon이 종종 다른 사람들을 기쁘게 하려는 욕구가 너무 커서 가족의 욕구를 대체한다고 생각하는 지속적인 문제였다. 나는 이에 대해 Roberta에게 의문을 제기했고, 매우 적극적으로 Sharon에게 다가가서 Sharon의 관점을 이해해야 한다고 그녀에게 말했던 것을 기억했다. 그녀는 이것이 우리가 했던 것과는 다른 방식이라고 느끼면서 회기를 떠났지만, 이에 대하여 생각해 보기를 원했다.

Roberta는 다음 회기에서 지난 며칠 동안 여러 계기에서 그녀의 아이들에 대해 비정상적으로 좌절감을 느꼈고 그녀가 Sharon과 연결하는 것이 어렵다는 것을 알게 되었다고 보고했다. 그런 다음 그녀는 지난 회기에서 우리 사이에서 무엇인가 잘못되어 가고 있음을 느꼈다고 말했다. 지난 회기가 끝난 후에, 나 역시 내가 Roberta보다 Sharon의 우려에 더 공감했는지를 생각했지만, 이것이 Roberta에게 어떤 영향을 미쳤는지 확신할 수 없었다. 그런 다음 Roberta는 내가 괜찮은지 또는 지난 회기에서 나를 괴롭혔던 것이 있었는지 물었다. 나는 그녀에게 지난 만남이 끝날 즈음에 나 역시 다른 느낌을 받았고, 나 자신의 마음 상태에 대해 생각할 것이라고 설명했다. 나는 그날 내 마음에 뭔가가 있었고 그녀와는 아무 관련이 없다고 계속 말했다. 나는 계속해서 그녀가 직면하고 있는 곤경을 듣고 이해하며, 그녀가 어떻게 느끼는지 질문하는 대신에, Roberta의 결혼 문제를 '해결'하려는 나의 활동과 관심이 그녀 자신과 아내 및 자녀에 대한 그녀의 우울감과 직접적인 관련이 있다고 말했다. 그녀는 미소를 지으며 "그렇게 생각했어요, 당신 같지 않았어요."라고 말했다. 나는 그 회기에서 Sharon과 함께 이 문제를 해결하기 위해 그녀가 무엇을 해야만 할지에 대해 말한 것과 같은, 이전 회기와는 다른 방식을 취했다. 이를 두고 Roberta는 내 인생에서 무슨 일이 일어나고 있음이 틀림없다고 생각했다. 이것은 우리 관계의 중요성에 대한 토론으로 이어졌다. 그녀는 내가 괜찮은지 물어보는 것도 다소 위험하지만 묻지 않는 것이 더 위험하다고 말했다. 그녀는 또한 그녀가 나와 치료를 신뢰하며 내가 그녀의 감정을 무시하지 않을 것이고, 그녀와 합리적이고 협력적인 대화에 참여할 것을 믿는다고 말했다. 내가 생각하는 이 모든 것은 Roberta가 우리의 작업을 함께 안내해 온 이상화와 쌍둥이인 치료의 리딩 엣지로 돌아갈 수 있는 길을 찾았음을 시사한다.

Roberta는 이제 치료 3년 차다. 나는 우리가 어떤 식으로든 끝났다는 인상을 주고 싶지 않다. 최근에 새로운 도전이 나타났다. 나는 이것이 Roberta와 나에게 도전이 될 것이고 우리 관계의 지속 및 Sharon과의 관계를 시험할 것임을 인정한다. Sharon은 최근에 예후가 명확하지 않은 쇠약한 질병 진단을 받았다. 나는 처음 2년 이상의 치료가 우리가 함께 더 많은 일을 할 수 있는 토대를 마련했다고 믿는다. 처음에는 치료적 관계가 필요하다는 사실을 부끄러워했던 Roberta는 이제 때때로 자신이 연결의 힘을 불러일으키고 그것이 결혼생활의 위기와 만족스러운 일을 찾기 위한 투쟁을 헤쳐 나가는 데 어떻게 도움이 되었는지를 이야기한다. 나는 이러한 문제를 통해 그녀를 계속 도우면서 그녀가 Sharon의 질병을 돌보고 그녀 자신과 Sharon 및 그들의 가족이 가용하는 데 필요한 '코어(core)'를 갖는 것을 포함하여 인생의 예상되는 폭풍 극복에 필요한 '코어'를 개발할 수 있기를 바란다. 이 논문의 관점에서 볼 때, 리딩 엣지는 이상화된 아버지상과의 융합의 진화를 포함하였고, Roberta로 하여금 인간과 유한한 존재로서 갖게 되는 취약성이 가치 있다고 느끼게 하는 쌍둥이 경험으로 이어졌다. 운동 선수로서 Roberta의 목표는 항상 그녀의 '코어'를 강화하는 것이었다. 그녀는 자신의 '코어'에 대한 완전히 새로운 정의, 그녀가 욕구하는 것, 그리고 역경에 직면했을 때 어떻게 견고하고 강한 상태를 유지할지를 이해하게 되었다.

제**10**장

아동 치료

리딩 및 트레일링 엣지로 작업하기

상호주관적 자기심리학 치료는 개인 성인 환자를 대상으로 할 때와 어린이를 대상으로 할 때 다르다. 성인과의 작업에서 트레일링 엣지 두려움을 이야기할 때 우리는 어린 시절의 어려움에 대한 반응으로 발달하고 치료사와의 전이에서 재활성화되는 자기구조를 언급하고 있다. 유기, 트라우마, 어린 시절의 부모의 결점/부적응은 트레일링 엣지 구조를 형성하는 것으로 직접 이어진다. 유사하게, 성인의 전이에서 리딩 엣지 희망의 덩굴손 존재는 원래 부모/자식 시스템 내의 강점, 즉 아동의 타고난 탄력성과 부모가 아동에게 필요한 자기대상 경험을 제공할 수 있었던 방식 모두에서 비롯된다. 그들은 치료사와 함께 자기대상 전이 안에서 희망으로 재점화된다.

그러나 치료 중인 아동의 경우, 자기의 구조는 여전히 형성되는 과정에 있다. 정의에 따르면 아동은 여전히 가족의 상호주관적 장(intersubjective field) 안에 얽혀 있다. 아동 치료사로서 우리는 현재 아동과 부모 모두의 리딩 및 트

* Karen Roger

레일링 엣지 경험과 그것이 어떻게 작용하거나 교차하는지 이해해야 한다. 이러한 교차점은 가족이라는 복잡한 상호주관적 시스템을 만든다. 우리는 또한 그 장에서 우리의 현존과 관련하여 각자의 희망과 두려움, 그리고 이 특별한 가족과 관련하여 그들이 재활성화될 때 우리 자신의 희망과 두려움을 이해해야 한다.

치료 중인 아이를 보기 전에 먼저 발달 중인 아이를 살펴보겠다. 우리는 이미 발달 중인 아동이 초기 자기대상 욕구를 가지고 있다는 것을 잘 설명하는 자기심리학적 관점을 가지고 있다. 아동에게 필요했고 갈망했던 자기대상 경험을 제공하는 방식으로 일관되게 반응하면 아동의 발달은 원초적 단계에서 보다 성숙한 단계로 진행되고 건강한 자기감과 자기 경험의 강화가 발생한다(예: Kohut, 1977, 제4장). 이 견해에는 자녀가 부모와의 유대와 분리되어 발달하지 않는다는 생각이 함축되어 있다. 이것은 Stolorow와 그의 동료들(1987)에 의해 그들의 상호주관성 이론에서 명백해졌다. 그들은 아이가 양육되고 있는 상호주관적 자기대상 환경과 분리해서 아이를 이해할 수 없다는 주장을 한다. 아이는 상호주관적 장의 일부이며, 리딩 엣지 희망과 트레일링 엣지 두려움에서 파생되는 아이의 강점과 약점은 이 장 내에서 발달하며, 오직 아이에 의해 경험되는 아이와 그 부모 사이의 관계에 대한 이해를 통해서만 온전히 이해될 수 있다.

ISP가 이러한 발달 개념화에 추가하는 것은 부모와 자녀 모두의 자기대상 욕구에 대한 인식이다. 자녀의 욕구뿐만 아니라 부모의 욕구도 고려해야 한다. 부모의 리딩 엣지 희망과 트레일링 엣지 두려움은 발달하는 아이와 상호작용한다. 아이가 부모에게 어떻게 받아들여진다고 느끼는지, 그리고 아이의 희망과 두려움이 어떻게 영양을 공급받는지가 방정식의 절반이다. 부모가 아이에게 어떻게 반응받는다고 느끼고 영양을 공급받는지가 나머지 절반이다. 부모의 경험은 그들이 자녀와 관여하는 방식에 영향을 미치고, 그런 다음에 이는 아이가 부모에게 반영받는다고 느끼는 방식에 영향을 미치며, 또 차례로 상호

간 영향의 순환 속에서, 자녀가 부모와 관여하는 방식에 영향을 미친다.

마지막으로, 아이가 방정식에 무언가를 가져온다는 이해가 여기에 내포되어 있다. 아이는 필요한 자기대상 경험을 제공하는 부모의 능력이 그 위에서 아이의 자기감을 창출하는 욕구의 빈 화면이 아니다. 아이는 기질적 성향뿐 아니라 인지적이고 생리적인 성향인, 특정 강점과 취약성을 갖고 세상에 태어난다. 이런 성향이 시스템에 영향을 미친다. 말하자면, 이런 성향은 부모에 대한 자녀의 경험이라는 측면과 자녀에게 제공할 수 있는 부모 자신의 경험이라는 측면 모두에서 영향을 미친다.

따라서 이는 양방향 도로다. 독특한 신경계 및 기질적 구성을 가진 아이는 그들만의 고유한 강점과 취약성, 자기대상 욕구, 동경 및 두려움을 지닌 부모가 제공하는 환경 안에서 발달한다. Winnicott의 표현을 빌리면 영아(infant)와 같은 것은 없을 뿐만 아니라(그러나 부모가 있는 유아만), 또한 고립된 부모와 같은 것도 없다.

이것을 이해하는 또 다른 방법은 다른 이론가들이 개념화한 다른 아기(baby)들을 보는 것이다. Mitchell(1988)은 '프로이트형 아기(Freudian baby)'와 '관계형 아기(relational baby)'라는 용어를 만들어 본능적 충동에 초점을 맞춘 프로이트형 영아와 초기 대상 경험에 주된 영향을 받는 아기 사이의 불일치를 강조한다. Teicholz(2001)는 관계형 아기를 Kohutian 아기와 Benjamin, Aron 및 Mitchell과 같은 이론가들의 아기로 분리하여 이 개념을 발전시켰다. 두 입장 다 발달하는 아이의 초기 관계를 가장 중요하게 생각한다. Kohut의 경우 부모는 주관성의 영향을 최소화하기 위해 주의를 기울여야 한다. 아동의 자기대상 욕구를 제공하는 부모에게 분명한 초점이 있다(Teicholz, 2002, p. 14). 발달과 관련된 문제가 있는 경우, 아동의 자기대상 욕구를 올바르게 처리하지 못했거나 부적절하게 조율했던 것으로 개념화된다. 다른 관계주의자들에게, 초점은 그들의 주관성이 아이와 같은 공간에 있도록 허용하는 부모에 있다. 강조점은 진정성과 부모의 주관성의 실재에 대한 자녀의 경험, 그리고 이것이 자녀의 경험에 미치는 영향에 있다. 문제가 있다면, 그것은 같은 공간에 두 주체(또는 셋 또는 그 이상)들 간의 상호작용에 기초한다는 점이다. Teicholz는 두 개념 안에 있는 가치를 보고 이 이론들 사이의 간격을 메울 수 있는 방법이 있는지 궁금해한다. ISP가 수단들을 제공한다. 우리는 여기서 아이와 아이의 자기대상 욕구, 그리고 이 욕구들이 반응을 받은 방식에 의해 촉발될 때 부모에게 희망과 두려움이 생겨난다는 이론을 만난다.

다음은 방금 논의한 개념들을 설명하기 위한 일상생활의 예다. 나는 어머니와 20개월 된 딸이 체육관의 샤워실에서 하는 얘기를 듣고 있다. 어머니가 딸의 머리를 헹구려고 할 때 딸은 큰 소리로, 거의 비명을 지르듯 불평하고 있다. 어머니는 "왜 이러는 거야, 집에서 할 때는 잘했잖아!"라고 말한다. 그녀의 소통은 엄마와 아이 사이의 상호작용을 공동결정하고 있는 그 공간에서 침묵하고 있는 내 존재를 예리하게 인식 중임을 보여 준다. 내 존재에 아랑곳하지 않는 딸은 통제되지 않고, 크게 항의하며 계속 비명을 지르고 운다. 마침내 어머니는 포기하고 이렇게 말한다. "좋아, 내가 몸을 헹구는 동안 잠시만 기다리면 우리는 나갈 거야." 엄마가 자신에게 집중하자마자, 딸은 울음을 그치고 10초도 안 되어서 "엄마 뭐하고 있어?"라고 묻고는 자기가 스스로 머리를 헹구고 싶다고 말한다. 그녀의 어머니는 "엄마가 헹구는 것을 끝내 줄게. 그리고 우리 나가자."고 말한다. 아이는 "내가 할 거야!" 하고는 울음소리를 높인다. 그러자 어머니는 "알았어. 네가 헹궈. 엄마가 조금만 도와줄게!"라고 말한다. 그들은 행복하게 소녀의 머리를 헹구고 자리를 뜬다.

여기서 무슨 일이 일어나고 있는 것일까? 우리가 가진 제한된 정보를 감안할 때 이 상호작용을 이해하는 방법에는 여러 가지가 있다. Mahler 등(1975)은 딸의 자기 조절 능력에 영향을 미치는 (내 현존에 의해 유발된) 어머니의 불안과 이로 인해 딸이 더 까다롭고 도전적이 되었다고 이야기했을 수 있다. 이러한 관점에서 장에 가장 큰 영향을 미치는 것은 어머니의 정서 세계다. ISP의 언어에서는 어머니의 트레일링 엣지 불안이 이 개념화에서 강조된다. Daniel

Stern(1985)은 딸의 발달 능력과 신경계 및 신체적 장치가 어머니의 행동에 영향을 미치는 방식을 살펴보았을 수 있다. 우리는 자기심리학적 관점에서 이 상호작용을 볼 수 있다. 어머니는 딸을 달래고 보살피는 것, 즉 이상화된 어머니상이 되기를 원한다. 이에 대한 딸의 거부는 어머니의 평형을 깨뜨리고 어머니로서의 그녀 자신의 무능함을 야기한다. 그녀는 철회한다. 다른 한편으로 딸의 관점에서 보면, 아마도 그녀는 자신의 발달하는 능력에 맞게 반영해 줄 거울을 찾고 있었지만, 그녀를 달래려는 어머니의 시도는 그 목표를 놓치고 딸의 과대 자기에 구멍을 내었다. 또는 딸은 어머니와 나란히 작업하는 쌍둥이 경험을 갈망했다고 말할 수 있다. 어머니가 상황을 고치려는 시도를 포기하면, 즉 이상화되기를 포기하면 딸의 과대성 및/또는 쌍둥이 욕구가 나타날 수 있다. 그리고 어머니는 작업을 완료하는 데 있어 유능감과 아마도 이상화 능력을 갖게 될 수도 있다. 다른 말로 하면, 어머니의 리딩 엣지 희망이 활성화되고 아이의 리딩 엣지 희망도 강화된다. 여기서 내 요점은 이 시나리오에서 서로 영향을 미치는 매우 활동적인 두 주관성이 있다는 것이다. 어머니가 누구인가는 딸의 발달하는 자기감에 영향을 미치고, 이는 다시 어머니로서 자신에 대한 어머니의 감각에 영향을 미친다. 궁극적으로 이것은 성공적인 상호작용이다. 어머니와 딸 모두는 서로를 받아들일 만큼 충분히 유연했고 자기와 타인에 대해 합리적으로 긍정적인 느낌을 갖게 되었다.

이 예에서 내 역할은 보이지 않는 관찰자다. 눈에 보이지 않음에도 불구하고 어머니가 나를 분명히 의식하며 자의식을 갖고 있었기 때문에, 나의 존재는 분명히 장에 영향을 미치고 있었다. 그러나 나는 적극적으로 참여하지 않았다. 내 주관성은 내 공간에서 이론을 공식화하는 데 인지적으로 참여하고 그들의 존재에 정서적으로 반응하는 데 참여한다. 우리가 함께한 방에 있었다면 나는 장의 일부가 되었을 것이며, 어머니가 리딩 엣지 기술에 접근하는 능력과 딸의 자기 발달에 영향을 미쳤을 것이다. 그리고 그들이 나에게 어떻게 반응하느냐에 따라 나 자신의 유능하다는 감각이 어느 정도 활성화될 것이다. 이것이 아동 치료에서 일어나는 일이다.

전통적인 자기심리학자들에게 있어 아동 치료의 초점은 아동이 더 강하고 회복력 있는 자기를 얻도록 돕는 것을 목표로 아동의 자기대상 욕구에 공감하는 것이다. 여러 자기심리학자가 아동의 자기심리치료에 대해 글을 썼다. Morton Shane(1996)은 자기심리학이 아동 치료에 도움이 되는 방식을 연구하면서 자기심리학자들은 전이에서 나타나는 내면화된 갈등을 살펴볼 뿐만 아니라 '지금 여기에서 지속적으로 그의 어머니와 아버지가 자녀에게 미치는 영향을 간과'하지 않는다(p. 202)고 말한다. Marian Tolpin(2002)은 리딩 엣지 경험 내에서 아동 분석에 대해 논의한다. 그녀의 설명에 따르면, 치료사는 부모처럼 경험될 뿐만 아니라 아동이 발달을 재개할 수 있는 새롭고 더 반응적인 자기대상 경험에 대한 잠재력을 갖고 있다. 그녀는 또한 분석가의 트레일링 엣지 및 리딩 엣지 경험에 대해서도 이야기한다. Jules Miller(1996)는 자기심리학적 관점에서 아동을 치료할 때, 특히 놀이 양식에서 환상과 함께 작업하는 방법을 추가한다. Anna Ornstein(1984)은 가족 치료에서 놀이의 사용에 대해 이야기한다.

ISP 관점에서의 아동 치료는 아동과 발달 중인 자기, 자기대상 욕구뿐만 아니라 부모의 자기대상 욕구에도 주의를 기울인다. 체계 이론과 유사하게 우리는 다양한 가족 구성원 간의 역동을 살펴보고 있다. 그러나 ISP 관점의 초점은 자기대상 욕구들과 이러한 욕구들이 어떻게 충족되고 수용되며, 번성하도록 허용되거나 아니면 좌절되는지에 있다. 아동의 취약성뿐만 아니라 강점은 이 복잡한 상호주관적 장 내에서 발생하는 것으로 간주되며 별도로 이해될 수 없다. 마찬가지로 부모의 강점과 약점도 이 장 내에서만 이해될 수 있다. 예를 들어, 자녀에 대한 부모의 압도적인 불안은 주로 이상화에 대한 부모 자신의 충족되지 않은 이상화 욕구에서 발생하거나 자녀의 불안정한 자기 조직에 대한 진정한 이해에서 발생하는 것으로 이해될 수 있다.

치료적 맥락에서 아이뿐만 아니라 부모는 치료사에 대한 희망과 두려움을 가지고 치료사에게 올 것이다. 초기 평가 단계에서 치료사는 가족의 욕구를 가장 잘 충족시키는 방법을 결정하기 위해 이러한 희망과 두려움을 이해하기 시작한다. 어떤 경우에는 치료사의 존재가 부모의 두려움을 완화하는 데 도움이 되며, 부모의 희망이 전경에 있기 때문에 부모의 다른 욕구는 뒷전으로 밀려날 수 있다. 그런 다음에 치료사는 아동의 자기대상 열망에 초점을 둘 수 있다. 다른 경우에는 부모의 자기대상 욕구가 더 크게 나타날 것이다. 마지막으로, 치료사가 그녀 앞에 있는 가족의 욕구를 정의하는 방식과 관련된 개인과의 관계를 발전시키는 방식 또한 그녀 자신의 희망과 두려움에 달려 있다. 치료가 진행됨에 따라 치료사는 모든 가족 구성원이 어떻게 경험을 조직화하는지를 계속해서 추적 관찰할 것이다.

Alex와 그의 아버지들

8세 Alex의 동성(gay) 부모가 궁지에 몰려서 내 치료실로 들어왔다. 누나와 달리 Alex는 유난히 어려웠다. 밤새 그가 부리는 짜증은 종종 한 시간 동안 이어졌으며 가장 사소한 사건들에 의해 촉발되었다. 그의 옷을 집어 달라고 요청하면 비명을 지르고 발뒤꿈치로 바닥을 차서 가재도구가 부서지기도 했다. 때때로 그는 폭력적이었고 그의 아버지 중 한 명이 신체적으로 억제해야만 했다. 이런 때에는 그에게 접근할 수가 없었다. 이성적으로 설득하거나 진정시키기 위해 자신의 방으로 가라고 요청을 해 봐도 통하지 않았다. 그냥 그대로 내버려 두어야만 했다. 그 이후에 그는 자신이 초래한 고통에 대해 뉘우치며 미안해했지만, 잘못은 부모나 누나에게 있었다는 자신의 견해를 정당화하였다.

부모는 그가 이러한 비합리적인 폭발을 멈출 수 있도록 내가 그를 납득시키기를 기대하고 있었다. 이 행동은 집에 국한되었기 때문에 그들은 Alex가 선택하기만 하면 통제할 수 있을 것으로 보았다.

초기 평가 동안 이 가족에 매우 두드러진 강점이 있음이 분명했다. 그의 아버지들은 사랑스럽고 매우 기능적이며 경험이 풍부한 부모들이다. 그들은 합리적으로 함께 일하며 두 명의 입양 자녀에게 깊은 사랑과 헌신을 가지고 있다. 아들을 도울 수 있는 이상화된 전문가를 찾았기 때문에 그들에겐 분명 희망이 있었다. 그들은 아들로 인해 어리둥절하게 되는 상황을 해결할 답과 정보를 찾고 있었다. 게다가 그들은 자기 검증을 하고 있었다. 그들은 둘 다 부모로서의 역할을 자신들의 자기 조직화(organization)의 중심에 두고 있었는데, Alex는 자신들이 충분히 좋은 아버지라는 스스로의 인식에 도전하고 있었다. 이로 인해 취약성이 발생했고 시스템의 고통이 심해졌다. 그들이 충분히 좋은 부모가 아니며 아들의 폭발을 통제하지 못하는 것으로 판단될 것이라는 트레일링 엣지 두려움이 뒤따랐다. Alex의 욕구를 충족시키기 위해 변화할 수 있으려면 그들은 나에게 충분히 좋은 부모로 보일 필요가 있었다.

Alex는 처음부터 많은 영양분을 섭취했고 여러 면에서 잘 발달하고 있었다. 지적인 호기심과 사회적 의식 및 감성을 갖춘 그는 훌륭한 학생이자 친구였다. 그러나 가정에서는 학교에 비해 상대적으로 구조가 부족하였고 특히 예측 가능한 일과를 잘 수행하지 못하여 어려움을 겪었다. 그의 누이는 부모의 느슨한 스타일에 잘 반응한 반면, Alex는 테이블을 차리거나 샤워를 하는 것과 같이 무언가를 하라는 요청을 받았을 때 매복당하는 느낌을 받았다. 그 요청은 그에게 느닷없이 주어진 것으로 느껴졌다. 그는 부모가 '정상'이라고 생각하는 것에 비하여, 과중하다는 반응을 보이곤 하였다. 이것은 그들에게 큰 반응을 불러일으켰고 그들은 그가 비합리적이고 조작적이라고 비난했다. 상황은 Alex의 통제력이 완전히 붕괴되고 아버지들의 분노와 좌절감은 확대되는 쪽으로 흘러갔다. 세 사람 모두 나와 함께 잘 작업하여 상황이 바뀌기를 원했다.

이 상호주관적인 그림에서 나는 어디에 있었을까? Alex를 향한 나의 공감은 어렵지 않았고 그의 세계에 내가 들어갈 수 있을 것이라는 확신이 들었다. 부모들과는 나의 쌍둥이 경험 욕구가 촉발되었다. 몇 살 더 많은, 장애가 있는 내

아들도 비슷한 도전을 제시하였다. 나는 때때로 통제 불능으로 느껴지는 상황에서 헌신적인 부모가 되는 것에 대한 유대감(feeling of kinship)에 굶주려 있었다. 나는 이것으로 그들에 대한 나의 비판적이지 않은 입장이 전달되기를 바랐던 반면, 나는 쌍둥이 욕구를 배경에 두고자 노력했고, 또한 그들에게 내가 거기에 있어 본 적이 있었다고 말하고 싶은 내 안의 굶주림이 그들의 일차적인 자기대상 열망의 자리가 아님을 의식하고자 열심히 노력했다. 나는 이상화를 향한 그들의 열망 안에서 그들을 상실할 위험이 있다는 것을 알고 있었다. 그들은 전문적이고 지식이 풍부하면서 비판적이지 않은—그들과는 같은 처지가 아닌—나를 필요로 했다. 그들은 내가 부모인지 아닌지조차, 나에 대해 아무것도 묻지 않았다. 하지만 경청하고 공감하는 행위만으로도 나의 욕구는 충족되고 있었다. 나는 그들의 아픔에 공감하며 인간다움을 느꼈다. 나는 그들에게 내가 그렇게도 필요로 했던 이해와 공감을 주었다. 그들이 부모로서 강해지기 시작하는 것을 지켜보는 경험은 나에게 치유와 힘이 되었다. 직접적으로 언급한 적은 없었지만, 나의 유사한 경험은 그들과의 공감적인 유대를 강화했다.

짧은 평가 기간 후에 나는 두 아버지와 함께 작업을 시작했다. 처음 몇 달 동안 나는 그들과 함께 두 트랙으로 작업했다. 하나는 Alex가 극도로 어렵게 여겼던 부모의 타당화 욕구에 대응하는 것이었다. Alex는 집 밖에서 잘 지내고 있었기 때문에, 선생님들과 친구들로부터 칭찬을 받고 있었다. 선생님들과 친구들의 세계에서는 누구도 두 아버지가 밤새도록 보고 경험한 것을 보지 못했다. 보통의 요청인데도 큰 격노로 반응했다. Alex가 울화를 터트리면, 두 아버지는 그들이 적절한 부모라는 감각이 무너지면서 홀로 남겨지는 경험을 하였다. Alex가 선생님들과 친구들이 말하듯이 그렇게 훌륭했다면 자기들은 정말 나쁜 부모일 수밖에 없었다.

Alex가 그들의 다른 자녀보다 더 연약한 신경계 구조를 가지고 있다고 설명해 줌으로써 나는 그들의 현실 구조를 타당화하고 설명할 수 있었다. 이러한 연약함은 특히 학교보다 더 예측할 수 없고 구조화되지 않은 가정에서 더 많은 취약성을 만들어 내었다.

이를 이해하면서 그들은 나를 중심으로 답을 찾으며 조직화할 수 있었고, 그들의 취약성은 약간 줄어들었다. 내가 비난하지 않는다는 것을 알게 된 그들은 Alex와 함께하고 있는 일에서 무엇이 잘못되고 있는지 들여다볼 수 있을 만큼 충분히 강해졌다.

부모와 함께한 초기 작업의 다른 트랙은 부모가 Alex의 정서적 욕구를 이해하도록 돕는 것이었다. 이 작업은 Alex가 입양되었다는 점에서 Alex의 갈등이 그들에게 어떤 의미가 있는지 탐구하는 것으로 시작되었다. 그들은 Alex를 그들과 다른 이방인으로 보았나? 그들은 그가 다르다는 데 어려움을 겪었다. 그러나 그들 또한 그들의 출신 가족 배경에서 매우 다르다고 여겨졌다. 이해나 동정이 거의 없는 가정에서 게이로 산다는 것은 그들에게 상처를 남겼다. 따라서 그들에게는 상처를 받았던 경험이 아들과 연결되는 지점이었다. 그들은 부모로서 더 열심히 노력했다.

그들의 어려움은 자연스럽게 보이는 것과는 다른 것을 원하는 아들의 필요를 이해하지 못하는 데에 모아졌다. 그들은 자신들이 해 왔던 일이 납득이 되는 일이었고, 큰아이에게는 그것이 통했었기 때문에, Alex가 큰아이와 같은 방식으로 반응하지 않는 이유를 이해할 수 없었다. 그들의 잠재적인 취약성을 염두에 두고, 그리고 내가 그들에게 매우 어려운 것을 요구하고 있다는 인식을 분명히 하면서, 나는 그들에게 가족이 어떻게 구성되어야만 한다는 생각과 무엇이 이전에 효과가 있었는지에 대한 생각을 내려놓고, Alex를 중심으로 가족을 재구성해 보라고 요청했다. 그들은 Alex를 돕기 위해 온 가족의 구조와 일상을 바꿔야 한다는 생각으로 씨름했다. 그러나 점차 그들은 Alex가 겪고 있는 어려움을 야기한 것이 Alex의 배선(wiring), 신경계라는 사실을 이해하게 되었다. 내 제안에 따라 그들은 정신과 상담을 시작했지만 이번에는 약물 치료를 하지 않기로 결정했다. 그러나 이러한 이해는 그들이 Alex에게 다르게 접근하는 데 도움이 되었다. 예를 들어, 우리는 집안일을 중심으로 매우 상세한 야간 일정을 함께 만들었다. 이 구조를 통해 Alex는 어느 정도 통제력을 느끼고 자신이 누나와 같은 대우를 받고 있다는 사실을 알 수 있었다. 나는 또한 그들의 요구를 표현하는 방법과 Alex에 대한 그들의 기대가 무엇인지에 대해 가족과 함께 작업했다. 점진적인 변화와 Alex의 특정 요구에 대한 수용으로 가족 체계는 Alex와 그의 아버지 모두의 리딩 엣지 동경이 펼쳐지기 시작할 수 있는 보다 공감적인 자기대상 환경이 되었다. Alex는 아버지에게 사랑과 존경을 받는 좋은 아들이 되고 싶어 했고, 아버지는 아들에게 사랑과 자부심을 느끼고 싶어 했다.

점차 가정의 상황이 편안하게 되었고 부모는 실패감에서 어느 정도 안도감을 느꼈다. 그러나 그들은 여전히 높은 스트레스를 받았다. 울화의 빈도와 강도가 다소 감소했지만 여전히 발생했다. Alex의 격노에 직면하여 그들이 침착함과 무반응을 유지하는 것은 여전히 어려웠다. 나는 초기 평가 기간 이후로 한 번도 하지 않은 개별 회기를 위해 Alex를 만나기로 결정했다. 나는 Alex의 취약성을 해결하고 그에게 더 많은 탄력성(resiliency)을 만들어 주어야 한다고 느꼈다. 그래야 그가 집에서 상대적으로 부족한 구조를 견디는 것이 그렇게 어려운 도전이 되지 않을 수 있다. 내 희망은 불가피한 좌절이 발생했을 때 부모가 Alex에게 더 침착하게 반응할 수 있도록 부모의 스트레스를 충분히 완화시켜 주는 것이었다. 나는 또한 치료에서 부모에 대한 치료의 강조가 그들이 문제라고 여겨질 수 있는 그들의 드레일링 엣지 두려움을 더 키우고 있음을 느꼈다. 준비 과정에서 나는 Alex의 자존감과 자기감을 강화하는 일을 할 수 있을 것이라고 부모에게 말하였다. 이는 그에게 가정생활에 필요한 불규칙성과 불일치를 더 잘 참을 수 있게 해 줄 것이다. 그러나 이것에 초점을 맞추면서 Alex가 스스로 문제를 제기하고 변경하기를 원하지 않는 한 그의 행동을 바꾸려고 노력하지는 않을 것이다. ISP의 언어로 나는 적어도 처음에는 그의 트레일링 엣지 행동이 아니라 그의 리딩 엣지 희망에 대해 그와 함께 작업할 것이다. 그들은 이에 동의했다. 나는 매달 그들을 계속 볼 것이고 매주 Alex를 만나기 시작할 것이다.

치료는 Alex가 자신의 세계를 공유하고자 하는 조바심과 열망으로 시작되었다. Alex는 쉽게 나를 동맹으로 보았기 때문에 유대감을 형성하기가 쉬웠다. 그는 놀고 나는 촉진하며 합류했다. 나는 내가 제공하고 있는 자기대상 기능을 위해 그가 나를 사용해야 한다는 이해에 입각하고 있었다. 나는 그 시점에서 그의 매우 원초적이고 깨지기 쉬운 과대성을 반영하고 있었고 그가 그림 그리기, 스토리텔링 및 극적인 재연(enactment)를 통해 펼치는 주제를 확대했다. 주제는 주로 전쟁, 전투, 극적인 구조(dramatic rescues), 그리고 용감한 행위를 중심으로 이루어졌다. Alex는 공간을 확장하여 매우 활기차게 '자기만의 방'에 참여하였다. 거울 반영 자기대상 경험에 중점을 두는 것 외에도, 이상적이며 고도로 구조화되고 일관된 공간의 안전을 제공하면서, 경계와 기대를 명확히 하였다. 이것은 특히 Alex의 연약한 신경계에 대한 반응이었다. 나는 그가 강하고 유능하다고 느끼도록 돕고 싶었고, 요구적이며 침범하는 외부 세계에 대한 그의 경험을 최소화하고 싶었다. Alex는 대부분 경계가 있는 공간 안에 머물렀다. 잠시 동안 그는 장난스럽게 장난감을 부수겠다고 위협함으로써 나를 시험했지만 이는 놀이 내에서 쉽게 처리되었다. 내가 부과한 한계 내에서 그는 공간과 그의 상상력, 그리고 나와의 관계 안에서 무한한 자유를 보았다. 이 모든 것은 치료가 고전적인 자기심리학적 라인을 따라 진행되었음을 의미한다.

나에게 도전이자 ISP 이론이 등장한 곳은 Alex에 대한 공감을 유지하는 동시에 나의 인식 속에 부모의 불안과 걱정을 안아 주는 능력에서였다. 나는 Alex에게서 부모가 양육하였고 즐겼던 강점을 볼 수 있었다. 부모와 누나에게 답답함과 분노를 표출하는 모습에 공감하기도 했다. 그는 그것들이 촉발되는 것을 보았지만 그가 그 반응을 일으키는 데 있어서 무엇을 했었는지를 알 수 없었다. 그의 세계에서 분노는 합당했다. 그러나 나는 이야기의 다른 측면과 Alex 자신의 측면에서 갈등을 가져온 것, 즉 폭발성과 감정의 분출이 정서적 장을 압도하는 것을 잘 알고 있었다. 나는 그가 자신의 정서적 책임(liability)에 대한 자각으로부터 어떻게 자신을 방어하는지 볼 수 있었고 그가 자신의 행동을 볼 수 있기 전에 먼저 거울 반영 유대의 힘이 필요하다는 것을 알았다. 그리고 놀이를 하고 싶은 강도와 갈망 속에서 갈등이 Alex의 자기감에 미치는 영향을 알 수 있었다. 자신에 대한 확신의 겉치장(veneer) 아래에서 Alex는 자신이 가정에서 일으키는 혼란에 대해 매우 안타까워하고 있었다. 나의 딜레마는 방정식의 양쪽, 즉 부모와 자녀 모두에게 진심으로 공감해야 한다는 것이었다. 이것은 Alex의 격노에 대한 정말 무서운 이야기를 들으면서 부모에게 희망과 인내심을 갖도록 상담하는 동시에 Alex가 의지하게 된 안전하고 요구 없는 공간을 계속 유지하는 것을 의미했다.

여기에서 나의 희망은 Alex의 과대성이 덜 부서지게 되어 그가 다른 사람들, 특히 그의 부모의 다양한 의제에 대해 더 관대해질 수 있기를 바랐다. 그리고 다른 한편으로, 부모는 나의 조용한 이해를 통해 힘을 얻어서, Alex에게 보다 중립적으로 반응하고 감정적인 반응을 덜 할 수 있게 되기를 바랐다. 치료 초기에 이것은 대부분 이론적인 희망에 불과했다. 시스템의 강점도 볼 수 있었지만 심각한 약점도 볼 수 있었다. 두려웠던 것은 내가 이 가족을 돕기에 충분하지 못할 수 있다는 점이었다. 시스템에는 더 많은 것이 필요했다. Alex를 위한 약물 또는 Alex가 집 밖의 환경에 배치되는 것 등이었다. 공포가 나에게 강렬하게 다가왔고, 내 능력이 충분하지 않다는 더 큰 트레일링 엣지 경험의 일부가 되었다. 유난히 격렬한 싸움을 했다는 이야기를 듣고서는 내적으로 마음이 더 흔들리는 것을 보았다. 이런 때에 내가 붙잡은 것은 이론이었으며, 이를 통해 희망적인 자리에서 부모들과 대화할 수 있었다. 그리고 점점 더 내적으로 나 자신과 부모들에게 실제적인 성공, 즉 부모가 화를 참는 능력과 Alex가 더 빨리 회복하는 능력을 안내할 수 있었다.

이러한 희망과 공포가 치료실 주위를 휘감으며, 거울 반영 자기대상 전이가 강하게 자리를 잡자 Alex는 변화하기 시작했다. 처음에 변화는 나와의 관계에서만 나타났다. 그는 더 유연해졌고, 내가 치료실에서 더 적극적인 역할을 할 수 있게 해 주었다. 내가 여전히 그의 과대 환상의 거울이 되어 주는 동안, 그는 내가 게임에서 그를 이겼거나 제안을 했을 때 그랬듯이, 나로부터 약간의 반격(push back)을 참아 낼 수 있었다. 그의 신경계 취약성 때문에 나는 안전하고 매우 경계가 분명한 공간을 만들어야 했다. 그가 더 강해지기 시작하면서 나는 아주 천천히 내 태도를 바꾸었다. 나는 Alex가 방에서 예측 가능성과 안전함을 경험할 수 있도록 오랜 시간을 허용해야 했고, 내 주관성과 이로 인해 발생하는 불확실성으로 그에게 부담을 주지 않아야 했다. 이러한 제약 속에서 그는 경계를 풀기 시작했다. 그의 놀이는 더 상호적이 되었고 나는 더 평등한 참여자라고 느꼈다. 그는 말하기 시작했다. 처음에는 주로 가족에 대한 불만을 말로 표현했고, 이런 것들만이 이전의 그의 놀이에 존재했었다. 그리고 마침내, 몇 년 동안 놀이와 모두가 다른 사람들의 잘못 때문이라고 말한 후에, 그는 자신의 성질을 제어하는 데 문제가 있다는 생각에 접근하기 시작했다. 나는 그가 왜 그렇게 생각하는지 물어봄으로써 응답했고, 자신을 더 잘 이해하기 위한 그의 탐구에 동참했다. 나는 이것이 그와 그의 부모 모두에게 얼마나 어려운 일인지 이해하게 했다. 나는 그들 모두를 인간화하려고 노력했다. 우리는 그를 촉발시킨 원인을 이해하기 위해 함께 작업했다. 나는 또한 그 방에서 내 감정을 더 많이 보여 주기 시작했다. 나는 그가 나를 때렸을 때 좌절감을 표현했고, 내가 나쁜 주먹질을 당했을 때 나 자신에게 화를 냈고, 나를 때린 것에 대해 그에게 화를 내는 연기를 했다. 놀이는 장난으로 가득했고 활기찼으며, 그는 그 놀이를 즐기는 것 같았다. 더 많은 쌍둥이 느낌이 치료실 안에 있었다.

이러한 새로 발견된 자기 성찰과 함께 Alex는 자기 통제를 위한 아버지의 노력 중 하나를 더 잘 알게 되었다. 처음에는 폄하했지만, Alex는 점차 그들 사이의 유사성을 인식하게 되었고 쌍둥이 느낌이 이 관계에서도 좀 더 가능해졌다.

마침내 Alex는 집에서 더 많은 탄력성을 보여 주기 시작했다. 처음에는 눈에 띄지 않았지만 점차 의미 있고 눈에 띄는 진전을 이루면서 그는 부모의 요청과 요구를 받아 줄 수 있었다. 울화통은 여전히 존재했지만 일주일에 한 번,

그다음에는 한 달에 한 번으로 줄었다. 화의 폭발 또한 물리적인 것보다 점점 더 언어적으로 변하면서 강도가 감소했다. 그의 부모도 점진적으로, 그러나 의미심장하게 Alex에 대한 반응을 바꾸기 시작했다. 반응이 더 예민했던 부모는 나의 도움과 지원으로 그와 거리를 둘 수 있는 방법을 모색했다. 그는 파트너에게 개입을 요청했고 우리는 그들이 서로 대신할 수 있는 방법에 대해 이야기했다. 나는 그들에게 일관되게 응답했다. 무엇이 효과가 있었나요? Alex가 통제 불능일 때 관여한 것은 효과가 있었나요? 아니면 그냥 거리를 둘 때 더 효과가 있었나요? 그들에게 자신을 방어해야 할 필요성이 점점 더 줄어들었다. 나는 이것이 그들에게 얼마나 어려운 일인지 공감해 주곤 했다. 우리 작업의 결과로 Alex는 아버지들의 취약성에 대해 더 많은 관용을 보이기 시작했고, 아버지들은 Alex와 그들 자신의 통제력 상실을 더 잘 견뎌 낼 수 있게 되었다. 부모와 Alex 사이의 상호주관적 장은 점점 더 공감에 기반을 두게 되었고 관련된 모든 사람이 혜택을 보고 있었다.

요약하면, ISP 관점에서의 아동 치료는 아동과 부모가 모두 상호주관적 장의 참여자라는 이해를 포함한다. 이러한 관점에서 볼 때 부모의 자기대상 욕구를 이해하는 것은 자녀의 자기대상 욕구를 다루는 것만큼이나 똑같이 중요할 수 있다. Alex의 경우처럼 모든 부모와 집중적으로 작업하는 것이 가능하거나 필요하지는 않지만, 이 모델을 사용하면 두 가지 모두를 고려하면서 모든 가족 구성원의 욕구에 공감으로 대응할 수 있는 공간을 만들 수 있다.

제11장

상호주관적 자기심리학에서 커플과 함께 작업하기

사실상 ISP의 모든 원리가 커플 치료에서 효과가 있지만, 우리는 그중 세 가지를 강조하는 것이 중요하다고 생각한다. 첫 번째는 자기대상의 개념이다. Stolorow와 Stolorow(1987)는 다음과 같이 썼다. '자기대상이라는 용어는 자기 경험의 조직을 유지, 복원 또는 강화하기 위해 특정 유대를 필요로 하는 대상을 경험하는 차원을 의미한다.'(pp. 16-17) 커플 관계는 많은 사람이 친밀감, 지원 및 이해에 대한 자신의 욕구를 안정적으로 충족시켜 줄 파트너를 찾는 맥락이다. 자기대상 경험의 제공 또는 부족은 파트너가 서로에 대한 연결 감각과 각자의 웰빙에 무수히 많은 변동을 설명한다. 따라서 자기대상 경험을 상호 제공하는 능력은 커플의 지속적인 관계 및 개인 경험을 지원하거나 방해한다. Leone(2018)가 최근에 쓴 것처럼, '긍정하고, 활성화하고, 강화하고, 위로하고, 조절해 주고, 성장을 촉진하는 관계와 경험에 대한 평생에 걸친 욕구(need)라는 개념은…… 정신분석의 다른 어떤 분야보다도 건강한 관계에 대한 더 명확한 비전이나 설명을 커플 치

* Nancy Hicks and Louisa Livingston

료사에게 제공한다'(pp. 391-392). 자기대상의 개념을 사용하여 치료사는 사람들이 서로에게 더 나은 파트너가 되는 방법을 배우도록 설명하고 토론하고 도울 수 있다.

두 번째 개념은 상호주관적 관점이다. 상호주관성은 둘 혹은 그 이상의 사람들의 '다르게 조직된 주관적 세계 간의 상호작용'을 의미한다(Stolorow & Atwood, 1992, p. 2). 우리의 관점에서 파트너 사이에서 발생하는 문제를 해결하는 가장 효과적인 방법은 그들의 행동이 상호적으로 창조해 내는 방식을 보도록 돕는 것이다. 이는 개별적으로 패턴화되고 대부분 비의식적으로 관계하는 자기들 사이의 상호작용으로부터 출현한다. 상호주관적 장의 맥락에서 각 파트너의 과거 경험과 현재 행동이 수렴된다. 이것은 종종 파트너의 희망과 두려움 사이의 인식되지 않은 갈등, 다른 사람에 대한 특징적인 가설들, 그리고 연결을 추구하고 피해로부터 보호하는 특정 방식에 의해 강조되는 표면 장력(surface tension)으로 나타난다. 종종 인식되지 않는 이러한 조직 원리들 간의 상호작용은 서로에게 상호 효과적인 자기대상 경험을 제공하는 커플의 능력을 방해할 수 있다. 그 결과는 고조된 공격성, 거리두기, 평가절하 및 기타 형태의 교착 상태와 같은 문제가 있는 트레일링 엣지 과정에서 종종 관찰된다. ISP 치료사의 역할은 각 파트너가 자신의 내재화된 패턴과 가설 또는 조직 원리를 식별하도록 돕고 이러한 것들이 파트너의 그것과 어떻게 상호작용하는지 확인하는 것이다.

세 번째 개념은 앞의 두 가지를 포괄하는 것으로, 커플의 더 희망적인 자기대상 경험을 구성하는 리딩 엣지와 그 반대인 트레일링 엣지 사이의 변화를 식별하고 명료화하며 추적하는 것이다. 간단히 말해서 전방(forward) 엣지 전이는 개인이 다른 사람을 신뢰할 수 있는 자기대상으로 경험한 결과로 희망적인 신뢰감을 갖게 되는 관계 상황을 말한다. 트레일링 전이는 고통스러운 과거의 감정적 상황에서 나타나는 두려움과 공포가 현재 일어나는 일에 의해 유발되어 개인이 두렵고 불신감을 느끼게 되는 상황을 말한다. 커플 치료에서 트레일링 엣지의 특징은 치료 초기에 우세한 경향이 있으며 종종 강렬한 갈등 및/또는 커플 사이의 철수로 나타난다. 각 파트너의 트레일링 엣지에는 일반적으로 다른 파트너에 대한 의구심 외에도 치료사에 대한 우려가 포함된다.

개별 치료에서 치료사는 환자의 고유한 주관성뿐만 아니라 그것이 치료사와 상호작용하는 방식을 파악하기 위해 많은 시간을 할애할 수 있다. 참여자 간의 상호주관적 상호작용을 추적하는 복잡성은 커플 작업에서 증가한다. 가장 눈에 띄는 것은 치료실에는 두 사람이 아닌 세 사람이 있다는 것이다. 따라서 상호주관적 장은 파트너 간의 관계, 치료사와 각 파트너 간의 관계, 치료사와 커플 관계를 특징짓는 복잡한 양식 간의 관계를 포함할 수 있다. Trop은 다음과 같이 썼다.

> 커플 치료사의 초점은 공동 치료에서 발생하는 여러 상호주관적 장에 모아져야 한다. 커플 치료사의 탐색 영역은 두 파트너의 주관적 세계 사이의 상호작용과 치료사와 각 파트너의 상호작용뿐만 아니라 치료사와 각 파트너의 상호작용하는 주관성의 접속에서 발생하는 의미다.
>
> (1997, p. 101)

처음에 그리고 치료 내내, 치료사 자신의 트레일링 엣지 공포가 일어나 커플에세 사기대상 경험을 제공하는 능력을 방해할 수 있다. 세 가지 일반적인 예는 다음과 같다. '이 두 사람과 작업에서 내가 실패할 것인가?', '나는 이 모든 분노에서 벗어나고 싶다!', '나는 그나 그녀가 어디에서 왔는지 정말 이해할 수 없을 것 같다!' 파트너들과 치료사의 독특한 희망과 두려움은 치료가 진행되고 다양한 전이가 전방과 트레일링 엣지 사이를 오감에 따라 점점 더 많이 나타난다. 모든 것이 순조롭게 진행된다면 치료사와 커플, 파트너가 서로에게 자기대상 경험을 더 잘 제공할 수 있게 됨에 따라 전방 엣지가 점점 더 전경에 남게 될 것이다.

트레일링 엣지 상호작용에 대한 계속적인 동일시와 분석은 시간이 지남에 따라 인식을 증가시키고 각 파트너가 내재적인 패턴과 가설을 우회하여 상호 간의 더 긍정적인 관계 형태를 경험할 수 있는 능력을 확장하게 한다. 이러한 긍정적인 관계 형태에서 상대방은 자기대상 경험이 제공되는 것을 경험하게 될 것이다. ISP 커플 치료사의 궁극적인 역할은 파트너들로 하여금 이러한 패턴을 이해하도록 도와서, 그것이 발생하는 대로 식별하여 서로에게 자기대상 경험을 제공하는 더 나은 방법을 개발하도록 돕는 것이다.

ISP 커플 치료는 다른 형태의 커플 치료와 유사하게 보일 수 있지만, 몇 가지 중요한 차이점이 있다. ISP에서 치료사는 숙제를 내거나 역할극을 할 가능성, 또는 Sue Johnson의 Emotionally Focused Therapy for Couples(2004), Harville Hendrix의 Imago Relationship Therapy(2005) 또는 John Gottman의 Gottman Method(1999)와 같은 프로토콜을 따라 진행할 가능성이 훨씬 적다. ISP는 자기심리학과 상호주관성 이론의 관점에서 수행되지만 정신분석적 접근 방식을 따른다. 이는 일반적으로 더 적극적인 개입이 일어날 때 성찰, 자기와 타자에 대한 관찰, 정서적 의미에 대한 상호 탐색과 같은 실천이 선행된다는 것을 의미한다. 이러한 유형의 커플 치료는 행동 변화를 가져오도록 고안된 행동을 권장하는 것과는 반대로, 두 개인 사이에서 발생하는 과정을 이해하고 재작업하는 데 더 많은 관심을 기울인다. 이러한 활동들이 ISP 커플 치료에서 절대 권장되지 않는다는 것이 아니다. 커플이 앞으로 나아가는 데 이 활동들이 필요한가에 대한 치료사의 지속적인 이해에 달려 있다. 따라서 강조점은 다음과 같다. 커플과 그들의 욕구에 대한 치료사의 공감적 조율, 치료사와의 관계를 통해 커플이 자기대상 경험을 할 수 있는 기회 제공, 커플이 궁극적으로 상대방을 위해 자기대상 경험을 보다 효과적으로 제공하는 방법을 배우는 것이다.

Kohut의 저술에 반응하여 1980년대와 1990년대의 선구자들은 커플과 함께 작업하는 것을 포함하도록 자기심리학의 영역을 확장했다. Marion Solomon

(1988)은 충족되지 않은 자기대상 욕구가 관계 갈등에서 차지하는 역할을 탐색했다. 커플과 함께한 그녀의 작업은 치료사와 파트너 사이, 그리고 파트너 사이의 공감 발달을 강조했다. 따라서 그녀는 커플 구성원이 서로에게 자기대상 경험을 제공하는 방법을 배울 수 있는 비판단적인 치료 환경을 만들기 위해 노력했다. 거의 같은 시기에 Philip Ringstrom(1994)은 공동 치료(conjoint therapy)의 6단계 모델을 소개했는데, 여기에서 상호주관성 이론을 자기심리학에 기초한 커플 치료에 적용했다. Ringstrom은 공감적 조율을 사용하여 '배우자 중 어느 누구도 다른 배우자보다 현실에 대해 더 정확한 버전을 가지고 있지 않다'(p. 159)고 주장하며, 각 파트너의 불만을 충족되지 않은 자기대상 열망의 초기 역사와 연결하면서, 각 파트너의 독특한 세계 경험이 상호작용하고 서로를 형성하는 방식을 명시적으로 탐색했다. 유사한 방식으로 David Shaddock(1998)은 커플 갈등의 상징적 영역을 해독하기 위해 공감을 사용했다. 그는 커플의 정서적 세계를 이해하기 위해 지속적인 탐색 과정을 사용하여 그들의 관계 고통의 근간을 이루는 숨겨져 있어 충족되지 않은 자기대상 열망을 밝혀낼 수 있었다. 상호주관성 이론이 자기심리학에 점점 더 많은 영향을 미치게 되면서, Martin Livingston(2007)은 파트너들이 속도를 늦추고, 더 깊은 감정에 도달하며, 자신의 트레일링 엣지 두려움을 이해하도록 돕는 '지속적인 공감 집중(sustained empathic focus)' 방법을 개발했다. 시간이 지남에 따라 각자가 자기 표현력이 더 상해지고 서로에게 더 잘 적응하게 됨에 따라 그가 그들의 '이자 간(dyadic) 능력'(p. 316)이라고 부르는 능력이 증가했다. Carla Leone(2008)는 '필요한 자기대상 경험의 부족이 대부분 또는 모든 커플의 현재 문제에 깔려 있다'(p. 80)는 것을 발견했다. 그녀는 커플의 두 구성원 모두에 대해 효과적인 자기대상 반응의 모델로 행동함으로써 커플의 관계 기술을 향상시키기를 추구했다. 그녀의 저술에서 그녀는 치료 작업에 나타나는 모든 전방 엣지 또는 '성장 촉진(growth promoting)' 행동을 확인하는 것의 중요성을 명시적으로 지적했다(p. 87).

다음 사례에서 우리 각자는 상호주관적 자기심리학 관점에서 커플에게 접근하는 방법을 자세히 설명한다. 각 심리치료사는 상호주관적 자기심리학의 안내를 받았지만, 각 치료사의 고유한 주관성이 지속적인 방식으로 치료적 교환을 형성한다는 생각에 따라 각자 고유한 작업 스타일을 견지하였다. 그러한 교환의 본질은 각 파트너의 주관성과 그들 관계의 특정 역동으로 인하여 상응하는 영향을 받았다.

Nancy Hicks의 커플

소개

Ty와 Annie의 사례는 상호주관적 자기심리학의 틀 내에서 커플과 함께 일하는 데 필수적인 두 가지 활동을 강조한다. 첫 번째는 각 파트너가 혼합시키는 관계 패턴과 기대 사이의 복잡한 상호작용을 해결하는 것과 관련된다. Ty와 Annie는 처음에 부모로서 협력하면서 겪은 어려움에 대해 도움을 구했다. 나중에 그들은 양육 문제가 보다 근본적인 문제의 징후라는 것을 이해했다. 즉, 그 문제는 두 파트너의 자기대상 욕구가 반복적으로 좌절되는 지속적인 교착상태에 있었다. 각 파트너는 상대방의 말에 의하여 경청되고 자신의 본질적인 가치를 인정받기를 바랐다. 이러한 갈망은 파트너 사이에서 서로 다른 형태로 나타나며, 각자의 자기 윤곽(contour)을 반영한다. Ty는 자기대상 경험의 거울반영 측면에 더 맞추어 비판 없이 충분히 있는 그대로 비춰지고 수용되길 추구했지만, Annie는 자신의 욕구를 Ty가 알기를 갈망했다. 이로써 Annie는 더욱 친밀하게 자신과 그들의 아들을 보호해 주는 사람으로 Ty를 경험하기를 갈망했다. 그녀의 희망은 특별히 자기대상 경험의 이상화 측면에 집중되었다.

그러나 너무 자주 트레일링 엣지 전이가 그들의 상호작용을 특징지었다.

Annie는 Ty가 자신의 욕구를 인식하지 못한다고 느꼈기 때문에, 점점 더 화를 내고 비판적이 되었다. 반면, Ty는 오해받는다고 느끼면서 Annie로부터 다시 인정받기 위해 필사적으로 노력했다. 따라서 Ty는 Annie가 그에게서 욕구했던 것을 제공하기보다 그녀와의 유대에 집중했다. 이러한 주체 간의 상호작용으로 두 파트너는 발달 초기 그들을 도왔을지도 모르는 행위들을 취하였다. Annie는 분노하며 거리를 두었고, 자신의 목소리가 결코 들리지 않을 것이라고 스스로를 단념하면서 노력을 포기했다. Ty는 결국에는 자신이 어떤 사람인지 알려지게 될 것이라고 기대하면서 더욱 치열하게, 기쁘게 해 주기 위하여 노력했다. 따라서 그들은 서로 최악의 두려움뿐만 아니라 그 두려움을 방어하기 위해 자기보호의 자세를 강화했다. 나 자신의 주관성은 그들의 교착 상태가 어떻게 밝혀지고 해결될지에 영향을 미치는 요인이었다. 예를 들어, 나의 리딩 엣지 소망은 이 커플이 서로 더 나은 곳으로 가도록 독특하게 도울 수 있는 효과적인 치료사로서의 나 자신을 경험하는 것이었다. 이것 때문에 좌절감을 느꼈을 때 그들의 기분이 나아지고 또한 나의 기분이 나아지기를 바라며, 파트너들과 지나치게 활동적이 되면서 나는 종종 내가 그 과제를 감당하지 못할까 봐 두려워했다. 이것은 종종 그들이 나를 공감하고 경청하는 존재로서 경험하는 것을 방해했다. 시간이 지남에 따라 이 트레일링 엣지 문제를 나 자신이 받아들일 수 있게 되었을 때, 나는 그들을 더 잘 조율할 수 있었다. 그런 다음 나는 그들에게 문제를 깊이 탐색할 수 있는 구조를 세공할 수 있었고, 궁극적으로 그들은 언제 트레일링 엣지 상호작용에 빠지고 있는지, 스스로 인식하는 법을 배울 수 있었다.

커플 치료의 두 번째 활동은 첫 번째를 수행하는 데 불가결한 부분으로 각 파트너가 인식되지 않은 정서를 발견하여 경험하고 표현하도록 돕는 것이다. Stolorow와 Stolorow(1987)가 썼듯이, '정서를 부정하거나 분리하거나 그렇지 않으면 방어적으로 숨기려는 욕구는 초기 환경이 아동의 정서 상태에 대해 필요한…… 반응을 제공하지 못한 결과 발생한다'(p. 74). 이러한 자기보호적인 정서적 적응이 성인 관계에서 출현할 때, 그것은 '떠오르는 감정 상태가 양육자로부터 받았던 것과 동일한 잘못된 반응을 받게 될 것'(p. 74)에 대한 파트너의 두려움에서 발생하는 것으로 이해해야 한다. 이러한 트레일링 엣지 공포와 그로 인한 적응에 대한 신중한 상호 탐색과 적응은 파트너들이 현재 서로의 취약성을 더 잘 공유할 수 있도록 할 것이다. 언제나 그렇듯이 이 과정의 핵심은 커플의 두 구성원과 지속적인 공감적 연결을 유지하는 치료사의 능력이다.

임상 사례

Ty와 Annie는 매우 다른 두 종류의 사람들로 나타났다. 그들이 내 사무실에서 보낸 첫 순간부터, Ty는 짜증을 냈고 초조해하며 불안해했다. 그의 시선은 종종 그녀가 어떻게 반응하는지 측정하려는 것처럼 그의 파트너를 불안하게 살폈다. 회기 내내 그는 나와 Annie에게 이해해 주기를 간청하는 눈빛을 보내면서, 압력을 가하는 방식으로 말했다. Annie가 이 모든 것에 대해 말할 때, Ty는 일반적으로 Annie가 착각했거나 그를 오해했다고 주장하면서 그녀의 말을 짧게 잘라 낼 방법을 찾았다. 그의 긴장된 독백이 관계 공간을 차지했다. 말수가 적은 여자인 Annie는 말없이 얼굴을 찡그린 채 등을 의자에 기대고 앉았다. 그녀의 관점을 물었을 때, 그녀는 어깨를 으쓱하며 말을 많이 하지 않았고 어쨌든 Ty가 듣지 않기 때문에, 대화를 시도조차 하고 싶지 않다고 주장했다. 이것은 충분히 사실처럼 보였다. Ty가 Annie와 연결되기를 열망하는 것처럼 보였지만, 그녀가 대화에 끼어드는 것을 매우 어렵게 했다는 것은 다소 역설적이었다.

반대로 Annie의 행동은 불안했다. 그녀는 어떤 말도 공격적으로 받아들일 수밖에 없는 반항적인 청소년을 생각나게 했다. 두 사람은 해결하기 어려운 트레일링 엣지 지배 패턴에 분명히 고착되어 있었다. 그것은 우리의 첫 번째 회기였고, 이미 나는 나 자신에 대해 확신이 없었다. 이는 나 자신의 트레일링 엣지 활성화를 반영하는 것이었다. 이는 내가 이 커플을 돕기에 충분한 실력이 없을 것이라는 인식이다. 나에게 Annie는 위협적이었다. 그녀를 질책하고 싶은 마음과 그녀가 나에게 비열한 말을 하지 않기를 바라는 바람이 교차되는 가운데, 그녀의 경멸하는 듯한 태도는 나를 무기력하게 만들었다. Ty의 언어 공세는 나에게 압도적이었다. 나는 도망치고 싶었다. 나는 나를 둘러싼 벽을 상상했고, 나 자신과 그의 욕구 가득한 불안 사이에 형성된 장벽을 상상했다. 그러나 나는 나의 취약성이 그들에 대한 나의 반응을 형성하도록 허용해서는 안 된다는 것을 알았는데, 이는 너무 열심히 하려는 나의 성향으로 돌아가는 것을 포함하곤 했다. 회기가 진행됨에 따라 나는 이 두 사람에게 무슨 일이 일어나고 있는지, 그리고 그들이 서로를 어떻게 느끼게 했는지 이해하기 위해 침착하게 경청하는 자세로 내 입장을 조정하는 작업을 했다.

나의 첫 번째 단계는 그들 모두가 자신을 표현할 수 있는 안전한 공간으로서의 치료 개념과 나에게 더 편안해질 수 있도록 노력하고 돕는 것이었다. 나는 각자 자신의 양육 문제에 대한 관점을 제시해 달라고 요청했다. 그들은 잠시 서로를 쳐다보았다. 예상대로 Annie가 주도권을 잡았다. 그녀는 Ty가 그녀의 우려를 심각하게 받아들이지 않는다고 말했다. 예를 들어, 그녀는 여덟 살 난 아들 Elliot이 집과 학교에서 너무 공격적으로 행동하고 있다고 그에게 반복해서 눈치를 주었다. 그러나 Ty는 그녀가 과잉 반응한다고 주장하면서 Annie의 말에 콧방귀를 뀌었다. 결국, 그는 Elliot은 그저 어린아이일 뿐이라고 말했다. 학교에서 Elliot이 다른 아이를 괴롭혔다는 전화가 왔을 때, Annie는 정신이 나갔고 그녀의 말을 심각하게 받아들이지 않았던 Ty에게 화가 났다.

Annie가 말을 계속하였다. 그러자 Ty는 **지금** 그녀가 하는 말에 맹렬히 항의하면서 끼어들었다! Annie는 의자에 털썩 주저앉아 눈을 굴리며 침묵을 지켰다. 나는 그녀에게 무슨 일이 일어나고 있는지 물었다. 처음에 그녀는 "나는 그것에 관해 이야기하고 싶지 않아요!"라고 말했다. 그녀는 노려보았다. 그것이 나를 향한 것이었는지, 아니면 단순히 Ty에게서 눈을 떼어 방의 빈 공간을 바라보는 것인지 확신할 수 없었다. 어느 쪽이든, 또 다른 트레일링 엣지 두려움이 나에게 올라왔다. 그녀의 경멸이 두려워 더 압박하기가 망설여졌다. 그러자 기적적으로 그녀가 나를 도와주었다. "이것은 항상 일어나는 일이에요! 이것이 내가 귀찮게 하지 않는 이유예요! 그는 내게 말할 기회를 주지 않아요. 항상 자기 자신에 관한 이야기뿐이죠." 그런 다음 그에게 "이것은 당신에 관한 것이 아니에요. Ty, 우리 아들에 관한 것이에요!" Ty가 다시 끼어들었다. "나는 도우려고 했을 뿐이에요. 내가 끔찍한 사람인 것처럼 들리게 당신은 말하고 있어요. 좀 더 일찍 듣지 못해서 미안해……." Annie가 말했다. "그리고 지금 또 그러고 있잖아요!"

그들의 순환적 교류가 날아가려는 것을 보고 그들과 마찬가지로 나 자신을 진정시켜야 할 필요성을 느끼며 나는 그들을 말렸다. "잠시 멈춰서 방금 일어난 일에 관해 이야기해 봐요. 당신들 사이에서 이런 식으로 일이 진행되나요?" "네. 그는 나에게 여지를 전혀 주지 않아요. 내가 표현할 틈이 없는 거죠. 그는 그냥 가로채요." Ty가 다시 끼어든다. "그건 불공평해요! 나는 항상 당신이 어떻게 생각하는지 걱정한다고……!" 나는 부드럽게 그를 말렸다. 내가 끼어든 것은 각 파트너를 보호하고 성찰에 도움이 되는 분위기를 조성하여, 각 개인이 사이클에서 자신의 역할을 볼 수 있도록 돕기 위해 치료 초기에 반복적인 갈등의 연속에 개입하는 것이 필요하다는 생각에서였다. "Ty, 당신 차례를 기다려야 하고 Annie가 말할 시간을 줘야 해요. 당신 차례가 올 거예요. 그녀가 말하는 것을 들어 보세요."

Annie의 움츠러든 행동이 어떤 말을 할 기회를 얻지 못하는 것에 대한 반응이라면 Ty는 그녀의 눈에서 자신을 되찾기 위해 힘들게 싸우고 있었다. 그는 자신이 가치 없다는 어떠한 암시도 반박하면서 그녀와 계속 연결되어 있기를 필사적으로 원하는 듯하였다. 나는 그에게 안타까움을 느꼈다. 나는 평생 여자가 나에게 화를 내며 비난할까 봐 두렵고 괴로웠다. 이것은 나의 트레일링 엣지 우려 중 하나였으며 나는 그의 딜레마에 깊이 동일시했다. 회기가 진행됨에 따라 나는 두 파트너 모두와 공감할 수 있는 연결 상태를 유지하고픈 욕구가 있음을 스스로에게 상기시켰다. 나는 또한 Annie가 Ty만큼 취약하지만 다르게 표현하고 있음을 스스로에게 주의시켰다. 나는 다시 나의 리딩 엣지로 돌아와 두 사람 모두에게 안전한 정서적 환경을 조성하는 데 집중했다. 이를 달성하기 위해 나는 그들이 반응적이기보다는 자기성찰적이 되도록 장려하면서 상호작용 속도를 늦추려고 노력했다.

나는 이 어려운 교류에서 어떻게 느꼈는지를 더 많이 말하도록 그들 각자에게 요청했다. Ty가 시작하였다.

TY: 예전에는 우리가 무엇이든 이야기할 수 있었어요. 이제 그녀는 나를 좋아하지 않는 것 같아요. 그리고 내가 하는 모든 일이 잘못된 것 같아요. 그녀는 항상 말을 아주 잘 들어 주었지만 지난 1~2년 동안은 전혀 듣지 않았어요.

나: 그게 어떤 느낌을 들게 하였나요?

TY: 무서웠죠. 내가 그녀를 잃을까 봐 두려웠어요. 나는 그녀에게 다가갈 수 없을 것 같았어요. (Annie는 조용히 들었다. 그녀의 태도가 조금 부드러워졌다. 그녀는 Ty가 말하는 것을 받아들이는 것 같았다. 그는 자신의 두려움을 나누면서 Annie를 들어오게 하여 그들이 친밀감을 가질 수 있는 순간을 만들었다. 잠시 두려움이 희망으로 대체되었다.)

돌이켜 보니, 나는 그들이 교착 상태에 있을 때 가진 약간의 휴식이 내가 이전에 관찰했었던 일련의 행동들을 보게 함으로써 나 자신의 불안을 진정시킬 기회가 주어졌다고 이해한다. 이는 능력이 없다는 느낌의 트레일링 엣지 불안이 어떻게 나를 너무 열심히 노력하도록 몰아가는지 보여 주는 한 예다. 따라서 파트너들이 자신의 감정과 경험을 성찰하도록 돕기보다는 내가 적극적이게 된다.

나: 내가 앉은 자리에서 보았을 때, 난 두 분이 계속해서 반복되는 상호작용에 들어가고 있다고 생각했어요. Ty는 Annie가 당신과 연결되게 하도록 점점 더 열심히 노력하고 있는 것 같고요, Annie는 점점 멀어지는 반응을 보이는 것 같아요.

둘 다 동의한다는 듯 고개를 끄덕이지만 아무 말도 하지 않는다. 나는 묻는다.

나: 이런 종류의 패턴이 어떤 식으로든 친숙하게 느껴지나요? 예를 들어, Ty는 Annie가 당신에게 약간의 공간을 주기를 바라는 메시지를 전할 때도 계속해서 그녀와 연결하기 위해 그렇게 열심히 노력하는 어떤 이유가 있나요? 아마도 당신 자신의 삶의 역사에서 나온 것일 수 있을까요? (의심할 여지 없이 Ty가 덜 부담스럽기 때문에, Ty에게 먼저 집중하는 나 자신을 관찰한다.)

그는 고개를 갸우뚱한다.

TY: 어쩌면……. (나는 Annie에게로 향한다. 그러나 내가 말할 기회를 얻기 전에 그녀가 웃으며 머리를 흔든다.)

ANNIE: 난 거기에 가지 않을 거예요! 지금 일어나고 있는 일에 관해 이야기하고 싶고, 과거에 관해 이야기하고 싶지 않아요.

TY는 그녀의 말에 공감해 준다: 그녀는 정말 과거에 관해 이야기하기를 원하지 않아요.

나는 배 속에 약간의 메스꺼움, 아마도 공포감을 느낀다. Annie가 자신의 과거를 탐색하는 문제에서 둘 다 제휴하는 것 같다. 내가 느끼는 두려움은 나 자신의 두려움일까, Ty의 두려움일까, 아니면 Annie에게 부인되는 어떤 것인가?

아니면 세 가지 모두일까? Annie는 자신이 과거의 감정적 고통을 경험하도록 허용하는 것에 대해 분명 불안감을 가지고 있는 데다가, 더욱이 지금 우리와 함께 그것을 탐색하려고 시도한다 해도, 그러한 감정에 대해 많은 도움을 받을 것이라 기대하지 않는다. 따라서 그녀의 욕구가 다시 중요하지 않은 것으로 여겨져 들리지 않는 상태로 남을 것이라는 그녀의 트레일링 엣지 염려가 그녀의 마음을 열지 못하게 한다. 그러나 그녀의 표현은 취약성을 드러내지 않는다. 그녀는 호전적이고 심지어 공격적으로 보인다. 그녀의 말에 대한 Ty의 거의 최면에 가까운 반향은 과거를 탐험하는 것이 Annie를 화나게 할 것이라는 그의 우려를 반영할 가능성이 큰데, 아마도 그녀는 이에 대해서 나중에 그를 탓할 수도 있을 것이다. 또는 그녀를 놀라게 하는 무언가로부터 그녀 자신을 보호할 때, 어쩌면 그는 실제로 그녀를 암묵적으로 지원할 것이다. 어느 쪽이든 내 트레일링 엣지가 높아졌다. 나는 궁극의 삼각관계를 이루는 부모님과 관련하여 나 자신에 대해 잠시 공상에 잠긴다. 아버지와 깊이 동일시하는 나는 항상 아버지의 지지에 의지했다. Annie와 Ty가 함께 있는 그 순간, 둘 다 나에게 화를 내는 것을 상상하는 것은 끔찍했다. 회기가 진행됨에 따라 나는 어린아이가 아니라 치료사이며 한 번도 경험해 보지 않았던 상황을 관리할 수 있는 능력이 있음을 자신에게 상기시킨다.

우리의 첫 만남 이후 나는 계속 불편감을 느꼈다. 나는 Ty와 Annie에게 무슨 일이 일어나고 있는지에 대한 사전 이해만을 갖고 있었다. 내 트레일링 엣지 불안에서 시작된 취약성이 점화되었다. 그리고 커플의 변덕 때문에 감정적으로 다소 조절되지 않는 느낌이 들었다. 종종 매우 흥분되어 있고 반감을 가진 두 개인 사이에 흐르는 강렬한 감정을 치료사가 담아내기 어렵다. 치료사 자신의 트레일링 엣지와 관련된 정동이 올라올 때, 치료사가 정서적 반응을 담아 주고 관리하기란 더욱 어려워진다. 회기 사이에서 나는 의식적으로 나의 정서 상태를 이해하고 구성하고자 노력했다. 주로 나는 압도당하여 충분하지 않다고 느꼈지만, 또한 그들로부터 버림받는 것에 대한 두려움과도 싸웠다.

이에 상응하여, 나는 각 파트너에 대해 더 큰 공감을 행사하려고 노력했다. 그들과 상호작용하고 관찰하면서 나는 무엇을 배웠던가? 나의 내적 반응은 나에게 무엇을 말하고 있나? 그녀의 거부에도 불구하고 Annie와 연결하려는 Ty의 광적인 시도와 Annie의 참여하지 않으려는 완고한 의지에 비춰 볼 때, 나는 둘 다 삶의 초기에 분명 어느 정도 고통스러운 정서적 경험을 했을 것이라고 상상했다. 나는 또한 각자가 서로 관여하지 않을 때 더 넓은 범위의 감정을 가질 수 있다는 가설을 세웠다. 시간이 지남에 따라 그들의 상호주관적 패턴은 서로 더 자유롭게 상호작용할 수 있는 능력을 제한하게 되었다. 두 사람 중에서 나는 Ty가 더 쉽다는 것을 알았지만, 그의 불안하고 장황한 스타일이 어떻게 반감을 주는지, 그리고 Annie가 어떻게 그를 자기중심적인 사람으로 경험하게 되는지 알 수 있었다. 그는 자신의 약점을 노출시켰지만, 그녀의 말을 제대로 듣지 않았다. 나는 그와 함께 이것을 탐색할 수 있다고 느꼈지만, Annie는 더 많은 도전을 제시했다. 나는 그녀에게 어떻게 반응할지를 놓고 어려움을 겪었다. 과거를 탐색하는 것에 대해 그녀가 거부했을 때 나는 밀쳐진 느낌과 평가절하되었다는 느낌이 들었다. 나는 Ty가 그녀에게 자신의 말을 들어 달라고 설득하고자 했던 노력에서 보았던 것과 거의 같은 방식으로, 그녀에게 치료에 깊이 들어오라고 '설득'하고 싶은 깊은 유혹을 느꼈다. 그럼에도 나는 내 반응이 내 삶의 고통스러운 역사에 뿌리를 두고 있다는 것을 알고 있었다. 나는 이 트레일링 엣지 문제가 나와 Annie의 상호작용을 형성하도록 허용할 수는 없었다.

Annie는 Elliot의 학교 문제를 어떻게 처리하면 좋을지 논의하기를 요청하면서 다음 회기를 시작했다. 그녀는 Ty가 아들에게 너무 관대함을 느꼈다고 말했다. Ty는 Elliot에게 엄격하기는커녕 그가 직면한 어려움에 지나치게 공감해 주었다. Annie에게 예를 들어 보라고 하자, 그녀가 대답하기도 전에 Ty가 불쑥 끼어들었다. "그렇지만 당신이 Elliot에게 너무 가혹하게 대하잖아요.", "그 아이는 어느 정도 자기 훈련이 필요한 아이라고요. 거 봐요. 지금도 당신이 나에게 말할 기회를 주지 않잖아요." Annie가 대꾸했다. 그녀는 나를 돌아보며, "저거 보세요!" 나는 동정심을 담아 "그러네요."라고 고개를 끄덕이고 싶은 유혹을 참았다. 갑자기 나는 Annie의 편에서 그들의 경험과 관계하고 있었다! 이것은 나 자신의 자기 탐색으로 어딘가에 도달하고 있다고 느끼게 하였다. 나는 Ty에게로 향했다.

NH: (트레일링 엣지 공포가 관련되어 있음을 감지한다.) Ty, 이것에 대한 당신의 감정을 조금 더 탐색해 봅시다. 나는 Annie가 무엇을 말하고 있는지 알아요. 당신은 그녀를 방해하는 경향이 있어요. 그녀가 말할 때 끼어들지 않는 것이 힘들지요. 이때 당신에게 무슨 일이 일어나고 있는지를 이야기해 보도록 해요.

TY: 그녀는 매우 비판적이죠. Elliot에 관해 저런 목소리로 말하는 것을 들으면 지켜 주고 싶은 마음이 들어요.

NH: 목소리가 어떤데요? Annie의 목소리를 어떻게 들으시는지 말씀해 주실 수 있으세요?

TY: 아내 목소리는 왠지, 차갑게 들립니다. 조금 무서워요. Elliot이 엄마를 조금 무서워하는 것 같아요.

ANNIE: 그건 사실이 아니에요! Elliot은 나를 무서워하지 않아요! 당신이 그렇다고 상상하고 있고요!

NH: (깊이지는 감정적 순간으로 보이는 것에서 주의를 돌리고 싶지 않으면서) 잠시만요, Annie. 나는 당신이 말한 것에 주목할게요. 그러나 먼저 Ty가 말했던 것을 끝내고 갔으면 해서요. 괜찮으시겠어요? (그녀는 분명히 자신의 말이 경청될 것을 재확인받게 되자 고개를 끄덕인다. 나는 그녀가 나를 신뢰하고 자기대상으로 경험하기 시작했다는 신호로 기다릴 수 있는 그녀의 능력을 본다.) Ty, 여기 두 가지가 있어요. 첫째, Elliot이 엄마의 목소리 톤에 힘들어하고 엄마가 비판적이라고 생각할 수 있어요. (Ty가 고개를 끄덕인다.) 둘째, 당신이 이 감정과 동일시할 수 있어요. (Ty가 다시 고개를 끄덕인다.) 그럼 아내가 당신에 대해 비판적이라는 두 번째 느낌에 대해 더 말씀해 주세요. (방 안의 분위기가 조금 바뀌었다. 둘 다 조용해졌다. 각자 나의 조율에 대해 더 확신을 느꼈기 때문이라고 생각한다.)

TY: 글쎄요, 제가 뭘 해도 아내는 그것을 좋아하지 않는 것 같아요. 사실, 그녀는 더 이상 나를 좋아하지 않아요. (침묵. 그는 한숨을 쉰다.)

NH: 그로 인해 참 힘드시겠어요. (침묵)

TY: 네. 그녀를 잃어버린 것 같은 느낌이 듭니다.

NH: 아마도 그래서 그녀에게 당신의 모습을 보여 주려고 너무 많이 애쓰는 것 같아요. 그녀를 되찾기 위해 그녀를 설득하려고 노력하는 것 같아요.

TY: (몸이 축 늘어지며 고개를 끄덕인다.)

NH: (잠시 침묵 후) Annie, 이것이 당신에게 무엇을 떠올리게 하나요?

ANNIE: 글쎄요, 그가 그렇게 느낀다는 게 슬프네요. 나는 그가 그렇게 느끼기를 원하지 않아요. 하지만 이런 일이 너무 오래 지속되어, 더 이상 제 기분이 어떤지 모르겠어요.

방 안의 분위기는 반감에서 슬픔으로 바뀌었다. Martin Livingston의 연구(2007)에서 제안한 것처럼, 파트너들이 취약한 감정에 도달하도록 돕는 것은 그들로 하여금 자신과 상대방에게 더 쉽게 접근할 수 있도록 한다. 나는 일단 나 자신의 트레일링 엣지 두려움을 이해하고 내부적으로 해결한 다음에, Annie와 Ty에 대한 공감적 연결을 더 잘 유지할 수 있게 되었을 때 이것이 가능해졌다고 생각한다.

이후 몇 달 동안 우리는 관계에 대한 그들의 감정을 계속 탐색하였다. 부분적으로 그들은 내가 그들을 잘 경청하고 있다고 느꼈기 때문에, 두 파트너 모두 더 경청할 수 있게 되었고 서로에게 자기대상 경험을 더 제공할 수 있게 되었다. 대부분의 회기에서 Annie와 Ty는 익숙한 상호작용 주기로 돌아갔지만, 통제 불능 상태가 되기 전에 점점 더 자신을 멈출 수 있게 되었다. 우리는 그녀가 힘들고 오래 끌었던 이혼가정의 자녀라는 기본적인 정보 외에는 그녀의 과거에 관해 거의 탐색하지 않았지만, Annie에게 더 쉽게 접근할 수 있게 되었다. 때때로 그녀는 웃거나 미소를 지으면서 자신이 Ty를 진심으로 사랑하며, 그와의 결혼 생활에 대해 다르게 느낄 수 있기를 바란다고 말했다. 나는 그녀에게 따뜻함을 느끼는 자신을 발견한다. Ty는 말하기 전에 자신을 더 잘 점검할 수 있었고 앉아서 듣는 데 더 만족하는 것 같았다. 아마도 Annie가 그를 비판하는 경향이 적어졌기 때문일 것이다. 자신의 인간적 연약함을 마주하는 것은 그에게 그렇게 어려운 일이 아니었다. 지속적인 공감 연결 과정을 통해 우리 셋은 이제 전방 엣지에서 작동하고 있다. 이는 치료를 앞으로 나아가게 한다.

Kohut에 따르면, 공감은 다른 인간과 연결하는 능력이자 '관찰 양식'이다 (Kohut, 1981, p. 542). 나 자신의 공감 인식은 각 파트너의 염려와 취약성을 간과하지 않으면서, 이제 그들의 상호작용을 계속 형성하는 상호주관적 장을 추가로 설명하는 데 집중하기 시작해야 한다고 나에게 말한다. 이 약간의 변화는 Annie와 Ty가 여전히 익숙한 패턴으로 돌아가는 경향이 있으며 이 문제를 더 직접적으로 다루어야 한다는 내 관찰에 기초한다. '방어'의 적응적 특성에 대한 자기심리학의 강조점을 염두에 누면서, 나는 자기보존적이거나 해로운 행동이 발생할 때 이를 보다 정확하게 강조하였고, 파트너들이 이러한 행동을 활성화시킨 요소들을 탐색하도록 돕기 위해 행동을 중단하기를 소망했다. 다음의 임상적 예시는 이러한 강조의 변화를 보여 준다.

이어지는 회기에서 우리는 Ty가 매우 성공적인 것으로 판명된 경력을 확립하는 데 몰두했던 그들의 관계 초기에 집중했다. Annie는 Ty에게 자기와 Elliot과 함께 집에서 더 많은 시간을 보내 달라고 여러 번 간청했던 것을 회상했다. 그녀는 외로웠고 일과 육아를 담당하는 것이 점점 더 어려워졌다. Ty는 그녀의 간청에 별로 주의를 기울이지 않는 것 같았다. 결국, Annie는 직장을 완전히 그만두기로 결정했다. 그녀는 자신의 간청이 Ty에게 받아들여지지 않은 것에 대해 상처받고 화가 난 것을 알고 있었다.

NH: 그게 지금 Ty에 대한 감정에 여전히 영향을 미치고 있다고 생각하세요?

ANNIE: 오, 확실히. 저는 그것에 대해 생각할 때 화가 나요. 그는 단지 나 홀로 애쓰는 것이 나에게 달린 문제처럼 행동했어요. 내 경력, 욕구, 감정은 별로 중요하지 않았어요!

NH: 그래서 여전히 화가 많이 나 있군요.

ANNIE: 맞아요! 그리고 다시는 그런 일이 일어나지 않도록 하려고요!

NH: (Ty에게) Annie가 이것에 대해 얼마나 화가 났었는지 알고 있나요?

ANNIE: 오, 그는 알고 있어요. 제가 그에게 말했어요.

TY: 네, 그녀가 저에게 말했어요. 하지만 제가 무엇을 해야 하나요? 끝난 일인데!(나는 절망적으로 오해받고 있다는 그의 느낌에 반응하지 않기로 결정하지만, 이것은 또 다른 개입 지점이 될 수 있었다. 당시 나는 Annie가 자신의 감정을 탐색하도록 격려하는 데 더 집중하였다.)

NH: Annie, 이것이 당신에게 어떤 영향을 미쳤는지 더 말씀해 주시겠어요?

ANNIE: 언젠가 그냥 포기해 버린 것 같아요.

NH: 포기했다고요?

ANNIE: 나는 단지 스스로 일을 처리하기 시작했어요. 내가 했던 말이 전혀 들리지 않을 것을 알았으니까요. 그래서 직장을 그만두고 Elliot과 우리 가정생활에 집중했어요. 그 부분은 크게 개의치 않았어요. 제 말은 제가 Elliot을 사랑해요. (그녀는 아래를 바라본다. 슬퍼 보인다. 나는 그녀의 슬픔에 더 동조할지, 아니면 이것에 더 많은 것이 있음을 감지하고 그녀를 부드럽게 압박할지를 가늠해 본다.)

NH: 하지만 당신은 시위를 딱 멈췄어요. 왜 그랬을까요?

ANNIE: 무슨 말씀이세요? 저는 정말로 Ty에게 말하려고 노력했어요. 한 번 이상.

NH: 당신을 믿어요. 하지만 그가 당신의 말을 듣지 않았을 때 왜 당신이 소리를 더 높이지 않았는지 궁금해요. 그가 무시할 수 없을 때까지 정말, 정말 크게 목소리를 높일 수도 있었잖아요?

ANNIE: 모르겠어요. 아무 소용이 없다고 생각했던 것 같아요.

NH: Ty가 당신의 말을 절대 듣지 않을 것이라는 당신의 가정을 검토해야 한다고 생각해요. 그가 당신이 아무리 소리쳐도 듣지 않았을 수도 있어요. 그러나 나는 이것이 당신의 삶에서 다른 중요한 것과 연결될 수 있다고 생각해요. 당신이 절대 들려지지 않을 것이라고 느꼈을 때.

ANNIE: 무슨 말씀을 하시는지 모르겠어요.

NH: 부모님 이혼에 대해서는 어떻게 생각하세요? 나는 당신을 매우 불행하게 만들었음에도 불구하고 이 집에서 저 집으로 옮겨 다녔다는 인상을 받았거든요.

ANNIE: 그건 확실해요! 그때 역시 아무도 제 말을 듣지 않았어요!

NH: 그래서 지금 같은 전략을 채택하고 있을지도 모릅니다. 욕구 사항이 충족되지 않더라도 그냥 계속 가는 거지요. 당신이 들리지 않는다고 하더라도.

ANNIE: 그럴 수도 있어요. (침묵)

NH: 슬픈 것 같네요. (침묵) 이 일에 대한 당신의 분노와 슬픔이 어디와 연결되었는지 궁금해요. Ty가 당신의 비판적인 목소리로 듣는 것에서 당신의 분노와 슬픔이 스며 나올 수 있다고 생각해요. 어쩌면 그에게서 더 멀어지고 더 자기-충족적으로 될 수도 있어요. 그렇게 되면 다시는 슬픔이 일어나지 않게 할 수 있지요.

ANNIE: 그것도 그럴 수 있어요. (침묵)

NH: Ty, 어떤 생각이 떠오르시나요?

TY: (조용히) 그녀의 말을 듣지 않았던 것이 불편하게 느껴져요. 이유를 모르겠어요. 내가 무슨 생각을 했었는지 모르겠어요…….

ANNIE: (화를 내며) 당신은 당신 자신에 대해서만 생각했어요!

TY: 그게 사실인 것 같아요. 난 당신이 괜찮다고 생각했고, 잘 대해 주고 싶었어요. 가족을 부양하고 가족에게 잘하려고. (침묵)

이 회기는 Annie가 자신의 과거를 더 많이 탐색하고 Ty가 자신의 목표를 추구하기 위해 그녀의 욕구를 어떻게 간과했었는지에 대하여 생각할 수 있는 문을 열었다. 이어지는 회기에서 Annie는 네 자녀에 대한 양육권 싸움을 포함하여 논쟁이 많았던 부모의 이혼을 회상했다. 그녀는 부모가 서로에 대한 적대감에 너무 사로잡힌 나머지 이혼이 Annie와 그녀의 형제자매에게 미치는 영향에 거의 주의를 기울이지 않았다고 설명했다. 이혼의 결과로 아이들은 집과 학교, 사랑하는 많은 활동과 친구들을 포기해야 했다. Annie는 이전보다 훨씬 더 자신에게 의존하는 법을 배웠다.

NH: 더 많이 가질 수 있기를 바라는 자신을 발견한 적이 있으신가요? 예를 들어, 가족을 되찾기를 원하셨나요? 아니면 부모님이 좀 더 관심을 가져 주기를 바랐었나요?

ANNIE: 아, 예. 그러나 얼마 있다가 진짜 분노를 느꼈어요. 그들을 존중할 수 없었고, 그들이 정말로 나에게 부모가 될 수 있다는 모든 희망을 잃었었다고 생각해요.

NH: 익숙하게 들리네요. Ty에게서도 비슷한 것을 느꼈다고 생각하시나요?

ANNIE: (침묵) 아마도, 그럴 거예요.

이와 같은 공동 회기에서 두 파트너는 이전의 완고하고 반감적인 입장에서 한 걸음 더 나아갔다. 각자는 자기 성찰을 더 잘할 수 있었고, 열심히 경청하며, 서로에게 공감을 확장할 수 있었다. 이는 다른 사람이 그들의 전방 엣지에 계속 머물면서 관계의 맥락 내에서 더욱 안정적으로 자기대상 경험을 생성할 것이라는 희망감에서 발생한다. 다음 일화는 Ty가 그 시기에 수행했던 핵심 작업의 일부를 보여 준다. 그것은 조율된 맥락 내에서 어떻게 그가 자신의 현재 정서를 더 완전하게 경험하고 그것을 과거와 연결할 수 있게 되었는지를 보여 준다. 이것은 궁극적으로 그가 지금 여기 중심에 머무르게 하여 그를 더 나은 파트너로 만드는 데 도움을 주었다.

TY: 내 감정을 더 잘 관리하려고 노력하고 있어요. 나는 내가 계속해서 진행하는 경향이 있다는 것을 알아요. 그리고 그것을 잃어버려요. 하지만 특히 Annie에 관해서는 저 자신을 통제할 수 없는 것 같아요.

NH: 왜 그런 일이 일어나는지, 감정이 격해지면 어떻게 되는지에 대해 생각해 본 적이 있나요?

TY: 음, 우리 가족이 그랬어요. 사람들은 항상 소리를 지르고 많은 감정을 가지고 있었어요.

NH: 그것이 당신에게 어떠셨나요?

TY: 끔찍했어요. 누군가가 언제 폭발할지 절대로 알 수 없었죠. 부모님은 항상 싸웠어요. 특히 아버지는 정말 예측할 수 없었고 그가 소리를 지르면 정말 무서웠어요.

NH: 정말 괴로웠겠네요.

TY: 네. 물리적 폭력은 전혀 없었지만, 얼마든지 일어날 수 있을 것 같은 느낌이었어요. 그래서 나는 항상 무슨 일이 일어날까 두려웠어요. 많은 시간을 달래 주는 데 보냈고요.

NH: 달래주었다고요……. 누구를?

TY: 글쎄요, 모두요. 정말로.

NH: 엄마도 무서웠나요?

TY: 같은 방식은 아니었어요……. 어머니도 소리를 지르곤 했지만, 그녀가 나를 때릴까 봐 걱정한 적은 없었어요.

ANNIE: 하지만 당신 엄마는 정말 냉정했어요. 엄마에 대해 선생님에게 말해야 해요.

TY: 예, 저는 그녀가 어디에 서 있었는지 전혀 몰랐어요. 그녀는 아버지가 자제력을 잃었을 때 결코 개입하지 않았어요. 그리고 그가 우리를 화나게 했을 때 그녀는 우리를 위로하거나 그 어떤 것도 하지 않으셨죠. 우리는 그냥 방에 앉아 떨고 있었어요.

ANNIE: 지금도 그녀는 굉장히 거리를 두고 있어요. 당신은 항상 그녀를 방문하지만, 그녀는 당신이나 Elliot에게 그다지 따뜻하지 않잖아요.

TY: (침묵) 부모님 둘 다 저를 정말 좋아하지 않는 것 같았어요. 나는 그들이 나를 좋아하는지 아직도 모르겠어요. 그들이 나를 사랑한다고 생각하지만, 그들이 나를 좋아하는지 잘 모르겠어요.

NH: (이것이 가라앉을 여지를 남겨 두고) 이것이 당신에게 어떤 영향을 미쳤다고 생각하세요?

TY: 확실히 저를 더 몰아넣게 만든 것 같아요. 나 자신을 증명하고픈 욕구가 더 많았지요.

NH: Annie에 관해서는요?

TY: 그녀도 나를 좋아하지 않을까 걱정되는 것 같아요.

ANNIE: 하지만 처음에는 그렇게 걱정하지 않는 것 같았어요! 당신은 그때 나를 기쁘게 하는 데 관심이 없는 것 같았어요!

NH: (침묵. Ty를 본다.)

TY: 아니요. 나는 당신이 괜찮을 것이라고 생각했어요. 나는 마침내 나를 위해 거기에 항상 있어 줄 사람을 찾았다고 생각했고, 당신의 필요에 대해 너무 많이 생각하지 않았죠. 그건 내 실수였어요. (더 많은 침묵)

NH: 하지만 당신은 Annie가 물러난다고 느꼈을 때, 그리고 그녀가 당신을 인정하지 않는 것처럼 행동할 때 Annie를 쫓기 시작했어요.

TY: 아뇨, 그녀가 나를 좋아하지 않는다고 느낄 때요!

NH: 그래서 그녀가 더는 당신을 좋아하지 않는 것 같을 때, 그녀에게 당신의 합당함을 이해시키려는 시도를 그만두기 어려웠지요. 당신은 그 상태에서 그녀에게 말을 걸려고 해요.

TY: 그게 제가 하고 있는 일인 것 같아요. 그렇게 하고 있을 땐 아무 생각이 안 나요.

NH: 자신을 스스로 멈추고 그녀를 설득하려 하지 않는 상상을 해 보면 어떨까요? 그러면 무슨 일이 일어날까요?

TY: 그 감정을 참을 수가 없어요. 그것을 뭐라 설명할 수 없네요.

NH: 1분만 더 앉아 계세요. 어떤 느낌일지 상상해 보세요. (침묵)

TY: 그건 일종의…… 공허함……. 좋지 않네요.

NH: (더 있는지 좀 더 지켜보며) 그럼 정말 그녀와 단절된 느낌이 드네요. 나는 그녀가 당신의 관점을 보도록 노력하는 것이 다시 연결하려는 당신의 방법이라고 생각해요. 계속 노력하지 않으면 아무 일도 일어나지 않을 것이라고 걱정할 수도 있어요. Annie는 중간에서 당신을 찾아 나서거나 만나지 않을 것입니다.

TY: 거의 맞는 것 같습니다. (고요)

Livingston의 커플

소개

Eric과 Jenny는 단순히 주말에 만나는 것보다 그들의 관계에서 더 많은 것을 원하는 것처럼 보였다. 그들 각자는 집이나 아파트를 함께 구입하는 것이 충분히 편하게 느껴질 만큼 자신들의 어려움을 충분히 해결하기를 바랐다. 그들은 함께 사는 것에 대한 희망과 두려움을 탐색하는 데 도움을 원했다. 비록 말로 표현하지는 않았지만, 나는 그들이 더 친밀한 관계를 원한다고 생각했다. 각자 다른 배경을 갖고 있었고 무엇이 좋은 삶을 구성하는 요소인지에 대한 관점이 서로 달랐다. 2년 치료의 첫해 인상적이었던 점들을 자세히 설명해 보겠다.

임상 사례

둘 다 60세 정도로 오랜 여자 친구이자 남자 친구(그들의 말)인, Eric과 Jenny는 왜 친밀감에 두려움을 느끼는지 탐색하여 극복하기를 원했다. 친밀감을 두려워하는 것은 이들이 함께 살기를 어려워하는 것으로 구체화되었다. 덩치가 크고 거무스름한 피부색을 가졌으며 크고 차분한 말씨로 말하는 남자 Eric은 뉴욕 브롱크스에 집을 소유하고 있었고 집의 방 하나를 개방해 작게 치과 진료를 시작했다. 그는 일부러 최면술을 배울 시간을 내기 위하여 일주일에 3일은 집에서 일하기로 했다. 그는 최면이 자신을 위한 조용하고 혼자 있는 시간을 허용할 뿐만 아니라 진료를 향상시키기를 바랐다. 어렸을 때부터 Eric은 직장과 소수의 좋은 친구들로부터 떨어져 있어야 했는데, 그의 말로는 이들과 같이 있는 것이 '너무 자극적'이 되기 때문이었다. 다른 형제자매보다 10년 정도 뒤에 태어난 그는 어머니, 두 자매, 할머니와 할아버지에 의해 양육되며 주목을 받았다. 결과적으로, 많은 사랑을 받으며 자랐다. 브롱크스에서 그의 성장과 가족의 위상은 강한 자신감을 제공했다. Jenny의 배경은 Eric과 많이 달랐다. 그녀는 어렸을 때 대부분 부모에게 무시를 당하며 자랐고, 너무나 자주 스스로를 보호해야 했다. 이제 그녀는 자신이 구입한 브루클린의 집에서 살고 있다. 그녀의 집은 Eric의 집과는 꽤 멀리 떨어져 있다. 사회복지사인 Jenny는 내담자들을 돕는 것을 즐긴다. 게다가 집에 있을 때 기꺼이 친구와 이웃들을 돕는다.

첫 번째 회기: 커플 상담을 위해 나와 약속을 잡은 Eric이 시작했다.

Eric: 만약 우리가 함께 살면 Jenny의 혼란스러운 가족 때문에 내 작은 세상이 무너질까 봐 두려워요. 예를 들어, 가족이나 친구가 한밤중에 전화를 걸면 그녀는 즉시 나가서 도와줘요.

Eric은 자신의 트레일링 엣지 공포를 우리에게 솔직하게 털어놓으면서 자신이 바라는 바를 간접적으로 피력했다. 그것은 Jenny가 변화되어 그녀의 친구들보다 자신과 더 시간을 보내기로 결정하는 것이었다. 그는 보통 적어도 일주일에 한 번 Jenny에게 전화를 걸었고 대부분의 주말에는 브롱크스에서 브루클린에 있는 그녀의 집까지 차를 몰고 갔다. 그들은 각자 맨해튼 외곽의 다른 자치구에 살았기 때문에 이 거리를 오고 가는 것은 쉽지 않은 일이었다. Eric은 확실히 그들의 관계가 원활하기를 원하는 것처럼 보였고 그와 Jenny가 함께 살 것이라는 그의 리딩 엣지 희망에 박차를 가했다.

JENNY: 과거에 나는 가족 구성원과 두 명의 다른 남편을 포함하여 강한 남자들에게 점령당했어요. 다시는 그런 일이 없도록 해야겠다고 결심했지요!

그녀는 계속해서 그녀의 트레일링 엣지인 '삼켜지는 것에 대한 두려움'에 대해 가슴에 사무치도록 말했다. Jenny는 또한 함께 이사하는 것에 대한 생각을 멈추고, 그녀와 Eric이 충분히 좋은 파트너가 될 수 있을지 궁금해했다. 전반적으로 Jenny는 Eric과 장기적으로 함께 지낼 수 있는 가능성에 대해 비관적으로 보았고 강한 의심의 트레일링 엣지를 증명하려고 했다. 그녀의 의심과 불안은 커플로서 그들에게 문제가 되는 것처럼 보였지만, 나는 그녀의 자신을 표현하는 능력을 리딩 엣지로 보았다.

LL: Jenny, 같이 살기 전에 둘 다 각자의 일을 하면 더 안전하게 느낄 거라고 말씀하신 것 같아요. 맞습니까? (그녀는 확인하며 고개를 끄덕였다.)

첫 번째 회기 내내 우리 셋을 둘러싼 상호주관적 공간에서 Eric과 Jenny는 자신들의 생각과 두려움, 각자가 원하는 삶의 유형을 말하는 데 부끄러워하지 않았다. 그 결과 나는 두 사람을 좋아하고 칭찬하게 되었고, 그로 인해 그 커플과 함께 작업하는 것에 대한 희망을 품게 되었다. 하지만 동거는 고사하고 그 커플이 더 많은 시간을 함께 보낼 수 있기 위하여 셋이서 어떻게 작업할지에 대한 아이디어가 거의 없었기 때문에, 내 안에서는 트레일링 엣지인 의심도 명백하게 있었다.

몇 주 후 Jenny는 백내장 수술을 받았고 그녀의 요청에 따라 Eric은 그녀와 함께 지냈다. 그들 각자는 그가 일주일 동안 그곳에 머무는 것을 고대했다. 수술 후 며칠이 지나자 Jenny는 훨씬 기분이 나아지기 시작했다. Eric은 의사와의 약속을 지키기 위해 떠났고, 이 사실을 Jenny에게 직접 말하거나 메모를 남겨 알리는 것에 대해 무심코 생각을 하지 못했다. 설상가상으로 그는 약속 후 피곤했기 때문에 여전히 Jenny에게 연락하지 않은 상태로 휴식을 취하기 위해 자신의 집으로 돌아갔다. 당연히 Jenny는 처음에는 걱정하다가 나중에는 그의 무심함에 대해 화를 내며 낙담과 분노의 트레일링 엣지를 만들었다. 그녀는 나에게 전화를 걸어 음성 메시지를 남겼다. Jenny처럼 나도 Eric의 생각 없는 행동에 놀랐고 당혹스러웠다. 나의 트레일링 엣지가 나를 조금 흔들어 놓았다.

다음 회기에서 Jenny는 대부분의 시간을 Eric에 대한 자신의 좌절감을 '분출'하는 데 사용했다. 그녀는 평소보다 그에게 더 화가 났고 속상했다고 선언했으며, 암묵적으로 종종 그에게 속상했었음을 표현했다.

JENNY: Eric이 나와 함께 있을 때, 그는 평생 누구보다 나를 잘 돌봐 줬어요! 그러나 우리가 함께 집에 있던 처음 며칠 후에 그는 사라졌어요. 한마디의 말이나 메모도 없었어요. '안녕'이란 말 한마디도 없이, 어디로 가는지, 언제 돌아올지조차 말해 주지 않았어요. 그는 며칠 동안 사라져 버렸어요!

LL: (의아해하면서 나도 그녀의 상황에서 비슷하게 반응할 것 같았지만, 이 커플과 차분하게 대화하려고 노력했다.) Jenny, 당신의 감정을 충분히 이해할 수 있어요. 그리고 물론 Eric이 당신과 함께 머무는 것이 그가 계속해서 도움이 되고 사랑스러워지기를 바라는 많은 열망과 희망을 불러일으켰을 거예요. 그런 열망과 희망은 그가 사라졌을 때 도리어 상황을 훨씬 더 나쁘게 만들었을 겁니다.

내 설명에 그들의 얼굴이 밝아지는 것을 보고 나는 말을 계속했다.

LL: Jenny, 당신과 함께 있어 주고, 많은 도움을 준 후 그가 예기치 않게 떠났을 때, 당신이 예상했던 것보다 더 오래 떨어져 있었을 때, 당신은 화난 것 외에 무슨 일이 일어났는지에 대해 걱정도 했었는지 궁금해요. 아마도 당신은 여전히 그의 도움과 안심시켜 주는 말이 필요할지도 모른다고 걱정했을 것입니다.

회기가 끝나 갈 무렵 나는 두 사람을 직접 바라보며 이렇게 말했다. "Jenny는 두 사람 모두의 리더가 되기를 원하지 않아요. Jenny는 Eric 당신이 적어도 일부 시간을 내어서 결연하게 그녀를 돕기를 원하고 있죠." Jenny는 웃으며 고개를 끄덕였다.

그 후 나는 Eric을 보면서, 뉴욕으로 이사하기 전에 남부 주에서 살던 시절에 만났던, 수십 년 전의 연인이 생각났다는 것을 깨달았다. 우리의 관계는 부분적으로, 우리 각자가—나의 하얀 피부와 대비되는 그의 거무스름한 피부—'혼혈(mixed)' 커플로서 직면해야 했던 어려움에 대응하느라 지쳐서 끝이 났다. 너무 많은 사람이 우리를 쳐다보면서, 어리둥절해하거나, 더 나쁘게는 우리를 못마땅하게 여겼다. 내 연인이 점점 더 신뢰할 수 없게 되자 우리는 헤어졌다. 뉴욕시로 이사한 후, 나는 사람들의 피부색이 다양할 뿐만 아니라 대부분의 사람이 그것에 대해 무관심하다는 사실에 기뻤고 거의 소스라치게 놀랐다. 내 첫 파트너의 피부색, 그리고 그의 궁극적인 불안정성은 Eric의 간헐적인 불안정함과 그의 피부색을 생각나게 했다. 나는 Eric이 궁극적으로 내 '전 남자친구'와 중요한 면에서 다를 것이라고 바라며 믿고 싶었다.

첫 번째 세션 후 몇 달이 지나서, Jenny와 Eric은 Jenny가 두 번째 백내장 수술 후 Eric과 함께 지난주를 보냈을 때의 기분을 간략하게 언급했다.

JENNY: 지난주에 Eric과 함께해서 좋았어요. 나는 우리가 함께한 일주일 후에 그를 정말로 그리워했어요. 특히 밤에 침대에서. 나는 그가 여전히 나와 함께 있기를 바랐어요.

그녀의 말은 내 마음을 따뜻하게 했다. 나는 두 사람 모두로 인해 정말 기뻤다. 부드럽게, 나는 그들 각자에게 관계 내에서 원하는 것이 무엇인지 물었다.

JENNY: 나는 더 많은 시간을 함께 보내고 그것이 어떻게 진행되는지 보는 것을 선호하지만 그런 일은 절대로 일어나지 않아요.

ERIC: 내 두뇌가 작동하는 방식은 Jenny와 함께 있을 때 그녀에게 완전히 몰두해요. 나는 그녀를 욕망해요. 하지만 그러면 내가 듣고 싶은 최면술 과정과 같이 내가 원하고 해야 하는 다른 일에 집중할 수가 없어요.

LL: Eric, 두 분 모두 원하신다면 Jenny의 집에서 당신의 일을 처리할 수 있도록 우리가 어떻게 도와드릴까요? Jenny와 함께 있을 때 뇌의 일부를 차단해 보려고 노력하실 수 있을까요? 그럼 더 오래 머물면서 일도 좀 할 수 있을까요?

커플은 함께 5일, 떨어져 2일을 지내면서 활기가 있고 마음이 열리게 되었다. 우리 셋 모두 우리의 상호주관적 장 안에서 우리의 개별적이고 집단적인 희망의 리딩 엣지를 즐기며 기뻐했다.

몇 달 후, 커플은 서로 주말에만 계속 만나게 되었을 때, Jenny는 주중에 함께하는 것에 대해 매우 의아스럽게 여겼다.

ERIC: 그거 좋은 생각이네요. 근무일에 만날 생각은 한 번도 해 본 적이 없어요!

JENNY: 그 생각이 마음에 들었다니 다행이네요. 처음에 나는 쉬는 날에 만나자고 하면 안 된다고 생각했어요.

그들은 몇 달 동안 아무 성과도 얻지 못했지만, 나와 마찬가지로 Jenny의 제안에 분명히 만족했다. 몇 주 후 내가 Jenny의 제안을 받아들이는 것에 관해 물었을 때도 그들은 관심을 보이지 않는 것 같았다. 그들이 주중 만남에 후속 조처를 하지 않고 달팽이 속도로 움직이는 것에 대한 나의 실망은 내가 그들을 도울 수 있을지 그리고/또는 그들의 관계가 간헐적으로 유지될 것인지 의심의 트레일링 엣지를 만들었다. 마찬가지로, 나는 그들이 서로를 더 자주 만나기 위해 노력할 준비가 되어 있지 않다고 생각했기 때문에 주중에 왜 만나지 않았는지를 질문하는 것이 도움이 될 것으로 생각하지 않았다.

몇 주 후, Eric은 Jenny를 자신의 집에 초대했다. 그녀는 그의 아파트로 가서 주말을 보냈다. 불행하게도, Jenny가 시간을 내어 Eric에게 가기에는 쉬운 거리가 아니었을 뿐만 아니라, 그의 집은 매우 지저분하기까지 했다. 그들은 함께 Eric이 Jenny의 집으로 계속 가기로 결정했다.

LL: 두 분이 기대한 만큼 결과가 좋지 않아서 안타깝네요.

내면적으로는, Eric이 Jenny가 자신의 집을 보고 머물기를 간절히 바랐음에도 불구하고 거실이나 침실조차 청소하려는 노력을 별로 하지 않은 것에 관하여, Eric에게 충격과 실망을 느꼈다. 이런 것들이 모두 합쳐져서 Eric에 대한 실망의 트레일링 엣지를 만들었다. 게다가 그는 자신만 생각하는 것 같았다. 나는 그들이 커플로 계속 지내는 것에 대해 괜찮다고 느끼도록 도울 수 있는지, 아니면 어느 시점에서 그들 중 하나 또는 둘 다 그들의 관계를 끊기로 결정할 때 그들이 괜찮다고 느끼도록 도울 수 있을지를 염려하는 반갑지 않은 트레일링 엣지를 만들었다. 그들은 둘 다 서로 비슷했지만 중요한 면에서 서로 달랐다.

사회복지사인 Jenny는 일주일 내내 일했다. 브루클린의 넓은 지역에서 매일 다양한 사람을 배정받으면서 그녀는 각 클라이언트가 필요로 하는 모든 일을 도왔고 자신과 에이전시를 위해 보고서를 작성했다. 그녀는 자기 일을 잘하고 즐겼으며, 부분적으로는 그녀가 만나는 사람들에 관해 관심을 가졌기 때문에 자신과 자기 일에 좋은 감정을 느끼는 리딩 엣지를 만들어 내었다. 따라서 그녀는 주중에 또 다른 것을 위한 시간이 거의 없어도 신경 쓰지 않았다.

몇 주 후, 나는 이렇게 물었다.

LL: Jenny의 집에 함께 있을 때 각자 어떤 기분이 드나요? (그들은 그들이 함께했던 많은 것을 묘사했다. 드라이브를 가거나, 함께 산책하거나, 업타운에 가거나, 가끔 영화를 보기도 한다.)

ERIC: Jenny의 집에 있는 게 좋아요. 진정되거든요. 하지만 주말에 더 많은 시간을 함께 보냈으면 좋겠어요.

LL: 무슨 의미예요?

ERIC: 누군가 그녀에게 도움을 요청할 때마다 그녀는 즉시 도와주러 나가요. 나는 그녀의 집에 있을 때 너무 자주 혼자 있게 되는 것을 좋아하지 않아요.

JENNY: (거의 반항적으로 말함) 내 친구들이 도움이 필요하면 내가 도와주어야 해요. 나는 그들을 돕기를 원해요. Eric, 마음에 들지 않으면 언제든지 떠날 수 있고, 집에 갈 수 있어요.

LL: Eric이 당신 집에 있을 때 두 분 각자가 기분이 나아질 수 있는 타협점을 찾을 수 있을지 궁금하네요.

JENNY: (더 침착하게) 우리가 다르게 할 수 있는 것은 아무것도 없어요. 친구들이 나를 필요로 하면 나는 도와줘야 해요. 나의 유일한 자유 시간은 주말이고, 그때 Eric과 나는 많은 일을 함께해요. 나는 그가 여기 있는 것을 좋아해요. 그는 나를 진정시켜요.

ERIC: 나는 괜찮아요. 당신과 함께 있는 게 좋아요, Jenny.

Jenny가 Eric의 집을 방문하는 것이 실패로 돌아간 후 잠시 동안 Eric은 그들의 관계가 제대로 작동하게 하려고 거의 모든 것을 기꺼이 하는 것처럼 보였고, 따라서 희망과 욕망의 리딩 엣지를 만들어 냈다. 그럼에도 그는 자신의 작은 경계 영역이 Jenny의 혼란스러운 가족과 친구들에 의해 너무 방해를 받을까 봐 두려워하였고, 이는 두려움과 불확실성의 트레일링 엣지를 구성하였다.

나는 커플 사이의 중요한 유사점과 차이점을 이해했지만, 결과에 대해 걱정했다. 커플의 각 구성원은 똑똑했고 그들의 삶에서 일부 사람들에게 깊은 관심을 두고 다른 사람들에게 베풀기를 원했다. 그럼에도 그들은 여가 시간에 관해 상대방과 매우 달랐다. 집에서 혼자 있는 시간뿐만 아니라 조용히 있고 싶다는 Eric의 욕구는 Jenny가 한밤중에도 직장에서뿐만 아니라 가족과 좋은 친구들을 돕기 위해 노력하는 것과 정반대였다. 나는 그것이 어린 시절의 경험과는 달리 그녀에게 삶의 목적뿐만 아니라 필요한 인물이 되고 포용된다는 강한 느낌을 주고 있음을 알았다. 유감스럽게도, 집에서 다른 사람들이 요청할 때마다 도와주는 그녀의 생활 방식은 Eric이 Jenny와 함께 생활하는 데 장애가 되었으며 종종 Eric에게 약간의 실망감이라는 트레일링 엣지를 안겨 주었다. 나는 그들이 주말을 함께 보내면서도 Jenny가 자기 일에 집중하느라 Eric과 너무 많은 시간 동안 떨어져 있는 것을 좋아하지 않았지만, 그걸 바꿀 수는 없었다. 나는 그것이 그들 각자에게 '충분히 좋아 보이네.' 하며 나 스스로를 설득시키려고 노력했다. 그럼에도 그 순간 우리 셋을 둘러싸고 있는 상호주관적 공간 내에서, 나는 그들이 시간 분배를 잘해서 더 잘 지낼 수 있도록 도울 수 있을 만큼 자신이 충분히 강하거나 현명하지 못하다는 나의 트레일링 엣지를 알고 있었다. 커플 중 어느 쪽도 별로 걱정하지 않는 것 같았기 때문에 나는 속으로 심호흡을 하고 긴장을 내려놓으려고 애썼다. 이들을 돕는 것에 대한 걱정인 나의 트레일링 엣지를 없애기를 원했다. 가끔씩, 커플이 함께 있는 시간은 훌륭하게 이루어지곤 했다.

Jenny의 집에서 보낸 주말에 무서운 눈보라가 쳤을 때 Jenny는 딸로부터 도움 요청 전화를 받았다. Eric은 폭풍이 위험하니 가지 말라고 말리려 했지만 성공하지 못했고, 폭풍과 Jenny의 안녕을 두려워하는 트레일링 엣지를 만들었다. 그의 두려움과 가지 말라고 주장했음에도 불구하고, 그는 Jenny를 딸의 집으로 데려다주었고, Jenny 혼자 운전하는 것을 걱정하기보다 Jenny가 떠날 준비가 될 때까지 거기에 머물며 기다려 주었다. Eric은 Jenny와 자신에 대한 걱정을 덜어 주는 해결책을 찾았기 때문에 그의 리딩 엣지 희망이 초기의 트레일링 엣지 걱정을 넘어서게 되었다. 게다가 그들이 함께 작업하면서, 그는 자신과 Jenny 모두에 대해 훨씬 더 기분이 좋아졌다. 그의 사려 깊음과 관대함은 또한 Jenny에게 기쁨의 리딩 엣지를 만들었다. 그녀는 필요할 때 베풀어 주었던 Eric의 도움과 지원에 감사해했다. 또한 그들은 각자에게 성공적인 해결책을 찾고 있어서 커플로서 서로에게 더 많은 희망을 품게 되었고, 결과적으로 우리의 상호주관적 장에서 나의 리딩 엣지를 만들었다.

그해 훨씬 늦은 회기에서 Jenny는 Eric이 그녀와 많은 시간을 보내고 싶지 않다는 듯이 점점 더 늦게 그녀의 집에 도착하는 것에 대한 우려를 표명했다. Eric은 단호하게 동의하지 않았다.

ERIC: 나는 일에 몰두해서 시간 가는 줄 몰랐거나, 당신을 만나러 가기 전에 좋은 마무리를 하고 가려고 노력했던 거예요.

그는 그녀와 함께 즐거운 시간을 보냈다고 주장하면서 그와 그녀 모두에게 즐거움의 리딩 엣지를 만들었다. 그는 또한 떠날 때가 되면 보통 슬픔을 느낀다고 말했다. 거기에 있다는 것에 대한 좋은 감정과 떠나서 미안한 감정이 혼합되어 리딩 엣지와 트레일링 엣지를 동시에 경험했다. Eric처럼 나도 그들이 만나고 헤어지는 것이 조금은 슬펐지만, 한편으로는 마음이 뭉클했다. 나는 그들 각자가 서로에게 원하는 것뿐만 아니라 두려움에 관해 이야기하는 것이 기뻤다. 따라서 거의 동시에 나는 그들이 화를 내고 서로 화해하지 못할 것이라는 트레일링 엣지 두려움을 경험했고, 그들에게 작동하는 해결책을 그들이 찾을 수 있다는 리딩 엣지 기쁨을 이어서 경험했다.

몇 주 후, Jenny와 Eric은 둘 다 그들의 관계에 대해 비관적이었으며, 각자 비관적인 트레일링 엣지를 경험했다. 실망한 나는 그들의 관계에 대해 내가 얼마나 '이상적인' 생각을 했었는지에 대해 상당히 짜증이 났다. 이는 강한 트레일링 엣지를 불러일으켰다. 자책하지 않으려고 조용히 혼잣말했고 동시에 커플의 말에 귀를 기울이며 함께하려고 노력했다. 마치 기복이 있는 롤러코스터를 탄 것 같았다.

결론

앞의 예에서 볼 수 있듯이 커플은 서로 다소 다른 문제를 제시했으며 각각의 분석가는 작업에 접근하는 방식이 달랐다. 시간이 지남에 따라 Louisa와 그녀의 커플은 협력하여 치료를 진행하면서 높은 수준의 신뢰를 쌓았다. 전방 운동(forward movement)은 세 사람 모두가 참여하는 상호 방식으로 발생했지만, 매우 느리게 발생했다.

Nancy와 그녀의 커플은 또한 그들이 했던 작업의 기반이 되는 자기대상 반응 수준을 확립했다. 치료는 세 사람 간의 긴밀한 협력을 포함하였다. 첫 번째 사례와 달리 Nancy는 그녀를 불안하게 할 때도 더 자주 말했다. 그녀는 필요하다고 생각할 때 적극적으로 참여하고 도전했다. 질문을 사용할 뿐만 아니라 한 파트너의 행동이 다른 상대방에게 미치는 영향을 지적하면서 그녀는 세 구성원 모두가 자신의 희망과 두려움을 이해하고 이것이 안전한 연결을 형성하는 능력에 어떻게 영향을 미치는지 이해하도록 도왔다.

제**12**장

성욕과 상호주관적 자기심리학

무엇이 중요한가[1]

나는 사려 깊고 개방적이며 똑똑하고 관대한 내가 알고 있던 자기심리학자들처럼 되려고 자기심리학자가 되었다. 게이 남성으로서 나는 그 당시 동성애를 인정해 주는 잘 훈련되고 연민이 있는 정신분석가를 찾는 것이 어렵다는 것을 알고 있었다. 나는 그런 사람이 되고 싶었다. 나는 모든 사람에게 개방된 개인 상담소(내가 생각하는 이웃 친화적인 상담소)를 만들고 싶었지만, 특히 게이 남성을 환영하는 곳을 만들고 싶었다.

자기심리학에 몰두하면서 인간 본성과 치료 과정에 대한 기본 가정이 합리적이고 매력적이라는 것을 알게 되었고, 나의 주 관심은 점점 자기심리학에 익숙해지는 것이 되었다. 자기심리학의 아버지인 Heinz Kohut은 그의 우상인

1 나는 초기 초안을 면밀히 읽고 훌륭한 조언을 해 준 Betty Rothbart에게, 훌륭한 제안을 준 Kathy Roe에게 감사드린다. 그리고 이 장의 모든 버전과 훨씬 이전에 나를 격려해 주었던 Kenneth Wampler의 지원에 감사드린다.

* Gordon Powell

Sigmund Freud와 인간의 본성을 매우 다르게 보았기 때문에 부분적으로 결별했다. 자세히 설명하겠지만, 자기심리학은 사람에 관한 Kohut의 최선의 가정을 기반으로 하며, 나는 자기심리학의 이 부분을 좋아한다.

나는 성(sex)이 어디에나 있는 것처럼 보였던 1970년대에 게이 남성으로 성인이 되었다. 성 혁명(Sex Revolution)의 그 시절에, 대중이 동성애자의 자존심(gay pride)을 인식하게 되었고, 대부분의 미국인은 섹스의 다양한 즐거움을 받아들이며, 토론하고, 즐기는 것 같았다. 일반적으로 미국 사회에서, 특히 게이 남성들에게는 자신의 성적 욕구를 탐색할 수 있는 새로운 자유가 생겨났다.

하지만 1990년대에 내가 자기심리학을 공부하고 상담하기 시작했을 때 AIDS는 게이 남성들을 학살하고 있었다. 성과 성욕(sex and sexuality)은 다시금 우리의 마음속에 크게 남아 있었지만, 훨씬 더 어두운 이유 때문이었다. 성(sex)은 무서운 것이 되었다.

하지만 매우 실망스럽게도 자기심리학은 성욕에 대해 거의 언급하지 않았다. 그 이유는 Kohut이 Freud의 이론에서 인간 동기 부여의 가장 중요한 결정 요인으로 군림했던 성욕과 공격성을 높은 지위에서 강등시켰기 때문이다. Freud와 그의 추종자들에게 성적 충동과 공격적 충동의 중요성에 대한 믿음은 정신분석 클럽에 가입하기 위한 티켓이었다. Kohut은 또 다른 정신분석 클럽을 결성했는데, 이 클럽은 자기[2]와 자기의 욕구를 치료의 가장 중요한 고려 사항으로 삼았다. 성욕은 그리 중요하지 않았다.

그러나 Kohut이 동성애자에 관해 쓴 글은 나를 흔들었다. 동성애자는 이성애자보다 사랑의 관계를 형성할 능력이 적다는 것이었다. 그는 항상 동성애 환상과 행동을 소멸시키는 것을 분석적 진보로 보았다(예: Kohut, 1977; Miller, 1985 참조).

2 Kohut은 자기를 우리가 우리 자신을 인식하는 나로 정의했다. 그것은 공간 안에 그리고 시간의 연속성을 두고 응집력을 갖는 하나의 경계가 있는 실체다(Elson, 1987, p. 18).

나는 동성애자에 대한 이 저주스러운 견해와 다른 면에서는 인류에 대한 그의 비판단적인 견해를 조화시키려고 애썼다. 나는 자기심리학이 내 환자의 성욕을 이해하고 축하하는 데 어떻게 도움이 될 수 있을지, 아니면 과연 도움이 될 수 있을지에 대해 의아해했다.

수십 년 동안 나는 내 작업을 안내할 수 있는 성적 발달에 대한 이해를 자기심리학에서 찾았다. 그러나 더는 아니다. 이제 나는 Kohut이 다형도착의(polymorphously perverse) 아기를 성욕의 목욕물과 함께 버렸지만, 그와 똑같은 급진적인 행동이 성욕을 정신분석으로부터 구했고 그 반대도 마찬가지라는 것을 이해한다. 인간 삶의 두 가지 상위 동기 중 하나인 성욕을 제거함으로써 그는 성과 정신분석이 모두 건강한 방향으로 발전할 수 있도록 했다. 개인의 경험에 밀접하게 접근하고 치료사가 개방적이고 관대할 수 있도록 하는 임상적 접근 방식을 설명함으로써 그는 우리에게 건강한 성적 및 성정체성 발달을 촉진할 수 있는 수단을 제공했다. Kohut은 내담자들의 실패한 결혼 생활로부터 성욕과 정신분석을 구했다.

내가 정신분석 훈련을 받았을 때 소수의 자기심리학자만이 성욕과 동성애에 대한 글을 썼다. 그중에 R. Dennis Shelby(1994, 1998)가 동성애에 관한 글을 썼다. 먼저 그는 동성애에 대한 정신분석적 견해의 역사를 검토하면서, '제2차 세계대전 이후 미국 분석가들은 동성애 정신에 관한 가장 악의적인 진술을 제시했다'(1994, p. 59)고 썼다. 하지만 1990년대에 이르러서, '[정신분석가]는 이제 [정신분석]을 수련받았던 기간보다 훨씬 더 호의적으로 동성애를 보기 시작할 수 있는 권한을 가지고 있으며, 아마도 환자와 함께 작업할 때 동성애를 타고난 것으로 보는 관점도 갖게 되었다'(p. 63). 그는 성적 지향은 후천적인 것이 아니라 타고난 것이며, 치료사의 임무는 환자의 '젠더 자기(gender self)'에 조율된 반응을 제공하는 것이라고 주장했다(pp. 76-77).

Betsy Kasoff(1997)는 동성애가 선천적이라는 Shelby의 주장에 의문을 제기했다. 그녀는 게이 남성들에게는 그럴 수 있지만, 자신을 레즈비언으로 여기는 여성의 경우 항상 그렇지는 않다고 썼다. 그러나 그녀는 병인론을 이해하는 것보다는 '이성애와 양성애에 대한 대안적 발달 결과로서 동성애를 이해하는 것에 더 관심이 있었다. 나는 이 결과 자체가 발달상의 탈선이나 생물학적 차이를 나타내는 것으로 보지 않는다'(p. 216)고 말했다. 나는 Kasoff의 견해를 공유한다.

Marian Tolpin(1997b)은 자기심리학 이론에서 성욕(sexuality)에 관해 쓰면서, 성적 욕구(sexual need)가 우선이라는 Freud의 생각과 성적 욕구는 자기대상 반응에 대한 아동의 욕구 중 하나일 뿐이며 성적 욕구가 응집력 있는 자기로 통합될 수 있다는 Kohut의 생각을 대조하였다.

> 성욕과 자기의 발달에 관한 결과는 생식기나 경쟁심, 분노, 시기 또는 기다려야 하는 데서 오는 실망감에 의해 결정되는 것이 아니다. 그 결과는 '순진한(naive)' 소망과 충동, 그리고 '오이디푸스적 자기'의 욕동(drive)—그리고 피할 수 없는 지연, 위축 및 실망—이 아동-부모 유대의 본질에 따라 어떻게 반응이 이루어지는가에 달려 있다.
>
> (p. 183)

그녀는 성욕이 자기 발달과 함께 발달한다고 이해했으며, '성적 성숙과 함께 상호 연관된 강렬한 쾌락의 두 형태—성욕 그 자체로부터의 쾌감과 반응적 타자들(자기대상)과의 일차적인 연결 안에서 자기 경험의 가장 깊은 뿌리에 일시적으로 재접근하는 방식인 성욕으로부터의 쾌감—가 생겨난다'(p. 184)고 이해했다.

자기심리학에서 성욕에 관한 논문이 상대적으로 부족한 것은 Kohut이 정신분석에 대해 근본적으로 다시 생각하고 있음을 보여 준다. Freud 이론에서 본능적 욕동(성과 공격성에 대한 욕동)이 차지했던 위치로부터 그들을 강등시킨 후, Kohut은 자신의 새로운 이론에서 공격성을 대신하는 자리로 자기애적 격노에 대한 개념은 찾았지만, 성욕을 위한 자리는 찾지 못했다.

Kohut의 이론에서 성욕은 어떻게 다루어지게 되었을까? 아이러니하게도 그는 성욕과 동성애를 정신분석의 주시 대상(crosshairs)에서 옮겨 놓음으로써 레즈비언, 게이, 양성애자, 트랜스젠더, 퀴어(LGBTQ) 환자를 사랑하고 삶을 살아갈 수 있는 모든 능력과 장애를 지닌 다른 모든 사람처럼 인류의 온전한 구성원으로 환영할 수 있는 작업 방식을 제공했다. 그의 사고는 개별 환자의 젠더 및 성적인 경험과 환상의 완전하고 독특한 발달을 가능하게 하는 방식으로 환자의 경험과 환상에 집중할 수 있게 해 준다.

자기심리학과 성욕

정신분석은 성욕을 이해하려는 Freud의 시도에 기반을 둔다. Freud의 동료 Josef Breuer의 환자인 Anna O의 성적 욕망은 Freud의 '대화 치료법(talking cure)'을 시작하게 하였다. 결국 Freud는 모든 중요한 행동과 환상이 성적이고 공격적인 욕망으로 정제될 수 있다고 결론지었다. 이것들은 정신적 삶에서 환원할 수 없게 주어진 것들이다.

Kohut은 근본적으로 다른 인간을 보았다. 생애 후반에 그는 성(性)과 공격성에 대한 Freud의 숭배(veneration)를 거부했다. 그는 자기와 자기의 욕구를 고려함으로써 인간을 더 잘 이해할 수 있다고 생각했다. 그는 자기와 자기의 욕구에 대한 관심이 공격적이고 성적 충동에 대한 관심보다 훨씬 더 효과적이고 지속적인 변화를 만들어 낸다는 것을 발견했다. 그는 성적 발달의 구강, 항문, 남근 단계에 대한 Freud의 중요한 개념들, 이드, 자아 및 초자아로 구성된 마음, 그리고 오이디푸스 단계와 형제간 경쟁을 포함하는 가족 역동에 대한 개념을 버리지 않고, 그것들을 자기와 자기의 욕구에 대한 생각에 종속시켰다. 사고의 이러한 전환은 기념비적이고 필연적인 것이었다. 그 결과 성욕은 우리의 정서적 삶의 드라마에서 조금 덜 중요한 역할을 맡는 것으로 남겨지게 되었다.

자기심리학은 우리가 두 가지 방식 중 하나로 관계를 경험한다고 가정한다. 때때로 우리는 다른 사람들이 우리와 분리되어, 그들 자신만의 동기, 욕구 및 역사가 있다고 여기며 관계를 맺는다. 이것은 Freud와 대부분의 다른 정신분석 전통이 다루는 경험의 **대상과 관련된**(object-related) 측면이다.

Kohut은 관계의 다른 측면인 **자기대상**(또는 자기애적) 측면에 초점을 맞췄다. 때때로 우리는 누군가가 우리에게 필요한 심리적 기능을 제공하거나 제공하지 않는 것으로 경험한다. 이럴 때 우리의 자기감(우리의 자기애)은 그 자체의 개인으로서가 아니라 자기의 일부로 경험하는 그 사람을 포함하도록 확장된다. 그 사람의 반응은 마치 우리 자신의 반응인 것처럼 우리에게 영향을 미친다.

언제든지 관계의 두 가지 측면(대상과 관련된 또는 자기대상과 관련된) 중 하나가 다른 사람에 대한 우리의 경험을 지배할 것이다. 다른 측면은 배경에 있을 것이다. 자기는 우리의 자기대상 욕구에 대한 다른 사람의 반응을 합병(incorporation)함으로써 만들어지고 함께 유지된다. Kohut은 이 경험 영역이 Freud의 대상 관련 영역보다 임상적으로나 발달적으로 더 중요하다고 생각했다. 그러므로 자기심리학은 주로 관계의 자기대상 측면에 관심을 갖는다.

관계의 자기대상 영역에서 성욕은 또 다른 자기대상 갈망일 뿐이다. 성욕이 그 자체로 자기애적 욕구—확인, 존경, 수용 등을 받고자 하는 욕구—로 나타나는 한, 그것은 성화된 버전(sexualized version)일 뿐이다. 성과 성적 환상은 방어적으로 사용될 수도 있는데, 이는 더 이상의 성장을 허용하지 않고 자기 응집력을 유지하는 것을 의미한다.

그렇다면 성욕은 다른 자기대상 환상 및 행동과 크게 다르지 않다. 확실히 그것은 설득력이 있지만, 그 자체로 하나의 욕구가 아니다.

Kohut이 성욕의 자기애적 측면에 초점을 맞추었다는 것은 그것의 다양한 다른 측면들에 관심을 덜 두었다는 것을 의미한다. 이는 사랑과 친밀감에 대한 자기애적인 대인관계 표현, 감각적 쾌락, 육체적 측면, 놀이와 실험의 가능성,

욕망을 확인하고 표현하는 데 성욕의 자기애적 측면의 중요성, 성욕의 자기애적 측면이 가장 초기의 신체 감각을 재현(또는 처음으로 생성)하는 방식, 이전의 트라우마를 극복하는 발달에 성욕의 자기애적 측면이 갖는 가치, 창의적인 표현으로서 성욕의 자기애적 측면의 사용, 성욕의 자기애적 측면이 중독적으로 추구될 수 있는 취약성 등이다.

성욕의 의미를 자기애의 또 다른 표현으로 제한함으로써 Kohut은 성을 정신분석에서 효과적으로 제거했다.

Kohut과 동성애

그의 첫 번째 저서인 『자기의 분석(The Analysis of the Self)』(1977)에서 Kohut은 20대 중반의 분석가인 Mr. A에 관해 기술했다. 그는 여성과 사귀었지만 자신의 동성애 환상 때문에 치료실에 왔다. 이러한 환상 속에서 그는 강하고 잘생긴 남자를 노예로 삼아—그를 육체적으로 무력하게 만들고—그에 대해 '준가학적이고 절대적인 통제'를 유지했다. '때때로 그는 강하고 육체적으로 완벽한 남자를 자위하게 하여 그의 힘을 고갈시킨다는 생각에서 오르가슴과 승리감과 힘을 얻었다.'(p. 70)

Kohut에게 Mr. A의 환상은 건전한 성적 욕망의 증거가 아니었다. 그는 Mr. A의 동성애적 환상을 성화(sexualized)된 자기대상 욕구로만 보았다. '환자의 동성애적 환상은…… 그의 자기애적 왜곡의 성화된 상태로서 이해될 수 있다.' (p. 71) Kohut에게 Mr. A의 동성애 환상은 분석에 의해 해결(제거)될 수 있는 증상이었다.

Mr. A의 환상이 실제로 남성과의 성적이고 낭만적인 접촉에 대한 건전한 욕구의 표현이었다면, 분석가가 자신의 성적 자기(sexual self)를 인정하고 받아들여야 한다는 그의 리딩 엣지 욕구(즉, 건전한 희망)는 동성애가 자기대상 욕구의 건강하지 못한 표현이라는 Kohut의 트레일링 엣지(즉, 방어적) 생각과 충돌했을 것이다(리딩 엣지와 트레일링 엣지에 대한 광범위한 논의는 이 책의 소개를 참조할 것).

Freud와 마찬가지로 Kohut(1996)은 동성 파트너의 선택을 자신과 비슷한 사람의 선택, 따라서 자기애적 대상 선택으로 간주했다.

> 전반적으로 동성애자들은 이성애자들보다 다른 사람들과의 상호 관계에 대한 자기애적인 개념에 더 비중을 둔다. **그리 많지는 않지만,** 몇몇 동성애 관계에서 상대방, 파트너는 분명히 자신만의 세상을 보는 방식을 가진 분리된 사랑의 대상으로 여겨진다.
>
> (p. 40, 강조는 추가한 것임)

그러나 Kohut은 자기애를 병리적이라고 생각하지 않았기 때문에 동성애자의 자기애적 관계가 비난받을 이유가 없다고 추론함으로써 이러한 견해의 일부를 완화했다.

> 모든 사람이 동일한 계획에 따라 조절되는 것은 아니다……. 어떤 창의적인 사람들은 대상 사랑 능력을 크게 발달시키지 않는다. 그러나 그들의 자기애적 힘은 그들의 창의성을 꽃피우게 한다. 이것이 여성과 사랑에 빠지는 능력보다 덜 좋다고 누가 말할 수 있겠는가?
>
> (p. 40)

다시 말해, 동성애자들은 사랑하지 못할 수도 있지만—자기애적 압력은 피할 수 없다—그 손실이 더 큰 창의성으로 보상될 수 있다. 이것은 형편없는 해법으로써 나를 공격한다.

Kohut은 더 끔찍하게도 '대부분의 동성애 관계는—이것은 이성애가 같은 형태를 취할 수 없다는 의미가 아니라 동성애적 관계가 더 그렇다는 의미다(이에 대한 통계는 없다)—긴장을 완화시키기 위해 취해진 빠른 조치, 곧 비상조치' 라고 말했다(Kohut, 1996, p. 84).

동성애 관계를 긴장 완화 또는 자기애적 욕구 충족을 위한 거래로 보는 Kohut의 견해는, 대부분의 동성애 욕망은 건강에 해로운 성적 표현이고, 성숙한(즉, 이성애적) 대상 사랑을 배제하는 방어적인 책략이며, 건강한 자기의 발달이 저해된 것이라는 그의 편견을 보여 주고 있다.

그러나 Kohut 자신은 아마도 자신의 인생에서 가장 중요한 유익한 관계 중 하나로 동성애 관계를 경험하고 즐겼을 것이다. 「The Two Analyses of Mr. Z」에서 Kohut(1979)은 현재 Kohut 자신의 위장된 버전으로 널리 인정되는 환자(Mr. Z.)에 대해 쓴다(Strozier, 2001, pp. 21-26, 308-316). Mr. Z.의 삶에 대한 많은 사실이 Kohut의 삶과 일치한다.

Kohut은 Mr. Z.를 '여성과의 관계에서 약간의 문제가 있는' 이성애적 남성으로 묘사한다(p. 397). 젊었을 때 Mr. Z.는 매우 외로웠다. Kohut에 따르면, Mr. Z.는 '11세 때부터 부모가 보낸 여름 캠프의 수석 카운슬러이자 조감독인 30세 고등학교 교사와 약 2년 동안 지속된 동성애 관계에 연루되어 있었다'(p. 401).

> [Mr. Z.]는 [카운슬러와 함께했던] 이 시간을 매우 행복한 시간이었다고 묘사했다. 아마도 그의 인생에서 가장 행복한 시간이었을 것이다. 카운슬러와의 관계는 참으로 매우 만족스러운 관계였다. 그들 사이에서 노골적인 성적 접촉이 때때로 발생했지만(처음에는 주로 키스와 포옹, 나중에는 성기를 부드럽게 손으로 그리고 성기를 상호 애무하는 정도의 적나라한 친밀함), 그는 성욕이 우선적이지 않았다고 주장했다. 그것은 애정 어린 관계였다. 소년은 그 카운슬러를 이상화했다(p. 404).

Mr. Z.가 사춘기에 접어들고 애정 어린 유대가 해소되면서 관계가 끝났다. 그럼에도 'Mr. Z.는 카운슬러에 대해 원한을 품지 않았고, 분석 중에 언급할 때마다 그에 대해 따뜻하게 이야기했다. 그는 그들의 애정이 진실했고 그들의 우정이 서로를 풍요롭게 했다고 느꼈다'(p. 405).

당시와 마찬가지로 오늘날에도 11세와 30세 사이의 성적 관계는 법적으로 강간이며, 아마도 대부분의 11세 청소년들은 그런 사건으로 인해 상당한 충격을 받으며 성적 학대로 경험할 것이다. 그러나 Mr. Z는 그 관계를 명백히 좋은 것으로 경험했고 그의 경험은 여기에 기초한 것이었다. Mr. Z.와 마찬가지로 모든 환자의 경험이 우리 관심의 초점이다. 정신분석가는 현재 환자의 인식 밖에 있는 다른 가능한 반응—예: Mr. Z.가 관계의 외상적 측면을 억압했는가?—을 상상할 수 있지만 우리는 환자를 액면 그대로 받아들이는 것으로 시작한다.

Kohut은 Mr. Z.와 카운슬러와의 관계의 많은 부분에 상응하는 어린 시절의 관계가 있었다(Strozier, 2001, pp. 21-26, 308-316). Kohut의 어머니는 아마도 Heinz가 10세 또는 11세였을 때 그를 위해 가정교사를 고용했다. 가정교사 Ernst Morawetz는 19세에서 23세 사이의 대학생이었다. 그들의 관계는 Kohut에게 지적으로 자극적이었고 정서적으로 필수적이었다고 Kohut은 나중에 회고하였다.

> 내 인생에서 이 가정교사는 매우 중요한 사람이었다. 그는 나를 박물관과 수영장 그리고 콘서트에 데려다주었고, 우리는 끝없이 지적인 대화를 나누었으며, 복잡한 지적인 게임을 하고 함께 체스를 두었다. 나는 외동아이였다. 그래서 그것은 어떤 면에서 심리적으로 나의 생명을 구하는 것이었다. 나는 그 사람을 매우 좋아했다.
>
> (Strozier, 2001, p. 24)

Strozier는 '성인으로서 Kohut 자신은 Morawetz에 대해 많은 동료에게 이야기하였지만, 항상 관계의 세부적인 부분에 대해서는 모호하게 표현했다. …… 그는 가족과도 모호한 것 같았다'(Strozier, 2001, ftn., p. 394). Kohut은 자신이 죽음을 앞두고 있다는 것을 알면서 쓴 그의 마지막 책을 두 사람, 즉 그가 우상화했던 역사 선생님인 Ignaz Purkhardshofer(Strozier, 2001, p. 29)와 Ernst Morawetz를 기리기 위해 헌정했다.

Morawetz와의 관계는 Kohut에게 '심리적으로 생명을 구하는 것'이었다. 그는 Mr. Z.의 경우처럼 Morawetz와 관계했던 그때를 '인생에서 가장 행복했던 몇 년'으로 느꼈을 것이다. Mr. Z.처럼 Kohut은 외로운 소년이었다. Mr. Z.와 마찬가지로 그는 가정교사와의 관계에 대해 양가감정을 드러내지 않았다.

Kohut이 동성애 환상이나 관계를 맺었다는 다른 징후는 없으므로 그의 성적 지향에 대한 추측은 Mr. Z.와 그의 가정교사와의 관계와 Kohut과 Morawetz의 관계 사이를 동일시한 가정에 기반을 둔다. Mr. Z.와 그의 가정교사와의 성적 및 낭만적인 관계는 Kohut의 경험을 정확하게 반영했을 수도 있고, Kohut은 상상 속에서 Mr. Z.가 즐기도록 허용함으로써 Morawetz에 대한 짝사랑 욕망을 느꼈을 수도 있다. 아마도 Kohut에게 동성애 환상이 없었을 것이고 Morawetz와 성행위는 일어나지 않았을 수도 있다. 아니면 그 관계는 Mr. Z.가 가졌던 관계보다 더 성적이고 낭만적이었을 수도 있다. 역사적 관계의 많은 조합이 가능하다. 우리는 결코 진실을 알 수 없다.

Kohut의 생애 동안 주류 문화와 정신분석은 동성애를 경멸하였기 때문에 동성애 환상이나 경험이 있었다면 긍정적인 인정을 받지 못했을 것이다. 1950년대에 유능한 전문가로 자리매김하기를 희망하는 정신분석가가 자신의 동성애에 대해 누구에게 털어놓을 수 있었겠는가? Kohut은 The Chicago Institute for Psychoanalysis에 입회하려는 첫 번째 시도에서 탈락했었는데, Strozier는 그가 Morawetz와 동성애 관계를 맺었다면 그것이 이유가 되었을 것으로 추측한다(Strozier, 2001, p. 80). 만약 이것이 사실이라면, 입회가 허락되지 않은 경험은 Kohut이 Morawetz와의 관계의 본질에 대해 입을 열지 않도록 가르쳤을지도 모른다.

그가 동성애 환상이나 활동을 했는지 아닌지에 관계없이 Kohut은 당시의 주류 정신분석가들보다 동성애에 대해 더 관대한 견해를 가졌다. 그는 Mr. Z.의 판단을 의심하지 않았고 Mr. Z.의 동성애 관계를 전적으로 건강한 것으로 제시했다. 동성애에 대한 그의 판단은 동료들보다 덜 비난적이었지만, 임시방편적인(jerryrigged) 추론으로 결론을 지었다: 동성애자들은 자기애적일 수 있지만, 자기애는 잘못된 것이 아니다. 그러므로 그들을 낙인찍을 필요는 없다.

Kohut의 견해는 당시의 정신분석 학설보다 덜 위험했다. 그러나 그럼에도 충분히 위험했다. 그는 동성애에 대한 낙인을 제거하기 위해 정신분석 이론을 사용하려고 시도했지만 그의 이론을 끝까지 밀고 가지 않았다. 그는 1994년에 Shelby가 주장했던 것보다 더 멀리 나아가기 전에 사망했다. Shelby는 마침내 일부 정신분석가들이 동성애를 비정상적인 것이 아니라 타고난 것으로 볼 수 있다고 주장했다. 다행스럽게도 우리는 Kohut이 제시한 이론을 사용하여 동성애에 대한 낙인을 완전히 제거할 수 있다.

Kohut의 견해에 대한 교정은 Kasoff가 쓴 것처럼(1997, p. 216) 동성애를 '이성애와 양성애에 대한 대안적 발달 결과'로 간주하는 것이다. 이 관점에서는 그 누구도 단지 성적 지향 때문에 다른 누구보다 대상과 관련된 관계를 형성하는 데 있어서 더 혹은 덜 능력이 있는 것으로 간주되지 않는다. 이 관점은 우리가 주변의 중요한 사람들에 의해 인정되고 확인될 때 우리의 자기 측면을 소중히 여기게 된다고 주장한다. 마지막으로, 이 관점은 상담실에 있는 환자와 그들의 실제 경험을 우선시하며 가치 있게 여긴다. 우리는 이론적으로 이상적인 성적 발달에 대한 우리의 개념을 충족시키는지의 여부로 그들을 판단하지 않는다.

이것이 내가 임상에서 사용하고 이 책에 제시하는 자기심리학의 변형인 ISP의 관점이다. ISP는 Kohut에서 파생된 자기심리학을 기반으로 하여 필수 불가결한 개념을 추가한다. 환자에게 해당되는 것은 치료사에게도 해당된다. 환자만 자기대상 욕구를 가지는 것이 아니라 치료사도 마찬가지다. 치료에 대한 희망과 두려움을 가지는 것은 환자뿐만 아니라 치료사도 마찬가지다. 치료사의 주관성은 환자의 주관성을 설명할 때 설명되어야 하며 그 반대의 경우도 마찬가지다. 그들은 서로에게 영향을 미친다. 모든 환자와 치료사는 자신의 특정한 심리적 세계를 상담실에 가져오고 각각의 분석적 쌍은 지구상에서 새로운 것을 창조하는 연금술적 조합을 만들어 낸다.

상호주관적 자기심리학과 성욕: 무엇이 중요한가

May Swenson은 〈What Matters〉라는 시에서 우리가 자주 잊거나 배우지 못했던 것을 아름답게 묘사한다. 우리가 욕망하고 사랑하는 대상을 우리가 결정할 수 없다. 그러니 '대상(target)은 문제되지 않는다.'

치료사로 활동을 시작한 초기에, 나는 Kohut이 성욕(sexuality)을 또 다른 자기대상 욕구로 강등시키는 것에 멈칫했었다. 그러나 임상에서 나는 자기대상 욕구를 심리적 변화의 필수 요소로 보고 있고, 또한 성적 욕망(sexual desire)을 자기대상 갈망의 (구체적인) 표현 중 하나로 보고 있다. 성과 성욕이 중요하지만, Kohut이 옳았다. 성욕은 인간에게 동기를 유발하는 알파와 오메가가 아니라, 오히려 임상적으로 자기대상 욕구라는 렌즈를 통해 가장 유용하게 보이는 또 다른 경험이다.

사실, 나는 구체적인 고려 사항인 성적 지향이 상상했던 것보다 덜 중요하다는 것을 알았다. 게이 남성들이 공개적으로 게이 치료사를 원하기 때문에 많은 게이 남성이 나를 찾아온다. 그들은 종종 내가 그들을 나의 이성애자 동료들이나 레즈비언 동료들보다 잘 이해할 수 있다고 생각한다. 나는 게이 남성들과 함께할 수 있는 문화적 역량을 갖고 있다. 다시 말해 주로 백인들로 구성된 도시에 사는 미국 게이 남성들의 주류 문화와 하위문화에 친숙하며, 그들의 성행위, 그들의 문화가 담고 있는 의미, 그들이 사용하는 특정한 은어들을 이해한다. 문화적 역량은 어떤 집단의 환자와 함께 일할 때도 필수적이다. 하지만 게이가 아닌 남성 환자들과 연결되기도 하고 연결에 실패하기도 하는 것처럼 게이 남성 환자와도 마찬가지다. 내가 그들을 이해하고, 좋아하며, 도울 수 있는지 혹은 그렇지 않은지의 여부는 결국 그들의 것이든 나의 것이든 성적 지향과는 상관이 없다. 그것은 성욕과는 별개로 성격의 측면과 관련이 있다.

본질적인 희망과 두려움을 느끼는 것은 LGBTQ 환자와 다른 환자들이 다르지 않다. 단지 전자의 경우 자신과 세상에 대한 자신의 성적 지향 및/또는 성 정체성을 받아들여야 했고 여전히 그 문제와 씨름하고 있을 수 있다는 점에서만 다르다. LGBTQ 사람들은 이러한 투쟁으로 인해 매일 고통을 겪고 죽는다. 그렇다고 이런 고통이 LGBTQ로 태어나면서 본래적으로 타고난 것은 아니다. 이 고통은 문화가 덧씌워 준 유물이며, 일반적으로 비-이성애규범적인(non-heteronormative) 성적 정체성과 성별 표현에 적대적인 가족과 문화에서 성장한 결과다.

왼손잡이 환자나 파란 눈을 가진 환자라는 것이 없듯이 성 소수자 환자라는 것도 없다. 외부 상황의 사고가 없다면 모든 사람의 타고난 희망과 두려움은 동일하다. 우리는 모두 인정받고, 긍정되며, 환영받고, 보호받는—낭만적이고 성적이며 이상적인—관계를 갈망한다. 우리는 창조하고, 번영하고, 성장하기 위해 노력한다. 우리는 사랑하고 사랑받기를 원한다. 우리는 웃고 싶다. 우리는 세상에서 독특한 무언가를 기여하기를 희망한다. 우리는 신체적, 성적, 정서적, 심미적, 지적 만족과 쾌락을 추구한다.

놀랍게도, 나는 이제 두 가지 이유로 자기심리학에서 성 발달 이론의 부족함이 매우 유용하다고 생각한다. 첫째, 성적 발달에 대한 정신분석 이론은 역사적으로 LGBTQ 사람들에게 적대적이었기 때문이고, 둘째, 발달 이론이 없기 때문에 치료사가 각 환자의 성적 지향에 대해 편견 없이 개별 환자와 관계를 맺을 수 있기 때문이다. 그렇게 함으로써 우리는 각 환자의 특이한 성적 발달을 이해하고, 촉진하며, 견딜 수 있게 할 수 있다. 운동가이자 철학자였던 고 George Sheehan이 자주 말했듯이 '우리 각자는 하나의 실험체다.'

성적 발달에 관한 정신분석 이론에서는 성교 사랑(intercourse-loving)을 하고 일부일처제를 견지하며, 성 정체성이 동일한 이성애 남성들이 승자다. 그 밖의 다른 사람은 모두 패자다. 미국의 정신분석가들은 이 견해를 성문화(codified)하고 강화하며 예리하게 해서 여성을 비하하고 동성애자들과 '정상적인' 성적 행동 및 성 역할이라는 프로크루스테스 침대 길이(Procrustean bed)에 맞지 않는 다른 사람들을 낙인찍은 일을 위한 의사 과학적(pseudoscientific) 근거로 사용하였다.

규범적 발달을 제안하는 모든 이론은 필연적으로 건강한 사람들과 도착적인 사람들로 나눈다. 이론가들이 아무리 좋은 의도를 가지고 있다 하더라도 그들의 생각은 필연적으로 누군가에 의해 다른 누군가를 해치고 일부 집단을 배척하는 데 사용되었고, LGBTQ 사람들은 건강한 성적 발달에 대한 정신분석 이론에 의해 큰 피해를 입었다. 동성애자에게 가해진 이론적 피해는 위에 설명한 대로다.

1974년이 되어서야 미국정신의학회는 동성애를 정신질환으로 분류했던 것을 마지못해 해지하였고, 1990년이 되어서야 세계보건기구도 그 뒤를 따랐다. 정신분석 이론은 그것이 받아들여진 것보다 훨씬 더 오랫동안 성적(그리고 젠더) 변이에 적대적이었다.

나는 정신분석이 성과 젠더 발달이 진행되어야 하는 방식을 결정하는 것을 원치 않는다. 내 환자들과 나는 함께 그들의 성적 지향(sexual orientation)과 성 정체성(gender identity)을 대체로 훌륭히 이해하고 있다.

성적 지향의 원인은 우리의 이해에 대해 완고하게 저항해 왔음을 입증해 주었다. 누군가에게는 욕망의 대상이 수십 년 동안 또는 평생 동안 안정적이고 일관되게 유지된다. 다른 사람들에게는 성적 욕구의 대상, 강도, 목적이 자기 대상의 욕구, 자기 발달, 혹은 외부환경에 따라 바뀌고 굴절될 수 있다. 그리고 거의 항상 자신의 성욕이 다른 사람들에 의해 받아들여진다고 느낄 때 변화가 일어난다.

이제 우리는 이성애 자체가 선하지도 악하지도 않은 것과 마찬가지로 동성애 자체가 건강하지도 병적이지도 않다는 것을 이해한다. 동성애는 많은 성적 지향 중 하나이며, 모두 동등한 도덕적 가치를 내재하고 있다. 모든 성적 지향은 방어적이거나 진보적이며 발달을 촉진하는 특성을 가질 수 있다.

자신의 성욕에 대한 환자의 수용은 거의 항상 그들에게 중요한 사람들의 수용에 달려 있다. 따라서 환자의 성적 지향에 대한 치료사의 이해와 수용은 환자의 이해와 수용에 큰 영향을 미친다. 우리는 진공 상태에서 발달하지 않는다. 우리는 우리에게 중요한 사람들, 즉 사람뿐만 아니라 문화 집단과 기관이 수용하고 거부하는 것에 의하여 크게 영향을 받는다.

치료사가 환자의 성적 지향이나 젠더 표현을 받아들이지 못하는 것은 온전한 인간으로 인정받고자 하는 환자의 리딩 엣지 욕구가 환자를 있는 그대로의 성적인 존재로 받아들이는 것을 반대하는 치료사의 트레일링 엣지 방어와 충돌하는 것을 의미한다. Mr. A와 같은 Kohut의 동성애 환자 중 일부는 이러한 곤경에 처했을 수 있다.

이 충돌은 심각한 영향을 미친다. 치료사가 환자의 성적 지향(또는 성 정체성)을 인정하지 못하면 환자가 이를 인식하거나 수용하는 것을 방해할 수 있다. 왜냐하면 자신의 생각과 감정이 중요한 다른 사람들에게 환영받지 못한다고 느껴지면 종종 무의식에 남기 때문이다. 치료사가 자신의 성적 또는 젠더 정체성을 수용하지 못한다고 환자가 지각하면, 자기의 본질적인 부분은 의식에서 벗어나 탐색되지 않은 상태로 남을 수 있다.

Paul Ornstein이 설명했듯이,

> 환자가 더 깊이 이해받는다고 느낄수록, 무의식적인 내용이 출현하기 시작한다. 그러나 무의식에서 출현하는 것은 유동적이며 환자의 과거뿐만 아니라 분석가와 환자 간의 관계에 의존한다. 재-외상화(re-traumatization)에 대한 두려움 때문에 무엇인가가 무의식이 된다. 영아나 유아에 대한 반응이 부적절하여 발달이

> 진행되지 않을 때, 정신 구조의 발달에 결함이 있게 된다. 따라서 무의식적인 것은 결핍 아래에 있는 것이다. 그것은 성장하려는 욕구가 좌절된 결과다. 따라서 무의식은 적절하게 응답된 적이 전혀 없었던 모든 것의 내용이다. 공감적 반응의 부족은 자기의 결핍을 만들고, 이러한 결핍은 정서적 상태의 출현을 방해하는 방어 구조에 의해 채워진다. 한때 환자의 지식과 경험의 일부였던 것이 억압이나 해리에 의해 현재 경험에서 배제되지만, 이는 항상 두 사람 관계의 맥락에서 발생한다.
>
> (Geist, 2015)

Freud는 무의식을 다르게 이해했다. 앞에서 설명한 대로, 그는 인간이 성과 공격성에 대한 욕동에 의해 동기가 부여된다고 생각했다. 예절(civility)이라는 베니어판(veneer)은 우리가 사회에서 기능할 수 있게 해 주지만 이러한 욕동을 인식하지 못하게 하여 왜곡된 형태의 표현을 야기한다. 치료사는 베니어판을 뜯어내고 환자에게 '진정한' 동기를 보여 주어야 한다. Freud에게는 진실에 대한 두려움 없는 직면이 해석과 치료의 목표였다.

Donna Orange(2011)는 이 접근법을 '의심의 해석학(hermeneutics)'에 속하는 것으로 설명했다. Freud는 사람의 생각이나 행동 아래에서 그가 이미 거기에 있다는 것을 알고 있는 적대적이거나 성적인 동기를 살펴보았다. Frank Lachmann(2008)은 이 전통에서 자신의 수련에 대해 다음과 같이 기술했다. "사람들은 행동 뒤나 그 아래에 숨어 있는 '진정한' 동기를 찾는다. 친절하고 너그러워 보이거나 심지어 호의와 감사의 표현으로 보이는 행동이 실제로는 공격적이고 자기애적인 저속하고 무의식적인 동기를 감추고 있다."(p. 4)

Freud는 환자가 환자 자신과 치료사를 속인다고 생각했다. 그들은 오히려 자신의 정욕과 적대감을 인정하지 않으려고 하며—Freud 이론에 따라—더 잘 아는 치료사를 이용하려고 한다.

Kohut의 환자(인류)에 대한 관점은 근본적으로 달랐다. 그는 욕망이 심하게 좌절되고 공감적이지 않은 초기 관계로 인해 왜곡되지 않는 한, 인간은 진실하고 배려하는 관계를 형성하기 위해 노력한다고 생각했다. 그는 자신보다 환자들이 자신의 감정을 느끼고 동기를 이해하는 방법을 더 잘 알고 있다고 믿었다. 그는 잠재적인 내용을 고려하기 전에 환자가 우리에게 말하는 것의 명백한 내용을 먼저 다룰 것(액면 그대로 받아들일 것)을 주장했다.

이 견해는 Orange가 '신뢰의 해석학'이라고 부르는 것에 속하며, 자기심리학은 사람들에 대한 최선의 가정을 기반으로 세워져 왔다. 사람들은 그들이 나쁜 일을 하더라도 최선을 다하고 있다는 것이다. 우리 작업의 적절한 출발점은 환자가 자신과 우리를 속이고 있다고 가정하기보다는 환자가 말하는 내용에 대한 의심의 이점을 제공하는 것이다. 그리고 폭력이나 단절된 성욕의 행동 또는 환상은 가장 기본적인 인간 동기의 표현이 아니라 환자의 욕구와 중요한 사람들이 제공한 것 사이의 불일치가 만들어 낸 결과다.

임상 사례

Nancy와 함께 작업한 첫해에 나의 주된 임무는 그녀를 살아 있게 하는 것이었다. 6년 사귄 남자 친구 Eric이 갑자기 관계를 끊어 버리자 Nancy는 무너지고 있었다.

그녀의 어린 시절은 끔찍했다. 그녀의 어머니는 Nancy가 다섯 살 때 가족을 버렸다. 그녀의 아버지는 그녀를 신체적으로 학대했다. 그리고 그녀의 인생에서 유일하게 믿을 수 있었던 두 언니는 아주 이른 나이에 일찍이 집에서 도망쳐서, Nancy는 아홉 살 때 아버지와 단 둘이 남겨졌다. 학교에서 그녀는 다른 소녀들에게 놀림과 괴롭힘을 당했다.

그녀는 우리가 만나기 전에 여러 번 자살을 시도했고 우리가 함께 작업하기 시작했을 때 종종 자살 충동을 느꼈다. Eric이 떠난 후 Nancy는 무서운 '게임'을 시작했다. 그녀는 맨해튼 마천루의 22층에서 일했고, 어느 날 저녁 동료들이 떠난 후 그녀는 사무실 창문을 열고 난간에 앉았다. 그녀는 넘어질 것 같은 느낌이 들 때까지 몸을 앞으로 숙이고, 자신을 붙잡으며, 균형을 되찾은 다음, 그 동작을 반복했다. 그녀는 살고 싶은지 죽고 싶은지 확신할 수 없었고, 이 '게임'을 통해 잠재적으로 치명적인 양가성을 재연하고 있었다.

그녀가 나에게 의지할 수 있도록 신뢰 관계를 구축하는 것이 필수적이었다. 그러나 항상 극도로 민감한 Nancy의 버려짐에 대한 조기 경고 시스템은 Eric이 떠난 후 맹렬히 작동하고 있었고, 나에 대한 그녀의 의존을 따뜻하게 격려하지 않았다는 어떠한 암시도 그녀를 크게 놀라게 했다. 결과적으로, 나에 대한 그녀의 신뢰는 상당히 느리게 진행되어, 나는 겁이 났다.

이 위기는 Nancy가 난간에서 거의 떨어질 뻔했을 때 끝났다. 어느 날 밤, 그녀는 몸을 앞으로 숙이는 동안 균형을 잃었고, 영원처럼 느껴지는 시간 동안 허공에 매달려 필사적으로 안정적인 무언가를 찾으려 애썼다. 그녀는 창틀을 잡고 그녀의 사무실로 돌아갔다. 그녀는 살기 위해 분투한 것인데—이것은 그녀를 놀라게 했다—이로 인하여 그녀의 자살 열기는 깨졌고 자살 소망은 감소하기 시작했다.

위기를 피하면서 우리는 자기 구조를 구축하는 장기 작업에 착수했다. 즉, 우리는 이전에 존재하지 않았던 심리적 능력을 창조했다. 예를 들어, 그녀 자신을 진정시키고 달래는 능력을 창조했다. 새로운 구조를 창조하고 기존 구조를 수정하는 것은 ISP에 따르면, 변화와 성장을 촉진하는 두 가지 과정이다.

오랫동안, Nancy는 불안할 때 자신을 안심시키고 고통을 덜기 위해 나에게 의존했다. 그녀는 쉽게 조절 장애 상태가 되었고 때로는 자살 욕구로 이어졌다. 시간이 지남에 따라 그녀는 많은 불안을 스스로 관리할 수 있었다. 극단적인 경우에, 그녀는 불안을 완화하기 위해 여전히 나를 필요로 한다. 이는 새로운 심리적 구조가 구축되는 방식이다. 나는 이 과정이 계속되고 Nancy가 나 없이 점점 더 많은 불안과 두려움을 관리할 수 있기를 예상한다.

정서적으로 지지받고 싶은 욕구(리딩 엣지 욕구)는 효율성을 느끼고자 하는 나의 리딩 엣지 욕구와 잘 맞물린다. 환자에 대한 나의 이러한 욕구는 대부분 돌아가신 아버지와의 관계에서 비롯된다. 어린 시절 아버지가 술과 우울증의 깊은 어둠 속으로 천천히 빠져들자 나는 어린아이다운 방식으로 아버지를 구하려고 노력했다. 나는 때때로 그가 어둠 속에서 술을 마시는 동안 내가 전에 백 번은 들었던 이야기에 관심을 가진 척하면서 몇 시간 동안 그와 함께 앉아 있어야 했다. 내가 그에게 필요했던 관심을 주면 그가 살고 싶어 하는 사람들과 다시 함께하게 될지도 모른다고 생각했다.

한번은, 아버지가 어머니와 크게 속상한 말다툼을 한 후에, 우리는 집 앞 계단에 앉아 있었다. 나는 어머니에 대한 따뜻한 감정을 회상하면 사랑스러운 결혼 생활을 회복할 수 있을 것으로 생각하면서, 그에게 신혼여행에 관해 물어봤다.

그리고 나는 마법의 주문처럼 정확한 단어를 정확한 순서로 정확하게 알아낼 수만 있다면 언젠가 그를 고치는 문장을 말할 것이라고 믿었다. 나는 실패했다.

아버지를 구하려는 나의 희망은 내 환자를 도움으로써 효율적이라고 느끼려는 리딩 엣지 소망으로 계속되지만, 때때로 내가 감당할 수 있는 것보다 더 많은 일을 맡으려는 나의 의지는 압도당할 것이라는 트레일링 엣지 두려움을 초래할 수 있다.

이렇듯 Nancy의 불안을 진정시키고 증상이 완화될 때 큰 만족감을 느낀다. 그녀는 더 행복하고 파편화되는 경향이 적어지며 감사를 표한다. 이러한 답변은 내가 그녀를 돕고 있다는 나의 확신을 확인시켜 주며, 나의 확신은 그녀가 나를 신뢰하고 의지하는 데 도움이 된다. 서로에 대한 반응은 우리의 리딩 엣지 욕구 모두를 충족시키는 확인 주기 내에서 서로를 강화한다.

내가 그녀를 돌볼 의지가 없거나 돌볼 수 없다고 Nancy가 느낄 때 우리는 거친 바다를 만난다. 내가 너무 많은 일을 하려고 애쓰는 것에 압도당할 때, 그녀는 나의 트레일링 엣지 불안을 감지하고, 버림받는 것에 대한 그녀의 트레일링 엣지 두려움은 우세해진다. 그녀는 분노와 수치심으로 물러나고 자살 생각이 출현한다. 그러나 내가 이상화된 자기대상으로서 책임을 재개하겠다는 의지를 보여 주면, 결국 자기대상 전이는 회복된다.

신뢰할 수 있는 인물로 나 자신을 재정립하는 것을 통해 Nancy의 마음속에 있는 기존 구조는 수정된다. 즉, 아무도 그녀를 돌봐 주길 원하지 않는다는 그녀의 방어적인 생각은 내가 그녀를 바로잡아 줄 때마다 약간씩 변경된다. 트레일링 엣지 신념을 반복적으로 반증함으로써 그녀의 방어적인 생각은 천천히 변화된다. 이것이 기존의 심리적 구조가 수정되는 방식이다. Nancy의 경우, 아무도 그녀를 돌봐 주길 원하지 않기 때문에 누구에게도 의지해서는 안 된다는 방어적인 생각은 적어도 특정한 경우에는 사실이 아님이 입증되었다. 수년에 걸쳐 그러한 많은 사례를 통해 그녀는 어떤 사람들이 도울 것이라고—내가 도울 것이라고—확신했다.

10년이 넘도록 Nancy는 자살에 대해 위험한 생각을 하지 않았다. 그녀는 여전히 자살에 대한 환상을 갖고 있지만, 그것을 행동에 옮길 위험은 없다. 나는 이것을 이상화 자기대상 전이를 포함하는 강한 연결의 힘에 대한 증거로 본다. 활력 있는 심리 구조가 구축되고 기존의 방어 구조가 수정되었으며 Nancy는 더 자유롭고 행복해졌다.

Nancy의 성적 지향은 개선이 필요하지 않았다. 청소년기 이후 그녀는 이성애자로 확인되었다. 그녀는 남자들과 섹스를 했고, 즐겼고, 여자들에게 성적 매력을 느낀 적이 없었다. 그녀의 이성애는 안정적이고 주어진 특성이었다. 그렇지 않을 때까지.

우리가 작업한 지 약 7년이 되었을 때, 그녀는 자기 회사의 Naomi라는 여성에게 낭만적이고 성적으로 끌리는 자신을 발견했다. Naomi에 대한 그녀의 욕망과 사랑이 그녀를 사로잡았다. Naomi는 Nancy에게 열광했고 그들은 데이트를 시작했다. Naomi와의 섹스는 흥미로웠고 Nancy는 자신과 깊이 연결되어 있다는 느낌을 받았다.

그들은 사귀었고 결혼했으며 지금은 행복하고 안정된 커플이다. Naomi는 아이를 기다리고 있다. Nancy는 여전히 남자에게 끌리지만, Naomi에게 더 끌리고 있다. 그녀는 양성애자다. 우리는 그것이 오는 것을 알아차리지 못했다.

어떤 성적 발달 이론도 Nancy의 이성애에서 동성애로의 갑작스럽고 갈등 없는 이동을 설명하지 못하지만, ISP는 내가 그것을 이해하도록 도와준다.

Nancy의 성적 지향은 우리의 관심 대상이 아니다. 그녀의 자기와 그녀의 자기가 지닌 욕구가 우리의 관심 대상이다. Nancy는 나를 이상화하길 원하며 그녀에게 부족한 정서적 특성을 나에게서 찾는다. 나는 그녀를 달래 주고, 그녀의 두려움을 위로하며, 배려하는 관심을 제공하고 그녀에게 자신감을 준다. 그녀의 자기는 내가 이러한 자기대상 기능을 제공했기 때문에 응집되고 발달했다. 이러한 보다 안정된 자기로부터 그녀의 특이한 발달은 그녀를 동성애를 받아들이도록 이끌었다.

어떤 사람들의 성적 지향과 성 정체성은 다른 사람들보다 더 유동적이다. Nancy의 성적 지향은 자기가 일단 단단해지자 표현의 자유도를 높였다. 여성들은 Nancy에게 잠재적인 성 파트너이자 낭만적인 파트너가 될 수 없었다. 왜냐하면 그녀의 어린 시절에 가장 중요한 여성들—처음에는 어머니, 그다음에는 자매들—이 그녀를 버렸기 때문이다. 그러나 수년 동안 나와의 변형적인 관계는 누군가(나)를 신뢰하고 실망하지 않는 새로운 경험 때문에 Nancy의 동성애가 나타날 수 있게 했다. 나를 신뢰하는 법을 배웠기 때문에 그녀는 여성을 신뢰할 수 있었고, 따라서 그녀의 동성애가 드러나도록 허용했다. Nancy의 성적 욕망은 더 이상 여성을 가로막지 않았다.

그녀의 성욕은 그녀의 자기와 자기의 욕구에 대한 이해 없이는 이해될 수 없다. 그러나 Nancy는 이것에 별로 관심이 없다. 그녀는 행복하고, 그녀의 관계는 건강하며, 그녀의 성적 나침반이 삶의 나중에 재정향된 이유들은 그녀에게 별로 중요하지 않다. Nancy는 하나의 실험이며, 잘 진행되고 있다.

Nancy의 성 정체성과 표현은 이 이야기의 또 다른 부분이다. 그녀는 항상 소녀들의 옷을 싫어했고 소녀들의 게임과 장난감을 피했다. 생일 때마다 그녀는 소년의 선물(장난감 총이나 GI Joe)을 원했고 포장에서 드레스나 인형을 꺼냈을 때 구겨 버렸다. 관습에 얽매이지 않는 성별 표현 탓인지 다른 소녀들에게 따돌림과 놀림을 받았지만, 자신이 뭘 잘못하고 있는지 알 수 없었다. 그녀는 소년으로서 더 행복할 것으로 생각했다. 사춘기에 그녀는 발육 중인 가슴을 싫어했고, 성인이 되어서도 가슴이 자신의 것이라고 느끼지 않았다.

몸에 대한 그녀의 불편함은 계속되었지만 압도하지는 않았다. 우리가 함께 작업한 지 11년이 될 때까지 몸에 대한 불편함을 이야기하는 것으로 만족했었다. 그리고 그때에 그녀는 양측 유방 절제술을 받기로 결정했다.

유방암은 성인이 된 두 명의 친구를 죽였고, 그녀는 자신이 다음 차례가 될 수 있다고 두려워했다. 그녀가 유방암에 걸릴 위험이 크다는 사실을 알게 된 후, 그녀는 신속하게 예방적 유방 절제술을 받기로 결정했다. 그녀는 수술은 불안과 암의 위험을 모두 제거하고 몸에 대해서 더 편안하게 느끼도록 할 것이라고 생각했다. 나는 그녀가 그 결과를 충분히 고려하지 않고 그녀의 불안을 해소하려는 방법으로 중요한 수술을 향해 질주하는 것이 두려웠기 때문에 다소 덜 낙관적이었다. 나는 Nancy의 성 정체성이나 납작한 가슴을 갖고 싶다는 소망에 대해 아무런 판단도 내리지 않았지만, 그녀가 심각한 수술의 결과에 대해 깊이 생각해 보았는지 확인하고 싶었다.

이번에는 Nancy가 내 불안을 달래 주었다. 그녀는 이 수술이 자신에게 적합하다고 확신했다. 그녀는 암의 위협으로부터 자유를 원했고 평평한 가슴을 좋아할 것이라고 확신했다. 우리는 그것에 관해 이야기했고, 수술할 즈음에 나는 대부분 확신하게 되었다.

걱정할 필요가 없었다. Nancy가 옳았다. 그녀의 새로운 가슴은 그녀에게 큰 기쁨이었다. 그녀는 생애 처음으로 자신의 피부에서 완전히 편안함을 느낀다. 그녀는 마침내 자신이 올바른 몸을 가졌다고 느낀다. Naomi는 유방 절제술을 권유했고 Nancy의 몸을 좋아했다. Nancy는 난생처음으로 상체가 시선을 끄는 셔츠와 블라우스를 입는다. 그녀는 빤짝거리는 무대 의상을 선호한다. 그녀는 가슴이 있을 때보다 없을 때, 관습적으로 더 여성스러워 보이는 것에 편하다고 느낀다.

이것이 Nancy의 발달 궤적이다. 내가 아는 어떤 발달 이론도 그녀가 거울을 볼 때 허리 위로는 소년이고 허리 아래는 여성인 모습에 대한 그녀의 깊은 기쁨과 만족을 설명하지 못한다. 그녀의 발달 과정은 특이했으며 예측하거나 복제할 수 없다. Nancy의 자기가 나와의 관계 맥락에서 변화하고 발달한 것처럼 그녀의 성욕과 성 정체성도 발달했다. 왜냐하면 그들이 그녀의 자기라는 더 넓은 맥락에 내재해 있었기 때문이다. 성욕과 성 정체성은 자기 발달로부터 분리된 발달 과정을 가진 독립적인 특성이 아니라 자기의 한 측면이다.

결론

자기의 본질적인 부분인 성욕과 젠더 표현으로 인하여 자신의 삶과 주변 세계에 중요한 사람들로부터 부인, 당혹감, 분노, 심지어 혐오의 반응을 받는 사람들이 있다. 그들이 있는 곳에서 친구의 느낌(fellow-feeling)으로 그들을 만나는 치료사를 향해 그들이 느끼는 감사는 강력하며, 강하고 협력적인 관계에 기여한다.

성 정체성에 대한 정신분석적 태도는 현재 1970년대, 1980년대, 1990년대 동성애에 대한 변화와 유사한 변화를 겪고 있다. 분석가들은 환자가 스스로 성 정체성을 결정하거나, 결정하는 데 도움을 구하는 경우에도 점점 더 환자를 지원한다. 우리는 환자가 두 개의 성별 중 어느 한쪽을 선택할 것을 가정하는 것으로 인해, 환자에게 해를 끼친다. Nancy는 어느 쪽을 선택해야 하는가?

이 용납은 두 가지 유익한 결과를 가져온다. 첫째, 치료사가 환자의 성 정체성이 병리적인지 건강한지 판단할 필요가 없다. 이를 통해 치료사는 역사적으로 '용납할 수 없는' 성 정체성을 교정하기 위해 수행되었던 사업(enterprise)인 환자의 성 정체성이 어떻게 만들어졌는지에 대한 질문에서 벗어날 수 있다.

둘째, 모든 젠더 표현이 건강하거나 방어적일 수 있다고 가정함으로써 치료사는 가장 기본적인 임상 작업에 집중할 수 있다. 환자의 성적인 자기와 젠더 자기를 포함해서 환자의 자기를 밝히고 강화하는 것을 목표로 하여 환자의 주관적 경험(환자의 임상가에 대한 경험을 포함하여)에 성실하게 초점을 맞출 수 있다.

젠더와 성욕의 영역에서 무엇이 건강하거나 병리적인지에 대한 선험적 가정으로부터 치료사가 자유로워지면 무엇이 도움이 되는지 유해한지 특별히 고려하면서 성욕과 젠더에 대한 각 개인의 경험을 이해하고 수용할 수 있다. 우리는 게이, 이성애자, 양성애자, 무성애자, 퀴어, 시스젠더(cisgender), 트랜스, 혹은 젠더 비-순응자 등, 이들 특정한 사람이 자신의 성적, 젠더 경험을 어떻게 했는지 등을 자세히 살펴볼 수 있다.

자신의 주관성에 대한 이러한 긍정적인 반응은, 자신의 온전한 자기가 한 번도 지지를 받아 본 적이 없는 사람들의 경우처럼, 이미 편견과 그보다 더한 경험을 했을 가능성이 있는 LGBTQ 사람들에게 하나의 위안이 된다. 이것이 중요한 것이다.

제13장

자살 환자

산소가 부족한

"음악이 멈추었고 앉을 자리가 없다는 느낌이 드나요?" 그렇게 나는 Psychology Today 프로필을 위해 작성한 광고를 시작했다. Zoe는 내 상담실에 앉아 그 대사를 인용한다. 그녀의 눈은 눈물로 가득 차 있다. "그게 바로 내 기분이에요."라고 그녀는 말한다. 31세 Zoe는 큰(big) 체격의 아름다운 단편 작가다. 그녀는 밝은 파란색 드레스와 카우보이 부츠를 신고, 빨간 립스틱을 바르고 있다. 그녀의 팔에는 문신이 새겨져 있다. 그녀는 레즈비언으로서 뚱뚱하다고 놀리고 비하하는 행위에 맞서 싸우다. 사람들이 자신의 몸을 어떤 사이즈든 사랑하도록 격려하는 운동에 적극적으로 참여하며, 뚱뚱함에 대해 긍정적이라고 말한다.

Zoe는 또 다른 치료사에게 자신의 과거를 이야기하는 것이 아직 고통스럽다. 그러나 그녀는 이 세상에 존재하기 위해 치료와 약물이 필요한 사람이라고 설명한다. 나는 수치심의 흐름을 덮으려는 듯 직설적으로 말하는 것에 깊은 인상을 받았다. 내 안내에 따라 Zoe는 우울한 에피소드, 입원 및 자살 시도의 역

* Laura D'Angelo

사를 자세히 설명한다. 13세에 그녀는 약 한 병을 마셨다. 27세에 여자 친구와 헤어진 후 그녀는 손목을 그었다. 나는 내 안에 솟아오르는 불안을 은폐하며, 전략적으로 노트에 메모한다. 이미지가 내 뇌의 시냅스를 통해 떠오른다. Zoe의 시신을 발견하곤 끔찍해하는 룸메이트의 얼굴과 바닥에 피가 흘러 있는 장면을 상상한다. 내 생각은 아무도 Zoe를 구하지 못하는 상황으로 모아지고, 당황한 그녀의 치료사가 손에 휴대전화를 들고 Zoe가 사라졌다는 것을 알게 되는 가상 시나리오로 확대된다. "내가 무슨 일을 당하게 될까?" 내 불안을 감지한 Zoe는 "하지만 나는 선생님이나 나를 치료하는 누구에게도 그렇게 하지는 않을 거예요!"라고 말한다.

1년 후 Zoe는 심각한 자살 충동을 느끼게 된다. 연인에게 배신당한 후에 나에게도 배신당한 것 같은 기분이 들어 일산화탄소 배출을 통해 자살할 작정으로 차를 빌렸다. 고뇌에 찬 문자와 광란의 911 전화는 자살 유서와 무서운 침묵으로 절정을 이루며 10시간이나 심장이 뛰는 것을 멈추게 할 것이다.

희망과 공포

정신분석가인 Anna Ornstein(1991)은 우리가 외상을 많이 겪을수록 다시 외상을 겪는 것을 두려워한다고 기술했다. 우리의 두려움은 어린 시절 병리가 끝없이 재생산되는 정신분석 치료에서 트레일링 엣지 전이를 구성한다. 그러나 모든 치료에는 성장과 치유에 대한 희망이 내포되어 있으며, 이는 '전방' 또는 리딩 엣지를 구성한다(Tolpin, 2002). 상호주관적 장에서 분석가와 환자는 희망과 공포의 흐름 사이를 앞뒤로 오간다(Mitchell, 1993; Stolorow, 1995). 분석가와 환자의 상처 입은 부분이 충돌할 때 분석 쌍(analytic pair)은 과거의 고통을 다시 경험해야 한다. 이 투쟁 속에 해방의 잠재력이 있다. 분석이 어떻게 환자와 분석가를 치유하는 양방향 과정을 활성화할 수 있는지에 대해 기록한 자료는 거의 없다. 분석 쌍 사이에 일어나는 일은 사적인 일처럼 보일 수 있지만, 우리 가족, 지역 사회 및 더 넓은 문화의 치유에 기여하는 파급 효과가 있다.

순환

나는 바로 Zoe를 좋아한다. 그녀는 매우 똑똑하고 재치가 있다. 나는 그녀가 나에게 내면의 어둠을 보여 주고, 죽음이 주는 두려움과 매혹을 그녀의 글에 생기를 불어넣는 창조적인 힘으로 활용하는 방식에 감탄한다. 죽음은 그녀의 뮤즈다. 그녀는 '내 인생은 지하 감옥'이고 '살아 있을 수 없다'라고 적는다.

그러나 치료를 받고 몇 달이 지나자 나는 그녀에 대한 나의 애정이 우리 작업에서 자유로움으로 전환되지 않았음을 알게 되었다. 우리 안팎의 힘이 상호주관적 공간을 형성한다. 우리의 관계가 유지되지 않을 것이라는 Zoe의 두려움은 그녀 안에서 자신들을 볼 수 없는 거식증이 있는 어머니와 언니와의 관계에 뿌리를 두고 있다. 내가 그들처럼 그녀의 식욕 때문에 그녀를 부끄럽게 여기고 그녀가 합당하지 않다고 생각할 것이라는 두려움을 나는 알고 있다. 그녀의 걱정이 나를 에워싸고 있다. 우리는 얕은 숨을 쉬며 원을 그리듯 조심스럽게 서로를 접촉한다.

내 건너편 의자에 앉아 Zoe는 나를 신뢰할 수 없다는 단서를 찾고 있다. 그녀는 도움을 준다는 어조로 "그 시계가 몇 분 틀린 것 같아요."라고 말한다. 나중에 그녀는 "당신의 책장에 있는 책 두 권이 거꾸로 꽂혀 있어요."라고 말한다. 그녀는 자신의 까칠함에 웃으며 사과한다. 나는 시계를 맞추고, 책을 뒤집어 정리하며, 내 행동을 다잡겠다고 마음에 새긴다. 그녀가 한때 믿었던 친구가 뚱뚱한 사람들을 부끄럽게 하는 에세이를 썼다는 사실을 알고는 얼마나 괴로웠는지 이야기할 때, 나는 경직되었다. Zoe는 틀림없이 내가 발표했던 글에서 살찐 사람이나 동성애를 반대하는 정서의 징후를 샅샅이 살폈을 것이다. 이성애자이고 '보통 사이즈'의 여성은 의심의 근거가 되며, Zoe는 내가 그녀의 체중 감량을 원하는 징후가 있는지 경계한다. 이 경계심 가득한 공간에서 연결의 순간들이 깨진다. 나는 그녀의 여자 친구가 곧 그녀를 떠날 것이며 이것이 그녀의 마음에 공포를 안겨 준다는 그녀의 지각을 느낀다. 그녀는 너무 빠르게 가고 있는 탁상시계를 흘끗 쳐다보고는 이어서 더 신뢰할 만한 벽시계를 바라보기 전에 나의 공감을 받아들인다. 그녀는 겁에 질려 어쩔 줄 몰라한다. "안 돼요! 우리는 빨리 끝내야 해요."라고 그녀는 말한다. 그녀의 눈이 커졌고 나는 그녀가 필요로 하는 것을 제공할 수 없다는 죄책감을 느낀다. "너무 도움을 필요로 해서 죄송해요."라고 그녀는 말한다. 종료는 그녀를 겁나게 하고, 그녀의 경고 시스템은 내가 그녀를 도울 수 없다는 걱정을 불러일으킨다. 내가 변덕스럽거나 판단력이 없다는 것이 사실일 수도 있다. 어떤 즉흥적인 일이라도 나의 숨겨 둔 나쁨(badness)을 해방시켜 줄 수 있다. 나의 무의식적인 희망은 나의 선함과 끈기가 그녀에 의해 인정받는 것이다. 나도 살찐 사람을 긍정하는 사람이야! 동성애를 긍정하는 사람이라고!

돌이켜 보면서 나는 Zoe와 내가 무의식적으로 우리 자신의 가장 골칫거리인 부분, 즉 그녀가 죽기를 바라는 Zoe의 부분과 구조를 요청하는 또 다른 부분을 연기하는 드라마를 위해 서로를 맞춰 가고 있었다는 것을 이해하게 되었다. 내 편에는 그녀를 구해야 한다는 강박적인 부분과 모든 나쁨을 품고 있는 어린 자기가 있다. 그 자기들은 분석 단계에서 모든 나쁨을 뒤섞어 위험한 행위를 만들어 낼 것이다.

함께 작업한 지 몇 달이 지나자 Zoe는 나에게 인정받는다고 느끼기 시작한다. 나는 Zoe를 공감하는 언니이자 Zoe에게서 자신을 보며 그 안에서 Zoe가 자신을 보게 되는 누군가다(Togashi, 2009). 쌍둥이 경험이 전이를 장악한다. 내가 'Riotgrrl'의 팬이라는 사실과 그녀가 가장 좋아하는 시인의 작품을 감상한다는 사실을 알게 되자 그녀는 안도감을 느꼈다. 그녀는 내가 그녀의 경험에 대해 이해한다는 것을 느끼면서 그것을 내가 나 자신에 대해 아는 것으로 알아차린다. 유사성의 경험은 그녀가 우러러볼 수 있는 여성의 사랑을 갈망하게 한다. 나는 더 이상 의심받지 않고 그녀에게 소중함을 느낀다. 그녀는 카우치를 흘끗 보더니 일주일에 세 번 사람을 보느냐고 묻는다. "네." 내가 말한다. "우아! 당신은 그들을 정말 좋아하는군요."라고 그녀는 말한다. 내가 분석 중인 환자를 가장 좋아한다는 그녀의 공식에 웃음이 나온다. "일주일에 세 번 오고 싶으세요?" 나는 묻는다. 그녀는 얼굴을 붉힌다. 그녀는 내가 그녀를 초대하기를 기대한다.

죽음-고문하는 자와 뮤즈

죽음에 대해 Zoe가 느끼는 매혹은 실존적 공포에 뿌리를 두고 있다는 것을 알게 되었다. 아기였을 때 Zoe는 천식 발작 중에 응급실 의사에 의해 구조되었다. 그녀는 침대 옆에 앉아 그녀의 모든 숨결을 지켜보았던 어머니를 기억한다. 그녀가 이 장면을 묘사할 때, 나는 아침에 어머니가 한 살 난 아들을 안고 내 침실로 불쑥 들어왔을 때로 돌아간다. "아기가 숨을 못 쉬어!" 그녀는 비명을 질렀다. 내 아들은 하얗게 질렸고 눈이 부풀어 올라 숨을 헐떡였다. 그의 작은 복부는 빠르고 세차게 펌프질을 하고 있었다. 최악의 부분은 그의 얼굴에 나타난 공포의 표정이었다. 우리는 그의 기도를 열어 주는, 생명을 구하는 프레드니손(prednisone) 주사를 맞기 위해 의사의 진료실로 달려갔다. 몇 시간 후, 우리는 우리 삶의 필수품이 될 의료용품, 즉 분무기, 플라스틱 마스크와 호스를 가득 챙기려고 약국에 있었다. 매일 아침저녁으로 그는 Albuterol과 Pulmicort라는 스테로이드를 복용하면서 튜브 끝에 있는 플라스틱 마우스피스를 빨곤 했다. 언제라도 그가 질식해 죽을 수 있다는 것을 인식하면서 느꼈던 공포를 결코 잊지 못할 것이다. 17년이 지난 지금, 내 아들이 대학에서 돌아왔을 때 나는 섬뜩할 정도로 그의 기침 소리에 귀를 기울인다. 나노 단위로, 집안 어디에서든, 심지어 가장 깊이 잠들었을 때도 나는 그의 기침이 건강한 것인지 아니면 기관지 염증에서 나오는 것인지 알아차릴 수 있다.

나는 Zoe의 크고 산소가 부족한 눈을 받아들이는 Zoe의 어머니를 상상하면서 그녀로 인한 감정을 느낀다. 그러나 나는 엄마의 사랑과 수용을 바라는 Zoe의 필사적인 시도에 더 자주 감동을 받는다. 섭식장애로 고생하던 Zoe의 어머니는 Zoe를 임신하기 전 몸무게가 90파운드(40kg)였다. 그녀에게 그 이후로 늘어난 체중은 계속해서 쓰라린 비탄의 근원이었다. Zoe가 4세가 되었을 때, 그녀의 어머니는 Zoe의 작은 체구와 살찐 것에 몰두하였다. 그녀는 Zoe를 몸무게를 관리하는 사람들의 모임에 데려갔고 어린 소녀는 자신의 워크북에 당근과 후추를 성실하게 색칠했다. Zoe와 세 살 위인 그녀의 언니는 어머니의 혼란스러운 신체 이미지의 양극화된 측면을 구현하게 되었다. 그녀의 언니는 생명을 위협할 정도로 말랐고 Zoe는 뚱뚱해졌다. Zoe의 언니에게는 컵케이크와 칩이 풍부하게 공급되었지만, Zoe에게 맛있는 음식은 금지되었다. "아이를 뚱뚱하게 만들고 싶다면 다이어트를 시키십시오."라고 Zoe는 말했다.

주말에 Zoe의 부모님은 그녀를 조부모님 댁에 남겨 두곤 했었다. 그녀는 그들이 차를 몰고 떠날 때, 달랠 수 없을 만큼 울었던 것을 기억한다. 다음에 온 공포는 기억의 파편에 존재한다. 이 기억은 술 냄새와 오싹함과 함께, 그녀를 숲속의 공터로 데려가 반복적으로 계속하여 성적으로 학대했던 할아버지에 대한 기억으로 이끌었다.

다섯 살 때 Zoe는 학교에 가기를 거부했다. 어머니가 죽을 것이라고 믿었기 때문이다. Zoe의 어머니는 수년에 걸쳐 지속된 학교 공포증에 분노로 반응했다. 그녀는 Zoe를 때리고 침실에 가두고는 화장실에 가고 식사할 때만 밖으로 나오는 것을 허락했다. "그녀는 그 외에 무엇을 할 수 있었을까요?" Zoe가 물었다. 부재중인 그녀의 아버지는 개입하지 못했다. Zoe의 이야기에 담긴 변치 않는 주제가 내 이야기에 녹아들었다. 우리는 둘 다 살아남기 위하여 어머니를 살려 내도록 내몰린 아이들이었다.

Zoe는 13세에 '내 몸 중에서 가장 살이 찐 부위'인 팔, 가슴, 복부, 허벅지를 자르기 시작했다고 말했다. 한편, 굶어 죽을 뻔한 Zoe의 언니는 거식증으로 입원했다. Zoe의 언니는 냉정하고 야심 찬 사람으로 여겨졌다. Zoe는 반대로 빈궁하고 예술적인 사람으로 정의되었다. Zoe가 이사 나간 후 그녀의 어머니는 두 마리의 개를 입양했다. '마른 개'는 고집이 세고 독립적이었다. '뚱뚱한 개'는 충성스럽고 예민했다. 어느 날 회기에서 Zoe는 "맙소사, 우리 엄마가 나를 개로 만들었네요."라며 숨을 헐떡였다.

비만을 긍정하는 운동에서 구원을 찾은 Zoe는 사람들이 어떤 체격이든 건강할 수 있다는 메시지를 마음에 새겼고 여성을 굶주리게 만드는 문화를 비판했다. 이 환경에서 그녀는 자신이 사랑스럽고 바람직하다고 느꼈고, 가장 중요한 것은 자신이 소속감을 느꼈다는 것이다. 비만을 처형의 근거로 삼았던 잔인한 내면의 목소리가 부드러워지면서 Zoe는 강력한 페미니스트 목소리를 찾을 수 있었다.

음악이 멈췄을 때

치료 첫해에, Zoe는 그녀의 여자 친구 Sam과의 관계를 회복하려고 노력하고 있었다. Sam은 장난기 많고 이중적이며 외상이 있는 여성이었다. Sam은 Zoe의 몸매를 사랑한다고 공언했지만, 언젠가 한번은 뚱뚱한 사람과 함께할 수 없다며 그녀와 헤어졌었다. 그들은 나를 검색했고 인터넷에서 내가 아프리카 드럼을 연주하는 것을 보았다고 말했다. Zoe가 자신의 삶을 지탱할 수 없을 때 나는 나의 놀라운 생명력을 인터넷상에 과시했던 것에 대해 당혹감을 느꼈다. Zoe와 Sam은 내 마음에 자리 잡았다. 꿈에서 나는 그들과 함께 휴가를 보내고 있는 나를 발견하고 당황했다. "내가 무슨 짓을 했던 거지?" 나는 탈출구를 찾으려고 씨름하다가 잠에서 깨었다. "나는 우리가 상호작용할 필요가 없도록 영화 보러 가자고 제안할 거야."

Sam이 멀어지자, Zoe는 절망적인 상태에 빠졌다. "그녀가 떠나지 않도록 아주 조용히 있어야 해요." 어느 날 그녀가 울면서 나에게 말했다. 나는 잔인하고 처벌적으로 변한 Zoe의 혼잣말에 불안했다. 그녀는 죽음에 대해 반추하고 있고, 그녀의 숨겨진 자살 위협은 자살하려는 여성들과 함께 자신의 충격적인 외상의 역사를 되살리는 Sam에게 죽음의 그립(grip)이 된다.

충돌

크리스마스 며칠 전에 Sam이 이별을 선언한다. Zoe는 슬퍼하며 내 사무실로 들어온다. 그녀는 섬뜩할 만큼 단절된 방식으로 자신의 고통에 관해 이야기한다. 그녀의 나른한 녹색 눈에는 죽음의 그늘이 서려 있다. 우리 사이의 공간은 안개가 끼어 있고 생명력이 없으며 그녀는 너무 멀게 느껴진다. 입원에 관해 이야기할 때 Zoe는 놀라며 반응한다. 그녀는 "오! 제발 저를 가게 하지 마세요! 나는 거기로 돌아갈 수 없어요. 그것은 끔찍했어요!" 우리는 그녀가 혼자가 아닌 부모님 집에 머무르며, 하루에 한 번 전화로 연락할 것을 합의한다. "나는 침대에 묶여 있어요." 그녀는 연기처럼 사라질 것 같은 목소리로 전화 넘어 말한다. 그녀는 밀폐된 차고에서 부모님 차의 치명적인 배기가스를 흡입하는 환상을 묘사한다. 환상은 그녀에게 편안함을 주고 나를 혼란스럽게 한다. "고통에서 벗어나고 싶은 당신의 소원을 이해해요." 나는 그녀에게 말한다. "하지만 당신의 이러한 소원을 자살하는 것으로 결정한다면 돌이킬 수 없게 될 것입니다." Zoe는 자살하지 않을 것이라고 나를 확신시키며, 단지 그것에 대해 말하길 원한다. 그녀가 안심시켜 주는 것이 점점 공허하게 느껴진다. "내 존재는 복잡해요."라고 그녀는 말한다. "나는 이 세상과 어울리지 않게 만들어졌어요."

Zoe의 내부 세계는 나에게 완벽한 활성제(activation)다. 누가 살 수 있고 누가 죽을 수 있는지에 대한 질문이 내 어린 시절 내내 따라다녔다. 내가 다섯 살 때 아버지가 어머니에게 던진 무거운 유리 재떨이를 어머니가 엄지손가락으로 잡았던 것을 기억한다. 나는 그녀의 손에서 피가 뿜어져 나오는 것을 보았는데, 분수처럼 공기 중에 아치형을 이루고 있었다. 이것이 나에게 무엇을 불러일으켰는지 표현할 말이 없었다. Zoe처럼 가장 깊은 수준에서 나는 어머니가 죽을까 봐 두려웠는데, 이는 나도 죽을 것임을 의미했다. 나 자신이 살아남기 위해 그녀를 살려야 했다. 나는 어머니가 아버지의 화에 겁을 먹음으로써 내 일을 더 쉽게 해 주길 바랐다. 내 소원과 달리 그녀는 아버지를 '박사 학위를 가진 Stanley Kowalski'라고 부르며 대학교수로서 그의 지위를 비하하고, 그를 분쟁에 끌어들이는 두려움 없는 도발가였다. 나는 어머니를 위해 총알을 맞으며 아버지의 분노를 가로챘다. 나는 가차 없고 고칠 수 없는 '악동'으로 규정되었다. 나에게 나쁨을 투사하면서 그들은 무죄가 되었고, 내 핵심(core)에 내가 나쁘고 그들의 불행의 근원이라는 흔들 수 없는 믿음을 남겼다. 그것이 나에게 들려준 이야기였다. 그것은 내가 나 자신에 대해 말한 이야기가 되었다. 사실 나는 이런 이야기들을 계속 들어 왔었다.

Zoe와 나에게 어린 시절의 복잡한 기억들이 휘저어지고 있었다. 그녀는 주변 사람들에게 자신이 너무 과해서 차라리 죽는 것이 나을 것이라고 느끼며 과거의 지하 감옥에서 살고 있었다. 나는 과거의 품에 사로잡혀 내가 살아남기 위해 그녀를 살려야 할 절실함에 잡혀 있었다. 죽음이 그녀를 감쌌다. 절망이 그녀를 괴롭혔다. 공황이 나를 흥분시켰다. 공포, 절망, 반복이 상호주관적 장에 만연했다. 이것은 우리 모두에게 생성적인 것이 아니었다.

전화 너머로 그녀는 자신을 역겹고 쓸모없다고 꾸짖는 내면의 목소리가 점점 더 잔인해지고 있다고 말한다. 반대로, 달콤하게 속삭이는 자살 목소리는 그녀가 표준 크기의 관에 맞추기 위해 굶어 죽어야 할지도 모른다는 제안을 제시한다.

자살 문헌에 몰두하면서 나는 살아남기 위한 새로운 주장을 엮어 낸다. "자살은 전염성이 있어요."라고 내가 말한다. "당신이 자살하면 당신의 영향으로 수백 명을 간접적으로 죽이게 돼요." Zoe는 움직이지 않는다. "힘든 시간을 버틸 수 있다면 당신의 미래의 자기는 당신에게 고마워할 거예요." 형체 없는 거리 너머로 Zoe가 어깨를 으쓱하는 것이 느껴진다. 나의 개입은 나 자신의 무력함에 대한 방패다. 우울한 친구가 Zoe에게 "너의 자살 충동은 열병이야. 식을 거야."라고 말했다. 이것은 우리에게 함께 작업할 은유를 제공한다. 그리고 몇 주 후에 열이 식는다. Zoe는 집으로 돌아간다.

상담실로 돌아온 첫날 Zoe는 눈이 더 크고 섹시해 보이는, 바깥쪽 모서리를 위로 쓸어 올리게 아이라이너를 그리고 왔다. 그녀는 나에게 크리스마스 카드를 건네준다. "위와 그 너머로, 아래와 더 아래로 넘나들며 최고의 치료사가 되어 주셔서 감사합니다." 나는 그녀의 감사에 감동을 받았다. "선생님이 계시지 않았더라면 지금 이 순간 살아 있지 못했을 거라 생각해요."라고 그녀는 말한다. 상담실의 문을 닫으면서, 나는 다른 사람을 살려야 한다는 책임감을 마음에 무겁게 느낀다.

우리는 함께 숨을 내쉰다. Zoe는 잠시 동안 그녀의 삶으로 돌아가 일을 재개하고 친구들과 다시 연결된다. 하지만 Sam에게 애인이 있다는 사실을 알게 된 날 그녀는 요동친다. 그녀는 일산화탄소 배출로 자살할 생각으로 차를 빌린다. 도시를 운전하면서 그녀와 Sam은 고통스럽고 위험한 싸움을 하고 있다. Sam은 911에 전화를 걸지만, Zoe는 자신의 위치를 밝히기를 거부한다. 오후 11시 Sam은 겁에 질려 나에게 긴급히 문자를 보낸다. Zoe에게 전화를 걸지만 받지 않는다. "잘했네, Laura를 끌어들였군." 그녀는 Sam에게 문자 메시지를 보낸다. 나는 두렵고 혼란스럽다. Zoe가 거미의 다리를 꼬집는 어린아이처럼 Sam에게 매달리고 있나? 그녀는 악의로 자살할까? 최종 문자에서 Zoe는 다음 날 나를 보게 될 것이라고 확신시킨다. 나는 그녀를 믿는다. 그녀를 믿지 않는 방법을 모르기 때문이다.

Sam이 나에게 문자를 보낸다. "Zoe에게 계속 문자를 보내야 하나요? 문자

보내는 것을 언제 멈출까요?" 나는 그녀에게 자신을 돌보기 위해 해야 할 일을 하라고 말한다. 나는 잠자리에 들었고 아침에 받은 이메일의 편지함에서 Zoe의 자살 유서를 발견했다.

> 나는 당신을 사랑하지만, 당신이 왜 오늘 밤 Sam에게 나에게 문자 보내는 것을 멈추라고 했는지 이해할 수 없습니다. 당신을 믿을 수 있을 거라고 생각했는데……, 걱정하지는 말고, 내가 하는 것이 최선이라고 믿어 주세요. 나는 산산조각 부서져서 여기에 있을 수가 없어요.

전 애인에게 배신당한 Zoe는 이제 나에게 배신감을 느낀다. 겁에 질린 나는 이것이 Zoe를 치명적인 위기에 빠뜨렸다고 생각한다. 그녀가 나에게 이메일을 보낸 후 몇 시간이 지났다. 나는 그녀에게 전화한다. 대답이 없다. 이른 아침에 조깅하다가 Zoe의 몸이 운전대 위로 쓰러진 것을 발견한 사람이 공포에 질려 놀라는 것을 상상한다. 상상 속의 나는 병원 응급실, 911에 전화하고 경찰을 그녀의 아파트로 보낸다.

몇 시간 동안 나는 Zoe가 죽었다고 믿는다. 나는 마침내 Zoe의 침실로 걸어 들어가 Zoe에게 휴대전화를 건네주는 그녀의 룸메이트를 통해 그녀를 찾아낸다. "그냥 혼자 있고 싶어요."라고 Zoe는 말한다. 그녀가 살아 있다니 정말 안심이 된다! 그다음에 분노가 올라온다! Zoe는 내가 그녀가 죽었다고 믿기를 원했다는 것을 깨닫는다. Zoe는 내 선함을 받아들이기를 거부했을 뿐만 아니라 아주 시큼한 우유를 내뱉듯이 그것을 내뱉었다.

리딩 엣지에 자리 잡기

나는 전화를 끊고 예전의 장소로 튕겨 나간다. 그 자리에서 나는 살인자이자, 죽일 수 있는 사람이며, 모든 나쁨을 짊어지고 있는 사람이다. 그런 다음 나는 처음으로 내가 더 이상 그 아이가 아니라는 것을 분명히 알게 된다. 나는 위험한 상황에 갇혔을 때의 끔찍한 감정을 의식에 불러일으키며, 이제 다른 선택을 할 수 있음을 깨닫는다. 나는 나를 어머니의 구원자로 만든 노예의 끈을 끊을 수 있다. 그렇게 함으로써 나는 모든 나쁨을 짊어지고 다니는 아이라는 트레일링 엣지에서 나를 해방시킨다. 나는 타협하지 않기로 결정한다. 나는 Zoe를 위해 거기에 있었고 이제 그녀가 나를 위해 나타나야 한다. 나는 그녀에게 무언가를 요구하고 있다. 다음 회기에서 나는 Zoe에게 자살 위협이 없어지는 경우에만 그녀와 함께 작업하겠다고 말했다.

> 나는 끈기가 있는 사람이고 당신을 걱정합니다. 나는 당신과 함께 그 가장자리까지 함께 갈 수는 있지만, 당신이 자살하는 것을 막을 수는 없어요. 그런 일이 생기면 슬플 거예요. 그러나 나는 당신과의 힘겨루기를 할 수 없답니다. 당신이 이길 것이기 때문이지요.

나는 이 말을 확신을 갖고 전한다. Zoe는 이것뿐만 아니라 나 자신이 공포에 떨었던 이야기도 들어야 한다.

낙심하고 패배한 Zoe는 나를 거의 쳐다보지 못한다. "당신이 나로부터 원하는 것에 부응할 수 있을지 확신이 서지 않아요. 작은 내가 감당하기에는 지금 당장 그리고 언제나 일이 너무 벅차요. 이것은 잘 끝나지 않을 거예요. 그만하기로 해요. 그렇게 되면 진흙 속으로 당신을 끌어들이지 않게 될 거예요."라고 그녀는 말한다.

우리는 우리 사이의 슬픔, 분노, 배신, 절망의 감정을 처리할 수 있는 합의에 도달하기까지 몇 주 동안을 진흙탕에서 헤매고 있다. 천천히 Zoe가 다시 표면으로 떠오른다. 그녀는 글쓰기를 시작한다. 그녀는 슬픈 감정을 느끼지만, 자살은 하지 않는다. 죽음을 향해 달려가는 암울한 날들과 대조적으로, 이 시기는 즐거운 여행처럼 느껴진다. Zoe는 나와 함께 쌍둥이 관계에 참여하고 분석적 탐색이 흘러나오기 시작한다. 우리는 함께 그녀의 미래에 관해 이야기한다. 그녀는 글쓰기 프로젝트에 다시 전념하고, 상을 받고 명예로운 자리를 얻는다. 나는 그녀를 자랑스럽게 느낀다.

그러나 이것이 이야기의 끝이 아니다. 우리가 알다시피, 오래된 주제는 우리 삶을 지배하는 새로운 방법을 찾는다. 1년이 지나고 Zoe는 또 다른 우울증에 빠진다. Zoe와 그녀의 어머니 사이에 불화가 있었다. Zoe의 커뮤니티 리더이자 그녀가 존경했던 친구가 호텔 방에서 자살한다. 충격이 Zoe의 커뮤니티를 휩쓸고 지나간다. Zoe는 비틀거리며 자신들의 자살 환상에 대한 고백을 중얼거리면서 밤마다 술에 취해 모여 있는 조문객들의 끌어당김에 저항할 수 없다. 죽은 친구와 유사한 경험에 빠져들면서, Zoe는 그 여성이 어떻게 자살했는지에 집착한다. 그녀는 여성이 질식 키트를 구입한 온라인 상점을 찾아낸다. Zoe의 몰입이 나를 두렵게 한다. 그녀의 잔인한 내면의 목소리는 Zoe도 똑같이 해야 한다고 주장하기 시작한다. 그녀는 역겹다고 말한다. 자살하는 것은 모두에게 호의를 베푸는 것이다. 그녀에게 사례비를 청구하는 데 문제가 생긴다. "올가미를 Zoe에게 걸지 말라." 내 내면의 구조자가 경고한다. Zoe를 다치게 하는 것에 대한 두려움은 상담비를 받고자 하는 나의 필요와 충돌한다. 이 충돌은 내가 나쁘므로 내 필요도 나쁘다는 불쾌한 환상을 다시 일깨운다. 이번에는 그 기어에 묶이지 않도록 내 사고의 역학(mechanics)을 추적한다.

우리가 아는 누군가가 자살할 때, 나는 우리 자신이 더 큰 위험에 처하게 된다고 생각한다. 그러나 이 지식조차도 나를 같은 방식으로 끌어들이지 않는다. Zoe는 다음 회기에 오지 않았고, 문자를 보내도 응답하지 않는다. 나는 일반적인 공포의 급류도 느끼지 않으며, 그녀를 찾으려는 충동도 느끼지 않는다. 나 자신의 건강한 추구가 재활성화되면서, 나는 Zoe가 살아 있기를 선택하는 한 그녀와 어둠 속에서 동행할 수 있음을 분명히 알고 있다.

5일 후, 그녀는 부끄러운 기색 없이 분노에 가득한 채로 나에게 문자를 보내며, 일을 그만두었고, 모든 약을 끊고 치료도 그만두겠다고 말한다. 그녀는 괜찮으므로 걱정할 필요가 없다고 덧붙인다. 그리고 이것에 대해 아무에게도(그녀의 정신과 의사인 Dr. Bella를 의미함) 이야기할 필요가 없다고 말한다. 그녀는 내가 그녀를 쫓아가지 않은 것에 상처받고 분노하고 있을 것으로, 나는 생각한다. 그녀는 나를 처벌하고 싶어 한다.

나는 그녀에게 상담실에 오라고 당부하는 문자를 보낸다. 그녀는 나를 무시한다. 나는 그녀의 건강한 자기를 향해 후속 조치를 취한다. "당신은 내 문자에 응답하지 않네요."라고 나는 말한다. "누군가가 당신을 그런 식으로 대하면 당신이 상처받고 버림받았다고 느낀다는 것을 제가 알고 있지요."

Zoe는 약속한 시간에 내 상담실에 나타난다. 그녀는 친구의 자살이 그녀를 뼛속까지 흔들었다고 말한다. 게다가 그녀의 어머니에게 버림받은 상황이 더 해졌으며, 그다음에는 나에게까지 버림받았다. 그녀는 다시 자해를 시작하게 되었다고 눈물을 흘리며 고백한다. 야간 의식(ritual)에서 그녀는 팔에 빈 피하 주사 바늘을 주입한다. 그녀는 사람들이 자책하지 않도록 헤로인 과다 복용으로 인한 죽음을 연습하고 있다. 우리는 그녀의 어머니와의 끊어진 유대가 Zoe를 끔찍한 불안에 빠지게 했다는 것을 이해한다. 자해는 더 이상의 파편화를 막는 방법이다.

초대

그 회기가 끝났을 때 혼란스러웠다. 나는 Dr. Bella와 이야기할 필요가 없다고 (암호적으로) 말하는 그녀의 이전 문자를 기억한다. 그게 궁금해서 Dr. Bella에게 전화를 걸어 그날 앞선 회기에서 Zoe가 어떠했는지를 묻는다. "괜찮아 보였어요!" Bella 박사는 말한다. 우리는 어리둥절하게 된다. Zoe를 깊이 생각하는 헌신적인 정신과 의사인 Dr. Bella는 그녀에게 무슨 일이 일어나고 있는지 정리하기 위해 다음 회기에서 Zoe와 나에게 합류할 것을 제안한다. 나는 그 제안을 좋아한다.

Zoe는 싫어한다. "오 젠장! 아니요! 나는 그녀에게 나의 이 부분을 보게 할 수 없어요."라고 Zoe는 말한다. 그녀는 내 건너편 의자에 앉아 머리를 뒤로 젖히고 눈은 하늘을 향하고 있다. "나는 그녀에게 다른 나를 보여요. 죄송해요."

"당신으로부터 사과를 원하는 것이 아니에요."라고 나는 말한다. "이것은 당신이 다양한 프레젠테이션을 결정하게 하는 원인이 무엇인지 궁금해하기를 바라는 것이에요. 그것을 파헤치는 것은 우리의 책임입니다."

Zoe는 나에게는 걱정하게 하고, Dr. Bella에게는 괜찮다고 함으로써 관심을 끌려고 한다. "나는 당신 존재의 모든 세포가 당신에게 친절을 베푸는 사람을 불신하도록 맞춰져 있다는 것을 당신 삶의 역사를 통해 깊이 이해하고 있어요."라고 내가 말한다. "그래서 당신은 관심을 끌려고 조작하지요. 문제는 당신이 조작한 어떤 것도 당신이 믿을 수 없다는 것이죠."

나는 Zoe에게 내가 관심을 두고 있다는 증거, 즉 나의 일관성, 그녀를 이해하려는 노력, 상담비에 대한 나의 관대함을 믿도록 초대한다. "당신이 무슨 일을 하든 당신은 나를 걱정하게 해요. 나는 당신을 걱정해요. 그게 다예요. 당신을 걱정하는 것은 내 마음에서 우러나온 것이지 당신이 조작해서 나오는 것이 아니에요."라고 나는 말한다. "게다가 당신의 조정(orchestration)에 대한 대응으로 관심을 받게 되면 당신은 무가치감과 미안함을 느낄 거예요."

Zoe가 행동에 책임을 지게 함으로써 나는 내 아들에게 보이는 최고의 어머니 모습을 Zoe에게 보여 주고 있다. 나는 트레일링 엣지인, Zoe를 구조하고 싶은 나의 부분으로부터 나 자신을 해방시켰다. 이제 나는 Zoe가 사랑받는다고 느끼기 위해 구조를 유발하는 어린 부분에서 벗어나도록 초대한다. 이러한 내적 부분들은 우리에게 변화된 미래에 대한 희망이나 진정한 사랑과 성장의 가능성을 제공하지 않는다. 이들은 단지 반복, 제한, 수치심만을 제공한다.

긴 주말이 지나고 우리의 대화가 이어진다. 이때 Zoe는 에너지를 폭발하며 상담실에 들어온다. "부모님 집에서 큰 돌파구를 찾았어요!" Zoe가 말한다. "수년간의 분석이 나에게 폭발적인 방식으로 한꺼번에 터져 나오는 것처럼 느껴져요."

그녀는 내가 그녀를 이해하지 못했다고 확신하면서 지난 회기 후에 화가 났었다고 말한다. 그러나 그녀 내면의 작은 목소리가 그녀에게 마음을 열라고 촉구하였다.

> 그때 부모님 집에서 몸이 아팠는데, 어머니의 관심을 끌기 위해 젖을 짜내고 있었다는 것을 깨달았어요. 큰 소리로 기침하면서 축 처져 누워 있었죠. 당신이 말한 것은 사실이에요. 그것이 그녀가 나를 돌보게 하는 방법이고 그것이 제가 당신에게 하는 거예요. 아버지와 함께 있을 때는 모든 것이 괜찮은 것처럼 행동하죠. Dr. Bella에게 하는 것처럼요.

"그것은 중요한 통찰이에요!"라고 나는 Zoe 안에서 새롭게 발견된 존엄성을 인식하며 말한다.

> 제가 당신을 무시해서 당신을 아프게 했다고 당신이 말했을 때, 무언가가 열렸고 저는 모든 것을 다른 방식으로 보게 되었어요. 처음에 저는 그것에 대해 끔찍하다고 느꼈죠……. 저는 제가 진짜 바보라고 생각했어요. 당신은 가장 친절하고 가장 꾸준했던 사람인데 제가 당신에게 상처를 주었어요. 저는 자살을 생각하기도 했지만, 그럴 경우 제가 정말로 바보임을 입증한다는 것을 알게 되었어요. 그때 저는 나 자신을 향한 공격을 중단했고, 순간 평온함과 슬픔이 압도하듯이 밀려왔어요. 저는 그것이 어디에서 왔는지 이해돼요. 모든 것이 이해되었어요. 저는 너무 하찮게 느껴지고 다른 사람들도 다 나를 그렇게 볼 것으로 생각했죠. 제가 당신에게 상처를 주었다고 제게 말하는 것은 제가 당신에게 영향을 미쳤고 당신이 저를 소중히 여긴다는 것을 알게 해 주었어요. 어떻게 보면 이게 끔찍하게 들

> 린다는 걸 알아요. 저는 당신을 사람으로 보지 않았고, 돌봄을 주는 양육자로 봤어요.

"이렇게 말한다는 것은 진정한 용기가 필요해요." 나는 말한다. 그녀는 침묵한다. "당신에게 물어봐도 될까요…… 당신이 분석을 받을 때 당신의 변형도 이처럼 일어났었나요? 이 변형이 몇 년이 지나서 갑자기 일어난 건가요, 아니면 서서히 일어난 건가요?" Zoe는 내 앞에 벌거벗고서 자신의 깊은 취약함을 드러낸다. 나는 그것을 내가 그녀를 버리지 않을 것임을 그녀가 진정으로 신뢰한다는 표시로 본다.

나는 그녀에게 나의 분석에서 모든 것이 갑자기 명확해졌던 순간들이 있었다고 말한다. 그리고 그녀와 함께 작업하면서 그런 순간을 계속 가질 수 있다는 것은 나의 행운이다.

회기를 마치기 전에 그녀는 이렇게 말한다. "제가 선생님을 아프게 했다는 말을 선생님이 제게 전혀 안 했다면 어땠을지 상상해 보세요."

Zoe의 트레일링 엣지의 해결은 어떻게 하면 살아남을 수 있을지 궁금해하는 Zoe의 건강한 자기를 활성화했다. 그 이후로 그녀는 나와 함께 쌍둥이 관계로 살고 있으며 자기의 발달이 진행 중임을 보여 주고 있다. 그녀는 욕구하는 것을 자유롭게 갈망하도록 스스로 허용한다. 그녀는 나를 위해 수행하지 않으며, 나도 그녀를 위해 수행하지 않는다. 우리는 우리 자신이 되는 데 더 자유롭게 되었다. 숨을 쉬는 것이 더 편안해졌다.

나는 우리의 직면이 있은 지 몇 달이 지났을 때, 이러한 변화를 알렸던 순간을 기억한다. Zoe 커뮤니티의 또 다른 리더였던 친구가 자살했다. 의심할 여지 없이 두 번째 자살은 첫 번째 자살에서 영감을 받았다. Zoe와 그녀의 친구들에게 슬픔이 찾아왔다. 심연에 빠지는 대신 Zoe는 땅에 발을 고정했다. "제도적 부당함에 화가 납니다. 그녀가 살아남기 힘들게 만드는 세상에 화가 나요."라고 말했다. "가난한 여성이 머리를 짧게 자르고, 타로 카드를 읽으면서,

돈을 벌기 위해 열심히 일하지만, 정신건강 관리를 받지 못한다는 사실에 분노했어요. 저는 이것에 대해 공개적으로 말했고 그것은 정말 사람들을 감동하게 했어요."

"당신은 분노를 행동을 요청하는 것으로 바꾸었네요."라고 나는 말했다.

"이상해요." 그녀가 말했다. "그녀가 어떻게 자살했는지 모르겠고 묻지도 않았어요. 방법이 아니라 이유를 알고 싶었어요."

방법이 아닌 이유를 알고자 하는 것은 삶으로의 귀환, 일종의 부활이었다. Zoe는 자살한 여성과의 관계를 끊고 완전히 살아 있는 여성인 나와 함께할 준비가 되어 있었다. Zoe는 더 이상 자살한 여성이 죽음으로 향했던 걸음을 되짚어 보는 데 관심이 없었다. Zoe는 그 여성이 의지할 곳이 없다고 느꼈던 이유, 자원에 대한 접근이 거부된 이유, 우리 사회가 어떻게 더 잘 대처할 수 있는지 알기를 원했다. Zoe는 자살하는 방법을 찾으려 하지 않았다. 그녀는 살아남을 방법을 찾으려고 노력했다. Zoe는 그녀가 경험한 트레일링 엣지에서 깨어났고, 무덤으로 끌어당기는 것에 저항했으며, 살아 있는 사람 사이에서 자리를 차지할 준비가 되었다. 그녀는 나와 함께 쌍둥이 관계로 들어와 그녀 자신과 자살했던 사람들 사이에 공간을 만들었다. 넓은 공간에서 그녀는 안전하게 호기심, 자비심 및 보살핌을 확장할 수 있었다.

결론

선승 틱낫한(Thich Nhat Hanh)은 "진흙이 없으면 연꽃도 없다."라고 말한다. 피어난 꽃은 진흙을 뚫고 나온다. 마찬가지로, 정신분석 치료에서 새로운 관계 가능성은 오래된 정신적 늪의 오물에서 솟아난다.

Zoe와 나는 우리 정신의 가장 문제가 되는 측면을 함께 펼치는 상호주관적 장을 만들었다. 그것은 우리의 정신 중에서 가장 문제가 되는 측면의 얼마를 함께 묶어 상호 엮어 가는 부분들로 구성된 진흙투성이의 역동적인 시스템이다. ISP는 환자의 고립된 마음이 아닌 이 장(field)을 탐구의 대상으로 삼는다. 분석가가 환자와 함께 장에서 공동 창작 및 공동 참여를 피할 방법은 없다. Zoe와 나는 각각 특정한 주관성, 즉 경험을 조직하고 세상에서 우리 자신을 경험하는 방법을 내놓았다. 우리의 주관성은 초기 양육자와의 정서적 경험들, 곧 우리의 기질, 우리의 외상과 승리, 재능과 한계, 희망과 두려움에 의해 영향을 받았다. 우리의 복잡한 주관성의 세계는 서로 충돌하고, 결탁하고, 보완하고, 서로를 변화시켰다. 끊임없이 변화하는 이 장에 대한 우리의 이해는 습관화된 춤에서 벗어나 새롭고 생생한 경험으로 들어가는 길을 제공했다.

Zoe와 함께 난간에 서 있는 것은 나에게 충격을 주어 과거 외상의 재생인 나 자신의 트레일링 엣지의 차원을 알아차려 풀게 했다. 나는 우리 사이의 장을 바꾸어 새로운 방식으로 관계에 진입하였다. 나의 더 큰 이해는 Zoe가 받아들일 수 있는 내면의 힘과 자신감으로 이어졌다. 일단 나의 무기력과 무력감이 줄어들면서 나는 그녀에게 자살과 함께 춤을 추는 것에 대한 대안을 제시할 수 있었다. 생성적 리딩 엣지 경험에 대해 더욱 신뢰할 수 있게 되었다. 나는 그녀의 행복과 한계 설정에 헌신된 모성적 돌봄의 사람이 되었다. 이것은 나에 대한 그녀의 경험을 변화시켰고, 그녀의 의심과 두려움을 누그러뜨렸으며, 장을 바꾸었다. 마지막으로 Zoe가 줄곧 찾고 있었던 생명을 주는 관계 가능성은 우리 둘 다 예측할 수 없었던 방식으로 장을 변형시켰다.

감사의 말

우리가 함께 작업한 이야기를 출판할 수 있도록 허락해 준 Zoe에게 감사를 표하고 싶다. 이 장을 미리 읽어 준 그녀의 관심과 날카롭고 섬세한 논평에 깊은 감사를 드린다. 식별할 수 있는 세부 정보를 위장하고 위장하기에는 너무 중요하다고 느꼈던 세부 정보를 명확히 하기 위해 나와 협력하려는 Zoe의 의지에 감사드린다. 우리의 정신분석 작업에 관한 이야기는 Zoe에게 감동을 주었고 Zoe는 이전보다 '더 많이 알려지고, 이해받고, 관심받는' 느낌을 받았다고 말했다. 그녀는 'Zoe'라는 이름이 멋져서 선택했다. Zoe는 그리스어로 '생명'을 의미한다.

참고문헌

Alexander, F. (1950). Analysis of the therapeutic factors in psychoanalytic treatment. *The Psychoanalytic Quarterly, 19,* 482-500.

Atlas, G., & Aron, L. (2018). *Dramatic Dialogue*. London and New York: Routledge.

Atwood, G., & Stolorow, R. (1984). *Structures of Subjectivity*. New York: Routledge.

Bacal, H. A. (1985). Optimal responsiveness and the therapeutic process. *Progress in Self Psychology, 1,* 202-227.

Bacal, H. A. (1990). The elements of a corrective selfobject experience. *Psychoanalytic Inquiry, 10*(3), 347-372.

Bacal, H. A., & Thomson, P. G. (1996). The psychoanalyst's selfobject needs and the effect of their frustration on the treatment: A new view of countertransference. *Progress in Self Psychology, 12,* 17-35.

Carroll, L. (1865). *Alice's Adventures in Wonderland*. New York: Simon & Shuster, 2000.

Elson, M., Ed. (1987). *The Kohut Seminars: On Self Psychology and Psychotherapy with Adolescents and Young Adults*. New York: W. W. Norton.

Freud, S. (1895). The psychotherapy of Hysteria. In J. Strachey (Ed.), *Studies in Hysteria* (pp. 255-288). New York: Basic Books.

Freud, S. (1912). Papers technique. The dynamics of transference. *The Standard Edition, 12,* 97-108.

Freud, S. (1914). On narcissism. *The Standard Edition, 14,* 67-104.

Freud, S. (1917). Mourning and melancholia. *The Standard Edition, 14,* 237-258.

Geist, R. (2015). Conversations with Paul. *International Journal of Psychoanalytic Self Psychology, 10*(2), 91-106.

Gottman, J. (1999). *The Seven Principles for Making Marriage Work*. New York: Crown Publishers.

Greenson, R. (1967). *The Technique and Practice of Psychoanalysis, Vol 1*. New York: International Universities Press.

Hagman, G. (1995). Mourning: A review and reconsideration. *International Journal of Psycho-Analysis, 76*, 909-925.

Hagman, G. (2017). *New Models of Bereavement Theory and Treatment: New Mourning*. London: Routledge.

Hendrix, H., Hunt, H., Hannah, M., & Luquet, W. (2005). *Imago Relationship Therapy: Perspectives on Theory*. San Francisco, CA: Jossey-Bass.

Jeanicke, C. (2015). *The Search for a Relational Home*. London and New York: Routledge.

Johnson, S. (2004). *The Practice of Emotionally Focused Couple Therapy: Creating Connection*. New York: Brunner-Routledge.

Kasoff, B. (1997). The self in orientation: Issues of female homosexuality. *Progress in Self Psychology, 13*, 213-230.

Kernberg, O. (1975). *Borderline Conditions and Pathological Narcissism*. New York: Jason Aronson.

Kohut, H. (1959). Introspection, empathy, and psychoanalysis—An examination of the relationship between mode of observation and theory. *Journal of the American Psychoanalytic Association, 7*, 459-483.

Kohut, H. (1971). *The Analysis of the Self: A Systematic Approach to the Psychoanalytic Treatment of Narcissistic Personality Disorders*. New York: International Universities Press.

Kohut, H. (1977). *The Restoration of the Self*. Madison, CT: International Universities Press.

Kohut, H. (1979). The two analyses of Mr. Z. In P. H. Ornstein (Ed.), *The Search for the Self: Selected Writings of Heinz Kohut: 1978-1981* (Vol. 4, pp. 395-446). Madison, CT: International Universities Press.

Kohut, H. (1981). Introspection, empathy, and the semi-circle of mental health. In

P. Ornstein (Ed.), *The Search for the Self: Selected Writings of Heinz Kohut: 1978-1981* (Vol. 4, pp. 537-567). New York: International Universities Press, 1991.

Kohut, H. (1984). *How Does Analysis Cure?* Chicago, IL: University of Chicago Press.

Kohut, H. (1996). *The Chicago Institute Lectures*. P. Tolpin & M. Tolpin (Eds.), Hillsdale, NJ: The Analytic Press.

Kohut, H. (2010). On empathy: Heinz Kohut (1981). *International Journal of Psychoanalytic Self Psychology, 5*(2), 122-131.

Lachmann, F. (2001). *Transforming Narcissism: Reflections on Empathy, Humor, and Expectations*. New York: The Analytic Press.

Leone, C. (2008). Couple therapy from the perspective of self psychology and intersubjectivity theory. *Psychoanalytic Psychology, 25,* 79-98.

Leone, C. (2018). Response to MacIntosh's review and discussion of the psychoanalytic couple therapy journal literature: A self psychological, intersubjective perspective. *Psychoanalytic Inquiry, 38*(5), 387-398.

Lessem, P., & Orange, D. M. (1993). Emotional bonds: The therapeutic action of psychoanalysis revisited, Unpublished Manuscript as cited In: Optimal Responsiveness and Analytic Listening, by H. Bacal (1997) *Progress in Self Psychology, Vol. 13*. Ed. A. Goldberg. Hillsdale, NJ: The Analytic Press.

Livingston, M. S. (2007). Sustained empathic focus, intersubjectivity, and intimacy in the treatment of couples. *International Journal of Psychoanalytic Self Psychology, 2*(3), 315-338.

Mahler, M., Pine, F., & Bergman, A. (1975). *The Psychological Birth of the Human Infant*. New York: Basic Books.

Miller, J. (1985). How Kohut actually worked. *Progress in Self Psychology, 1,* 13-30. Hillsdale, NJ: The Analytic Press.

Miller, J. (1996). *Using Self Psychology in Child Psychotherapy*. Hillsdale, NJ: Jason Aronson.

Mitchell, S. (1988). *Relational Concepts in Psychoanalysis*. Cambridge: Harvard

University Press.

Mitchell, S. (1993). *Hope and Dread in Psychoanalysis*. New York: Basic Books.

Orange, D. M. (2011). *The Suffering Stranger: Hermeneutics for Everyday Clinical Practice*. New York: Routledge.

Orange, D. M., Atwood, G., & Stolorow, R. (1997). *Working Intersubjectively: Contextualism in Psychoanalytic Practice*. Hillsdale, NJ: The Analytic Press.

Ornstein, A. (1974). The dread to repeat and the new beginning: A contribution to the psychoanalysis of the narcissistic personality disorder. *Annual of Psychoanalysis, 2,* 231-248.

Ornstein, A. (1984). The function of play in the process of child therapy: A contemporary perspective. *Annual of Psychoanalysis, 12,* 349-366.

Ornstein, A. (1991). The dread to repeat: Comments on the working-through process in psychoanalysis. *Journal of the American Psychoanalytic Association, 39,* 377-398.

Rado, S. (1933). The psychoanalysis of pharmacothymia (drug addiction). *The Psychoanalytic Quarterly, 2,* 1-23.

Ringstrom, P. (1994). An intersubjective approach to conjoint therapy. In A. Goldberg (Ed.), *Progress in Self Psychology, 10,* 159-182.

Shaddock, D. (1998). *From Impasse to Intimacy: How Understanding Unconscious Needs Can Transform Relationships*. Northvale, NJ: Jason Aronson.

Shane, E., & Shane, M. (1990). Object loss and selfobject loss: A consideration of self psychology's contribution to understanding mourning and the failure to mourn. *Annual of Psychoanalysis, 18,* 115-131.

Shane, W. (1996). Discussion of 'A self psychological approach to child therapy: A case study'. *Progress in Self Psychology,* Chapter 11, 12, 201-206.

Shelby, R. D. (1994). Homosexuality and the struggle for coherence. *Progress in Self Psychology, 10,* 55-78. Hillsdale, NJ: The Analytic Press.

Shelby, R. D. (1998). The self and orientation: The case of Mr. G. *Progress in Self Psychology, 13,* 181-202. Hillsdale, NJ: The Analytic Press.

Simmel, E. (1948). Alcoholism and addiction. *The Psychoanalytic Quarterly, 17,*

6-31.

Solomon, M. (1988). Treatment of narcissistic vulnerability in marital therapy. In A. Goldberg (Ed.), *Progress in Self Psychology, 4*, 215-330.

Stark, M. (1999). *Modes of Therapeutic Action*. New York: Jason Aronson.

Stern, D. (1985). *The Interpersonal World of the Infant*. New York: Basic Books.

Stolorow, D., & Stolorow, R. (1987). Affects and selfobjects. In R. Stolorow, G. Atwood & G. B. Brandchaft (Eds.), *Psychoanalytic Treatment: An Intersubjective Approach*, pp. 66-87. Hillsdale, NJ: The Analytic Press.

Stolorow, R. (1995). An intersubjective view of self psychology. *Psychoanalytic Dialogues, 5*, 395-396.

Stolorow, R. (1997). Dynamic, dyadic, intersubjective systems: An evolving paradigm for psychoanalysis. *Psychoanalytic Psychology, 14*, 337-346.

Stolorow, R., & Atwood, G., (1992). *Contexts of Being: The Intersubjective Foundation of Psychological Life*. Hillsdale, NJ: The Analytic Press.

Stolorow, R., Atwood, G., & Brandchaft, B. (1987). *Psychoanalytic Treatment: An Intersubjective Approach*. Hillsdale, NJ: The Analytic Press.

Stolorow, R., Atwood, G., & Brandchaft, B. (1994). *The Intersubjective Perspective*. Northvale, NJ: Jason Aronson.

Stolorow, R. D., Atwood, G. E., & Orange, D. M. (1999). Kohut and contextualism: Toward a post-Cartesian psychoanalytic theory. *Psychoanalytic Psychology, 16*(3), 380-388.

Strozier, C. (2001). *Heinz Kohut: The Making of a Psychoanalyst*. New York: Farrar, Straus and Giroux.

Teicholz, J. G. (2001). The many meanings of intersubjectivity and their implications for analyst self-expression and self-disclosure. *Progress in Self Psychology, 17*, 9-42.

Thelen, E., & Smith, L. B. (1994). *A Dynamic Systems Approach to the Development of Cognition and Action*. Cambridge, MA: MIT Press.

Togashi, K. (2009). A new dimension of twinship selfobject experience and transference. *International Journal of Psychoanalytic Self Psychology, 4*, 21-39.

Tolpin, M. (1986). Self-objects and oedipal objects—A crucial developmental distinction. *Psychoanalytic Study of the Child, 33*, 167-184.

Tolpin, M. (1997a). Chapter 1: Compensatory structures: Paths to the restoration of the self. *Progress in Self Psychology, 13*, 3-19.

Tolpin, M. (1997b). The development of sexuality and the self. *Annual of Psychoanalysis, 25*, 173-187.

Tolpin, M. (2002). Doing psychoanalysis of normal development: Forward edge transferences. *Progress in Self Psychology, Chapter 11, 18*, 167-190. Hillsdale, NJ: The Analytic Press.

Tolpin, M. (2009). A new direction for psychoanalysis: In search of a transference of health. *International Journal of Psychoanalytic Self Psychology, 4S*(Supplement), 31-43.

Trop, J. (1997). An intersubjective perspective on countertransference in couples therapy. In M. Solomon & J. Siegel (Eds.), *Countertransference in Couples Therapy*, pp. 99-109. New York: W. W. Norton.

Ulman, R. B. (1987). Horneyan and Kohutian Theories of Psychic Trauma: A Self-Psychological Reexamination of the Work of Harold Kelman. *American Journal of Psychoanalysis, 47*(2), 154-160.

Ulman, R., & Stolorow, R. (1985). The transference-countertransference neurosis in psychoanalysis: An intersubjective viewpoint. *Bulletin of the Menninger Clinic, 49*(1), 37-51.

Ulman, R. B., & Paul, H. (2006). *The Self Psychology of Addiction and Its Treatment, Narcissus in Wonderland*. New York: Routledge.

Walt Disney Productions. (1974). *The Sorcerer's Apprentice*. Burbank, CA: Disney Wonderful World of Reading.

Winnicott, D. (1955). Metapsychological and clinical aspects of regression within the psycho-analytical set-up. In L. Caldwell (Ed.), *Collected Papers*, pp. 278-294. New York: Basic Books, 1958.

Winnicott, D. (1965). *The Maturational Processes and the Facilitating Environment*. New York: International Universities Press.

찾아보기

인명

내용

편저자 소개

George Hagman, LCSW는 뉴욕시와 코네티컷주 Stamford에서 개업한 임상 사회복지사이자 정신분석가다. 그는 Intersubjective Self Psychology 훈련 및 연구소와 Westchester Center for the Study of Psychoanalysis and Psychotherapy의 회원이자 교수다. 또한 정신분석, 자기심리학, 예술 및 사별에 관한 책들의 저자이기도 하다.

Harry Paul, PhD는 뉴욕시와 뉴욕주 Chappaqua에서 개업한 임상심리학자다. 그는 Intersubjective Self Psychology의 Training and Research Institute의 창립 멤버, 전 회장, 교수, 감독자 및 훈련 분석가다. 그는 *The Self Psychology of Addiction and Its Treatment: Narcissus in Wonderland*의 공동 저자이며 중독과 자기심리학에 관한 논문들을 공동 집필했으며, 현재 IAPSP 국제 협의회 위원이다.

Peter B. Zimmermann, PhD는 뉴욕시에서 개업한 면허를 가진 정신분석가다. 그는 뉴욕에 있는 Intersubjective Self Psychology의 Training and Research Institute의 창립 멤버이자 이사, 교수, 감독자 및 교육 분석가다. 현재 뉴욕에 있는 The National Psychological Association for Psychoanalysis의 Training Institute에서 회장, 선임 교수, 감독자 및 교육 분석가로 활동하고 있다.

기고자 소개

Laura D'Angelo, MDiv, LP 뉴욕시 정신분석가

George Hagman, LCSW 개인 임상 사회복지사이자 정신분석가

Nancy Hicks, PsyD 뉴저지주의 Metuchen과 뉴욕시에서 개업

Louisa Livingston, PhD 뉴욕시에서 개업 중인 심리학자

Harry Paul, PhD 뉴욕시와 뉴욕주의 Chappaqua에서 개업 중인 임상심리학자

Gordon Powell, LCSW 맨해튼에서 개인 임상을 하고 있는 정신분석가

Aviva Rohde, PhD Training and Research in Intersubjective Self Psychology Foundation의 선임 교수

Karen Roser, PsyD 맨해튼의 개인 진료실에서 아동, 부모, 성인, 커플 상담

Susanne M. Weil, LCSW 코네티컷주 Stamford에서 활동하는 정신분석가

Peter B. Zimmermann, PhD Training Institute of the National Psychological Association for Psychoanalysis(NPAP) 회장

역자 소개

조난숙(Nhan Sook Cho)

서울대학교에서 수학교육과 수학을 전공한 후 미국 위스콘신 대학교에서 수학 박사학위를 받았다. 한성대학교 교양학부에서 가르치고 연구하다가, 정년 보장을 받자마자 다시 상담 공부를 시작하였다. 횃불트리니티대학원대학교에서 기독교 상담학으로 석사, 박사학위를 받았고, 한국상담심리학회, 한국상담학회, 한국기독교상담심리학회, 한국정신분석심리상담학회 등에서 수련 과정을 마치고 정신분석상담사(1급), 청소년상담사(1급, 여성가족부) 및 슈퍼바이저 자격을 취득했다. 현재 한성대학교에 재직 중이며, 관련 학회 활동을 열심히 하고 있다. 저서로는 『마음에도 공식이 있나요?』(덴스토리, 2019), 『부모교육 및 상담』(공저, 학지사, 2022), 역서로는 『불안장애와 공포증』(공역, 학지사) 등이 있다.

이세형(Se Hyoung Lee)

감리교신학대학교와 대학원에서 조직신학을 공부하였다. 이후 미국 드루 대학교 신학과 종교 영역에서 박사학위를 받고 한국에 돌아와 협성대학교 신학대학에서 교수로 재직한 후 2023년 2월 정년 은퇴했다. 2011년 1월 정신분석에 입문한 이후 정신분석 이론 공부와 정신분석적 개인 분석 그리고 집단의 수련 과정을 거쳐 정신분석 상담사(1급)와 정신분석 꿈 교육가가 되었다. 한국정신분석심리상담학회 회장을 역임했으며 현재는 동 학회의 정신분석 아카데미 원장으로, 또한 한국정신분석꿈연구회 공동대표로 봉사하고 있다. 대표 저서로는 『도의 신학』(한들출판사, 2002)이 있고, 『하나님-세계의 미래』(역, 컨콜디아사, 2006), 『동시성, 양자역학, 불교, 영혼 만들기』(역, 달을 긷는 우물, 2021) 등 다수의 역서와 연구논문이 있다.

상호주관적 자기심리학

Intersubjective Self Psychology: A primer

2024년 4월 20일 1판 1쇄 인쇄
2024년 4월 30일 1판 1쇄 발행

엮은이 • George Hagman · Harry Paul · Peter B. Zimmermann
옮긴이 • 조난숙 · 이세형

펴낸이 • 김진환
펴낸곳 • (주)학지사
04031 서울특별시 마포구 양화로 15길 20 마인드월드빌딩
대표전화 • 02-330-5114 팩스 • 02-324-2345
등록번호 • 제313-2006-000265호

홈페이지 • http://www.hakjisa.co.kr
인스타그램 • https://www.instagram.com/hakjisabook

ISBN 978-89-997-3101-3 93180

정가 22,000원